为纪念京剧诞生一百七十五年而作

京剧名宿访谈

王金璐

叁编

封杰 著

商務印書館

创于1897 The Commercial Press

2015年·北京

图书在版编目（CIP）数据

京剧名宿访谈叁编 / 封杰著. — 北京：商务印书馆，2015
ISBN 978－7－100－11215－4

Ⅰ. ①京… Ⅱ. ①封… Ⅲ. ①京剧－艺术家－访问记－中国 Ⅳ. ①K825.78

中国版本图书馆CIP数据核字（2015）第074912号

京剧名宿访谈叁编

封杰 著

商 务 印 书 馆 出 版
（北京王府井大街36号 邮政编码 100710）
商 务 印 书 馆 发 行
三河市尚艺印装有限公司印刷
ISBN 978－7－100－11215－4

2015 年 5 月第 1 版　　开本 710×1000 1/16
2015 年 5 月北京第 1 次印刷　　印张 17 1/2

定价：48.00 元

因爱，而执着

我同各界朋友共同期待着的——封杰系列大作《京剧名宿访谈叁编》，今天终于与大家见面了。我作为一名从事京剧工作几十年的老人，真是发自内心地为这位年轻人所取得的成绩而感到由衷高兴。在祝贺他作品频频问世的同时，我更应该向他表示感谢。

我认识封杰已有二十年了，算得上是老朋友，真正的忘年交。我第一次见到他时，正是为纪念京剧艺术大师梅兰芳、周信芳先生诞辰一百周年，缅怀他们在京剧艺术上的功绩，继承和发扬他们的艺术成就，学习他们对艺术事业的奉献精神，弘扬民族优秀文化，推动京剧和民族艺术事业的发展，于1994年12月20日在中国剧院举办了盛大开幕式晚会。当时的党和国家领导人江泽民、乔石、朱镕基、李瑞环等出席并观看了我跟袁世海、谭元寿、杨秋玲、沈小梅、李维康等人的演出。我演出《太真外传》前，只见还是青年的封杰手持着一本他搜集的有关京剧方面的报载文章来请我签

梅葆玖与封杰合影

名，可巧中央电视台的《新闻联播》栏目来采访而留下了这段画面。在采访中，谈到年轻人喜欢京剧我很高兴，希望他能够坚持下去。不想，封杰真的坚持了下去，而且成为现今行内出了名且为数不多的京剧艺术编辑。因为他在中国京剧杂志社工作，所以我们经常会有业务方面的交流与合作。而真正彼此熟悉应该是在青岛我收徒的时候，后来，我又相继收了几位弟子。封杰都及时做了报道，自此我也逐步对这个年轻人有了一定的了解。他给我留下最深刻的印象就是“爱京剧、懂京剧”，更为可贵的是他把对京剧的这种爱转化成了自觉行动，这也是在他同龄人中不多见的。他，四年来坚持走访京剧名家，搜集到可观的京剧资料。于是，才有了 2010 年第一本达二十万字的《京剧名宿访谈》问世，弥补了许多老艺术家临终前的遗憾！不曾想，仅隔一年多，封杰的系列书第二本又面世了。书中，他请谭元寿先生作的序——“莫再留遗憾”——给我留下很深的印象。我们现在唯一能够做的就是尽其所能，真真正正达到莫再留遗憾！余温未退，他的第三本书又提上了出版日程。

今天，封杰的《京剧名宿访谈叁编》，又收录了三十五位老艺术家。加之前两本书的容量，他的系列访谈录内容涉及了一百二十位老艺术家。可如果再加上尚未整理出版的访谈内容，我想，恐怕封杰实际采访过的艺术家应该接近两百位了吧。这一系统工程，恐怕在媒体工作者中也不多见吧！关键是，他还在马不停蹄地抢时间进行采访、整理工作。据说，他的所有这些采访、整理工作，没有任何单位或组织支持，全都是封杰单枪匹马凭借一己之力，利用业余时间完成的。这需要花费大量时间、精力。如此宏大作为能坚持做下来，更需要坚韧的毅力。有时候我还在想，假如我们的青年京剧演员，也都有封杰这样执着的精神去追求艺术，那将是怎样一番景象啊！

访谈录的内容我已拜读，接受访谈的艺术家大都在七十五岁以上，有一些是我的同辈，也有一部分是我的前辈。这些老艺术家早已淡出舞台，但他们丰富的人生阅历和几十年在舞台上摸爬滚打积累下的艺术经验，都非常值得我们认真总结，这些被采访的老艺术家的一手资料是我们京剧界乃至整个中国文化界的宝贵财富。而且，随着时间的推移，访谈录的重要意义就愈发显著，从此意义上说，这堪称京剧领域的一项重要“抢救工程”，封杰功不可没。

这次的《京剧名宿访谈叁编》还由商务印书馆出版，我十分钦佩出版社的领导能够站在弘扬中华优秀文化的高度，不断推进京剧类书籍的出版。去年，商务印书馆出版了由封杰主持编辑的《梅兰芳纪念集壹编》，不但在社会上取得了良好的口碑，而且销售业绩也相当傲人，实现了双丰收，真是可喜可贺。在此，我要向商务印书馆这些既有文化又懂得市场运作的领导和工作人员致敬！

我希望封杰今后继续与出版界的朋友团结协作，不断推出《京剧名宿访谈》系列，把它做成一个京剧文化的特色品牌。我愿意为你们提供力所能及的帮助，并为你们的成绩喝彩！

梅葆玖

目录

谭徒梅友 须生正宗

——京剧名宿王琴生访谈录

谭小培先生的弟子不多，然继承衣钵者王琴生先生学谭师的同时又得到师哥谭富英传艺，切磋多年，对谭艺真谛颇有研究。2005年6月8日，我采访了王琴生先生。

封杰：王老师，您好！您是怎么学的京剧？

王琴生：我家早先住在北京阜成门内，祖父王寿峰曾任清朝庄王府总管，父亲王观云为书法家，属于书香门第。由于我父亲痴迷小生，母亲喜好老生，他们经常带着我去看戏，所以我也喜爱上京剧。但是在那个时代受阶级出身影响，旧思想的束缚，家长是不可能送我进科班学戏的。不过，家里并没有限制我看戏和学戏。所以我是一边求学一边学艺。小时候，我嗓子比较冲，就跟着金松年先生学《五台山》、《黄金台》、《二进宫》、《法门寺》等花脸戏。可是我第一次登台票戏不是花脸，而是十二岁那年在《三娘教子》中饰演薛倚哥。

我嗓子倒仓那几年，主要是把精力放在学习上，待北师中学毕业后考入了华北医药学院学习中医。学业结束以后开办了济和医所，并在前门外经营一家福生药店。虽然这些年主要忙于生计，但学习京剧的痴迷劲我却有增无减。这时，我们家为了便于我学戏，迁到了离谭家老宅大外廊营很近的延寿寺三眼井，跟随德少如先生学习老生艺术。德先生跟谭小培先生是郎舅关系，这样我不仅学到了老生的正宗表演，也为我今后拜师谭小培先生奠定了基础。

我跟德先生学戏二十余出，第一出是《断密涧》，第二出是《武家坡》，继之学了《碰碑》、《黄金台》和《鱼肠剑》。不时以票友身份登台演出。1936年，我在德少如、刘子和先生的引荐下，到谭府拜见了谭小培先生。当时，谭先生令我清唱了一段《碰碑》，在得到谭先生的认可后，谭先生提出要先看看台上演出和人品。1941年初，谭先生经过考察决定在泰丰楼饭庄举办仪式正式收我为徒。我们师徒立了四年半的字据，规定此期间的演出收入按四六分账，满师后再帮师一年。在这四年多的学艺时间内，不仅谭小培先生亲授谭派戏，就是谭富英师哥也多次秉承父亲“旨意”，特为我贴演谭派名剧以做示范，使我通过学、看、练到演，得到了更加精通的实授。同时，谭先生还请来宋继亭、张连福、刘砚芳、丁永利等先生给我传授把子功及文武老生剧目，使我得到全面培养和发展。

《汾河湾》，梅兰芳饰柳迎春，王琴生饰薛仁贵

封杰：那么您“下海”是在哪年？

王琴生：说到我正式“下海”应该是1941年，我的好朋友宋德珠应天津北洋戏院李实甫经理的邀请去演出。当时他组织的颖光社缺个老生，就邀请我搭班唱戏。我们先到的济南，除跟宋德珠合作演出《四郎探母》、

《游龙戏凤》等戏外，我还演出了许多谭派剧目，效果不错。

第二年春节，宋德珠又来邀我到上海演出一个多月，颇获好评。待我返回北京后，就不断有小翠花、张君秋、李世芳、黄桂秋、茹富兰、金少山、尚小云、荀慧生等人邀我搭班演出。尤其是1946年，梅兰芳先生在蓄须明志八年之后，看到了抗日的胜利，心情异常兴奋，便决定重组梅剧团演出。这时，我经过梅兰芳先生的琴师徐兰沅、管事李春林先生的举荐，搭入了梅剧团。我第一次为梅兰芳配戏是在上海的南京大戏院合作演出《汾河湾》，梅先生饰演柳迎春，我饰演薛仁贵。演出结束后，梅兰芳先生给予我很大鼓励和赞许。之后，我们又陆续合演了《宝莲灯》、《四郎探母》、《王宝钏》、《御碑亭》、《打渔杀家》、《抗金兵》等戏，并随着梅兰芳先生到全国各地去演出。十二年的合作，在艺术上我受益匪浅，也奠定了彼此之间真挚的友谊和信任。

封杰：那您能谈谈梅派艺术的特色具体是什么吗?

王琴生：过去的老人经常用“艺高不如德高”来教育后学者，也就是一名演员要有社会公德、职业道德和做人美德。所以，这“三德”是衡量一名演员的最基本的标准，而梅兰芳先生一生中恰恰是具有高贵品质、民族气节和艺术创新的，是我们永远学习和崇敬的榜样。

“四大名旦”中只有梅兰芳先生的艺术风格不像程砚秋、尚小云、荀慧生先生那样明显，个性化突出。所以我说，梅派是没有特色的“没派”。他是高雅、中庸，不张扬个性的表演艺术，他是继谭鑫培老先生之后的又一个艺术巅峰。记得我第一次跟梅先生合作，心情非常激动，在后台我说道：“包银我不要了！”大家都认为我在开玩笑，我又说道：“我不但学到了梅先生的表演艺术，也学到了梅先生提携后进的美德，包银有价，而艺术和美德无价。”后来，我们又合作演出了《汾河湾》、《二堂舍子》、《打渔杀家》和《抗金兵》等戏，确实有这种感受。在台上，我时刻跟着梅先生，但我并不觉得累，反而是轻松的感觉。这就是梅先生启发同台演员掌握人物的感情内涵，表演进行中时时启发对方的激情，随着梅先生的节奏，也就是戏的灵魂而表现着。用梅先生的话讲："表演唱段，在舞台上宁可亏一点，也不要让它过火。"所以，你看梅先生的戏具有程式动作的舞蹈性，他在用内心活动推动程式，而不是被程式束缚，它是艺术上的真实感，给观众呈现了一个完整精彩而精美的形象感受。

有人说，梅兰芳先生的戏节奏太慢。其实不然，像我们演出从来都是台上见。我只是在演出之前先请徐兰沅先生按照谭派的路子说一遍，等到了台上跟梅先生配合时感到非常默契和谐。这就是说，梅先生的节奏层次分明、清晰。他的表演讲究静中有动，动中有静。他的每一个动作、指法、眼神和表情都是根据人物当时的内心活动和感情需要而设计的，符合人物思想感情。而且，梅先生还特别善于抓观众的眼睛、耳朵和心，让观众时刻跟着他的表演而受感染。

《定军山》，王琴生饰黄忠

封杰：您能再谈谈梅派唱腔的特色吗?

王琴生：梅派唱腔分为早中晚期三个阶段，早期是音高气足，中期由于多年未唱戏，嗓子发生了变化，而到了晚年，他的嗓音比以前厚了，中音低音更足了，唱出来又甜又厚，又深沉又有分量。

梅先生的唱腔没有花腔，这是最难学的。他在继承前辈的基础上结合自身的条件进行了创新。他的唱法、旋律和用腔符合时代的要求，与人物的身份、年龄和剧情规定的环境极其吻合。再者，梅先生非常重视口型美感，他的音色、音质、音韵特别好，这跟他发音的位置、方法和分寸有很大关系。

封杰：谭派是老生正宗，在“四功”方面应注意哪些呢？

王琴生：首先说，是谭鑫培老先生在继承的基础上以北京的艺术语音来读音，奠定了京剧声韵的先河。所以，京剧的艺术语音不完全是北京生活中的通俗语音，它是生活中的语音经过提炼、升华为舞台语音，进而掺杂了大量的地方乡音。包括湖广音、中州韵、吴音、上口字、上韵字等，再用北京语音来读，去掉地方音中的乡土杂质，成为舞台艺术化语音，夸张化、音乐化、韵律化，增强音量，提高调门，调整音色，达到纯、清、远、美。

唱念讲究声音清、纯、圆、润、远，犹如一条线，使听者觉得悦耳。如果声音乱、躁、散、扁、浅，好像一大片，会产生令人生厌的感觉。但是，一条线的艺术效果需要经过严格训练，才能达到歌咏要求。相反，那种喊叫之声，唱者既费劲，听者又刺耳。大家必须要注意，不论唱什么戏，一定要做到“三合”，即所谓精气神相合，就是精神相合，神气相合，精神与气并合。其根本在于用气，气顺则合，气不顺则不合。

至于做，也就是表演，作为一名演员要掌握十二项基本原则：一是演员内心要有你饰演角色的内心活动，一秒钟也不可脱离人物。二是演员内心要有强烈的节奏感，就是“灵魂”。三是唱念做打要练出内在的功力，才能达到“一条线”的要求。四是演员在台上要驾驭全场的角色和音乐伴奏。五是演员无论在台上或台下，时刻都要想到观众需要什么，把自己置身于观众之中，一出好戏是创作者与欣赏者共同完成的。六是演员的表演在某些戏里可以按照剧情的需要增强一些风趣感和幽默感。七是演员在台上深入角色内心，要有喜、怒、悲、哀、爱、思、恐、惊的激情，须先有感觉再有激情，才能使观众感到有艺术生活的真实感。八是激情须先提气、憋气，刹那之间显露行动，分寸要根据人物当时的内心活动来运用。九是演员要带戏上场，让观众首先感到人物的光彩；带戏下场，要使观众领略演员从后背反映出人物内心的思想感情活动，这点至关重要。十是我们的戏曲既是体验派，又是表现派，两者统一，演员要体验于现实主义的表演，不得流于自然主义的媚俗。十一是唱曲应当先理解曲情，不得口中唱曲心不唱曲，口中唱曲而面上无曲，身上无曲，必须出于内，形于外。十二是一台无二戏，无论是大小角色，大小演员，主演、配演都要树立整体感和“一棵菜”精神。

封杰：那么在唱腔方面有什么讲究吗？

王琴生：京剧演员的嘴里讲究功夫，每吐出一个字都得有反切音，有规律可循，得有喷口。只有这样字音才能达远，才能送到听众的耳朵里。好的唱腔得有好的唱法，好的口法。就是四声、五音、四呼、反切音、喷口和十三辙。当然口腔的基本功还包括唇齿音、共鸣音、脑后音等。

咱们说到的四声是指汉语字调的平声、上声、去声和入声；五音是指喉音、牙音、舌音、齿音和唇音；四呼是指开口呼、齐齿呼、合口呼和撮口呼；反切音是指两个字的音拼合成为一个字的音，这里的“反切”是反复切磋之意；喷口是指对字音做有力的喷发，使字音刚劲有力，送得远；十三辙是指唱词押韵，习惯用人辰、江阳、梭波、由求、怀来、言前、一七、姑苏、灰堆、发花、遥条、中东和乜邪，这十三大类是根据中州韵和北京音，其中夹杂着湖北音形成的。现在，举其中两个例子。

一个是喷口，它分内喷、中喷和外喷，起着展示人物的气势、内在的思想感情的效果，加重吐字音律，美化语言、声腔的作用。主要是在字的声母阻气喷出，打远，如果声母在口腔的部位不准确，那么喷口的音律也就不够准确。

一个是反切音，又称翻切。它始于魏代，西域梵文传至中国，当时为识字方法，在我国已经沿用了一千多年，是古代一种拼音工具。京剧使用反切音是从昆曲引用过来的，是以北京方言音素拼成的反切音，在吐字唱腔方面占有重要地位，有扩大字音的音节作用，使字面引申成腔。当然，不一定每个字都有反切音，有腔的字有反切音，无腔的字无反切音，[快板] 字因速度快而难用反切音。总体来说，反切音的归韵有轻重、虚实、长短、松紧之分，与四声、五音、四呼紧密相连，相互影响。只有专心揣摩，方能心领神会，变死音为活曲。

《草船借箭》，王琴生饰鲁肃，李宝櫆饰孔明

封杰：您觉得好演员与大演员怎样区别？

王琴生：我觉得无论哪一个剧种，一定要有好演员和大演员，它才能兴盛。因为剧种的表演艺术很大程度就蕴涵在演员身上。凡称得起大演员的，不仅是本剧种的忠实继承者，还是勇于突破创新者。只能继承不能革新的演员充其量只能称为好演员，而不能称为大演员。

一名演员遵循师门流派固然重要，但不能一成不变，墨守成规，而是需要兼收并蓄、博采众长。就咱们老生行来讲，余叔岩先生的唱腔艺术是质朴、含蓄、隽永，马连良的表演特色是潇洒、飘逸，杨宝森的演唱风格是委婉、深沉，周信芳的魅力特点是夸张、激情。关键是他们都是在谭派的基础之上根据自身条件，依照京剧的艺术规律，顺应了时代发展和观众审美需求，逐渐发展形成了具有自己艺术风格的流派。

封杰： 谢谢您，使我对老生艺术有了更深入的了解。

素雅清新　翼鹏春秋

——京剧名宿韩素秋访谈录

盖叫天先生创立的盖派艺术流传至今，而其长子张翼鹏在继承的基础之上又有所发展创新，世人称为新盖派或张派。2013年5月6日，我采访了张翼鹏的夫人、今年九十九岁的韩素秋先生。

封杰： 韩老师，您好！请您先谈谈您的家庭情况。

韩素秋： 我家祖籍是在河北保定，世代以务农为本。不过已有一百多年没有回去过了，因为我的父亲就出生在上海。

我们家从事京剧应该是从我爷爷开始。他的名字叫韩春祥，是武行头，专门负责按照水牌子上面写好的戏码排戏。不过，我小时候叫他“酒鬼爷爷”。这都是他太爱喝酒的缘故。在我三岁的时候，有一次爷爷叫我过去，我父母急忙将我送到爷爷房中，可我跟爷爷平日里并不太亲热，心里有些惧怕他，就哭了。爷爷见状抬手打了我一巴掌，将我打倒在地。这下，我哭得更欢了。别人看见连忙喊我父母：“快给老爷子一块钱喝酒去。”我爷爷接过我父母递给的钱走了，这才将我“救”了下来。我父亲韩树棠是武生演员，他主要是在城隍庙的小世界舞台演出武生戏。后来，我父亲跟赵如泉、小杨月楼等人合作在天蟾舞台演出《七侠五义》、《狸猫换太子》等连台本戏。

我的外公牛松山，是唱武小生的，擅演剧目有《夜奔》、《探庄》、《八大锤》、《蜈蚣岭》等。他有一儿一女，舅舅的名字是牛小山，我母亲的名字是牛桂芬，唱老生。晚年的外公每天带着我跟表哥练习基本功，那时年长我三岁的表哥天天苦练乾坤圈，别人练一个圈，他练三个圈。后来，他就以演出《乾元山》作为打炮戏。第二天演出《金刀阵》。第三天演出《顶灯》，戏中凳子的扶手是特制的，人可以正好站在上面。这时我表哥站在桌子上面放着的凳子上做“金鸡独立”，一只手拿着一个铜盘，里面放着点着的蜡烛，再按照“老婆”的指令做射雁、探海等动作。“老婆”一看不行继续加强难度，在右脚站立的时候，左脚顶上一盏灯，头上再顶上一盏灯，增加更多难度。我这位表哥每天清晨三四点钟就起床练习踢腿、下腰、拿顶等基本功，吃得又不是很好，人很消瘦。他本来的名字叫牛富贵，后来大家看他人这么瘦小，又经常演出一些猴戏，就给他取了个艺名：小小活猴。

封杰：我听说，您外公给杨小楼、李万春说过戏。

韩素秋：是的。他早年曾给杨小楼说过《夜奔》等戏。我外公除给我们练功之外，还给李万春说过戏。这是我亲眼所见。那时，李万春的父亲李永利先生除演出之外，还做一些像给其他新成立的班社出租蟒、靠等行头的营生，生意比较好，生活也很安逸。李永利先生把全部收益都用在了培养李万春的艺术上面。也有人说：“李永利是烧了高香，修来了一个好儿子！”

《盘丝洞》，韩素秋饰蜘蛛精

李万春跟我外公先练习基本功，像他靠墙站好，两只胳膊平伸，头上再顶着东西，每天坚持不懈。之后，才学了《八大锤》、《夜奔》、《探庄》、《蜈蚣岭》等戏。学成不久，李万春就随着他父亲到北京发展去了。

封杰：那么，您是从什么时候开始练功、唱戏的呢？

韩素秋：我从六岁开始练习跷功，当我父母做好跷给我绑在脚上，我是站起来就能行走。他们觉得很奇怪，也很兴奋。从此，我每天跟着父亲练功，我的腰很软，演《贵妃醉酒》中的杨玉环我可以将嘴里含着的酒杯弯着腰稳稳地放在地上。我七岁跟周福喜先生学习《鸿鸾喜》，我看着留着一撮白胡须的老先生扭捏地学着小姑娘的样子，忍不住笑个不停。我学会后在大世界演出了《鸿鸾喜》，大人给我取了一个好听的艺名：金玉艳。八岁演出了《辛安驿》。之后，我就跟着我父亲在小世界相继演出了《八蜡庙》、《乾元山》等戏。我除了跟周先生学戏之外，还有一位老先生教我《天女散花》，可是由于年代久远名字我已经忘却了，而像《乌龙院》、《四郎探母》等戏就由我母亲亲自教授我了。

十三岁，我外公带着我表哥和我开始到杭嘉湖一带演出四年多时间。真是锻炼了自己，增长了见识。我们是一个地方一个地方地转移，一般我总是以《贵妃醉酒》作为打炮戏，第二天演出《北汉王》，第三天演出是合作戏全部《回荆州》。有时我们就站在船上给乡下人演出，有时我们在临时搭建的简易舞台上演出，我们化好装爬上竹梯子唱［导板］前先将脸朝里，待唱完后再转过脸来。刚开始，有多家戏班在一起唱戏，彼此还算和睦，相互照应着。可时间长了，大家也就开始了竞争。有时候，两个戏班同时演出同一个剧目，像《八蜡庙》中褚彪在撞城门时的甩髯口表演，由于双方僵持不下，两个演员在舞台上就一直甩个不停。后来搬出一把长条凳来坐着接着甩，最后实在停不住了，两边的领班只好上台来拉扯他们下去，可两位演员仍在无休止地耍着髯口。我们几个年纪小的孩子只觉得好玩，站在一旁同观众一同喊好！有时候，两个戏班演出不同的戏码时，为了拉拢观众从傍晚一直演到天蒙蒙亮，领班的只好再次劝阻，两边各派一个人穿上红衣服，上得台去相互拜拜就算是收场了。

十八岁这年，非常喜欢我的外公去世了，享年七十岁。可这时我还在杭嘉湖演出，不能回到上海奔丧。不久赵如泉、陈晓牧组班到大连演出找到了我。这样，我才回到上海。我最早经常在共舞台跟武生演员王虎臣演出连台本戏，上座很好。这期间，我们排演了一出现代戏《阮玲玉》。这主要源于当时的电影明星阮玲玉不堪凌辱愤然自杀，在社会上引起轩然大波。大家通过各种形式来纪念她，并对恶势力进行声讨。大家见我跟阮玲玉的形象比较近似，就鼓励我来饰演。而大家也在分头找素材、访朋友，以最大的能量尽快写出剧本。那时我留着一条大辫子，便于演出古装戏时盘头。可是现在大家让我饰演阮玲玉需要将大辫子剪掉，我有些不舍。这时，戏园子老板说："你剪掉后，我送你一条假辫子！"这样，我只好忍痛将一条又粗又长的大辫子剪掉了。经过一番创作、排练，我们上演了这出具有时代气息的新编京剧《阮玲玉》。

由于《阮玲玉》的演出很受观众欢迎，老板就决定大演特演，所以，我们一连演出了三个多月。可是，也由于《阮玲玉》的演出导致像王虎臣等武生演员相继离开了共舞台，而另搭班演出。三个月后，我也离开了搭入大舞台。这是因为张翼鹏当时正在演出《西游记》的第二本，他邀请我饰演嫦娥。戏中我还有一段舞蹈是在洋乐队的伴奏下进行表演，不过那个舞蹈是京剧范儿。后来在一本一本的续演中，我又饰演了白骨精、蜘蛛精等，戏中的主要女"妖怪"就全由我包了。

二十八岁，陈鹤峰组班在天蟾舞台演出，他到家中来邀我加盟。这时我已经嫁给张翼鹏多年，可大家觉得我的表演比较洒脱、奔放，故而陈鹤峰演出全部《黄天霸》特意找到了我，说："戏中有场九黄与七珠两个出家之人'逍遥'的表演，由王富英来和尚，这个尼姑就非你莫属了！"

封杰：您能再谈谈与您结拜的"十姐妹"吗？

韩素秋：我们结拜金兰的十姐妹是粉菊花、梅雪芳、郭玉蓉、童月娟、王美云、沈艳琴、金碧玉、韩素秋、王珍珠、顾艳琴。我们之间不以姐妹相称，而以兄弟称谓，所以我们都称粉菊花为“大哥”。这时，有人提议说：“十，数字不吉利，最好再加一个！”这样，我们把郭玉蓉的弟弟郭玉昆收为小弟，称其为“十一郎”。

《盘丝洞》，张翼鹏饰孙悟空，韩素秋饰蜘蛛精

我们这十姐妹目前只有我跟王珍珠还健在，她小我三岁，今年已经有九十六岁。她只是当年喜好京剧，跟我们时常接触，彼此熟悉了，在结拜十姐妹时就将她也收在了其内。如今，其他的姐妹和十一郎都已陆陆续续逝世了。

封杰：从前的京剧演员搭班唱戏非常艰难，您的经历是怎样的呢？

韩素秋：我跟妹妹韩素兰经常到外地搭班唱戏，有一次，我们到南通共俗舞台演出，不承想这家戏园子的老板是个日本人，可我们当初并不知道，因为邀请我们来的是中国人。

我们到了南通，先由戏院的管事带着去给国民党军官拜客，当我们从黄包车上下来时，只见警卫严肃地站立在两边。他们手持的枪上面带有刺刀，我们战兢兢地从他们身边经过，心里非常紧张，真真的是吓死人了。拜客之后，我们就每天演戏给国民党兵看。两个多月来，他们整车整车地往戏园子拉人，当官的坐小汽车来。他们最爱看我演出的《盘丝洞》，我饰演的蜘蛛精身穿一件透明的丝状上衣，使他们产生了误解。当时是腊月，天气非常寒冷，可把我冻坏了。

有时我跟妹妹演出《玉堂春》，她饰演《女起解》的苏三，我演出《三堂会审》中的苏三。这段时间的演出，还算火爆。不承想，国民党军官天天的到后台来纠缠，不是当着我们的面擦枪，就是用一种“禽兽”一般的目光上下打量着我们姐妹。

封杰：听您这么说，我想一定是遇到了风险吧？

韩素秋：我们好容易挨到了演出期满，戏园子老板和管事再三挽留我们。我父亲在没有征得我们姐妹同意的情况下，擅自与他们签订了第二轮的演出合同。

当海报一贴出来，我们才知道，三天后我们又要演出一期。这时，我和妹妹就跟陪着我唱老生的张铭声商量，先将行头存放在他那里。我们便利用三天休假的机会，头一天先把要穿的衣服放在张铭声处，提前约好一辆黄包车，让车夫清晨五点多钟早早地到门口等我们。第二天清早，我和妹妹假装先将被褥铺好，仿佛有人在睡觉的样子，不易让人发现。可当我们姐妹来到江边时，船还没到。乘船的人都到茶馆里喝茶，我们姐俩只好躲到旮旯里藏着。九点钟，摆渡的船来了，等船的人纷纷上了船，我们姐俩就蹲在人群里。就在此时，家里的人发现我们“失踪”了，我父亲便报告了戏园子管事，他们急忙派人到江边和船上巡查。原来是我父亲清早起床，要去方便，当他看见我们姐俩事先放好的鞋子整齐地摆放在床前时并没有起疑心。可他向我们要手纸时才发现我们已经不在了。

他们经过一番搜查后，无功而返。我和妹妹也是有惊无险地逃离出来返回了上海家中。

封杰：张翼鹏先生的表演艺术已随着他过早的辞世，而逐渐被遗忘。请您回忆回忆好吗？

韩素秋：张翼鹏出道成名缘于我公公盖叫天在演出《武松》中不慎摔伤了腿，由张翼鹏替演。可是经常演出老戏，上座受到了影响。所以，大家决定排演新编戏。

张翼鹏新创演的《西游记》非常受观众的欢迎，剧场异常火爆。他的第一本连续演出三个多月，大家看到效果很好，就策划排演第二本，戏中安排了一场“猪八戒戏嫦娥”的表演。当时我在上海已经很有名气，加上大家看过我演出的新编戏《阮玲玉》后认为我具有号召力，他们便找到我希望能够加盟演出。他们不仅创编剧情，在道具方面也是煞费苦心。像我饰演嫦娥时是在新设计的里面装有灯泡的箱子里进行表演，到了舞台上犹如嫦娥真正在月宫表演一般，很是吸引观众。几年中，我不断在《西游记》中饰演妖怪，而我和张翼鹏由于在一起经常合作，彼此有了感情，之后，我就做了他的如意夫人。

张翼鹏演出的《武松》、《一箭仇》等戏完全是盖派风格，他从小跟随他父亲学戏、演戏。他在杭州生活的时候，每天天还没有亮，他就走上几里路到一个破庙中的老戏台上去练功，当时的旧台下面是空的，里面还锁着一个衣着褴褛的老人。他也不害怕，等练完功后他又走回家跟他父亲学戏。他在陪着他父亲演出《武松》时，先演武松打虎的虎形，后再赶演狮子楼中与武松搏击的西门庆。后来，他在盖派艺术的

《大英节烈》，韩素秋饰陈秀英

基础之上结合自身特点又有所发展，有《四平山》、《雅观楼》、《状元印》、《岳云》、《挑滑车》等戏，里面都有新颖的设计，形成了新的表演特色，可以称为“张派”。

盖派有个很漂亮的抢背，我公公曾在《一箭仇》中使用过，是轻轻蹿起再软抢背落下，但在上年纪后就不再表演了。后来，张翼鹏将它移到了《西游记》的孙悟空身上。当孙悟空与哪吒争夺旗子时，孙悟空将旗子抛向空中，同时蹿上半空接住旗子，变抢背落下，亮相后，哪吒追下。可惜，这个表演技巧现在没有人能够继承下来，失传了。还有，张翼鹏还创造了不少新把子套路和出手，如一身四绝、双鞭等。

封杰：谢谢您使我了解到京剧的另一面，一个流派的形成需要多种元素的结合。祝您长寿！

性格刚毅 女中叔岩

——京剧名宿蒋叔岩访谈录

武汉曾经是京剧的重镇，“蒋家班”名震一时。它培养出来的弟子虽不是很多，但其中一位性格刚毅、威武不屈的女老生值得尊仰。2012年11月8日，我采访了蒋叔岩先生。

封杰： 蒋老师，您好！您的名字里有什么典故？

蒋叔岩： 我是苏州人，自小被武汉的“蒋家班”收为养女，养父是蒋宝和，养母，我们称“娘”。我长大后听养母讲，我从前的家姓严，但我从来没有见过我的亲生父母。我到了蒋家后，归入老生行。我们科班要求非常严厉，每天天蒙蒙亮只听师父一声哨响，我们连忙穿好衣服起床，来不及洗漱就赶紧练踢腿、耗腿、翻跟头等基本功。晚上只能睡在舞台上，身上盖的就是台毯。我们练功时，动作不到位，师父就要用刀坯子打，直到做标准了为止。请来的教戏老师也非常规矩，我们学得也比较认真。

我先从娃娃生开始演起，逐步演到正工老生。有一天，有位听戏的老先生说：“我常常听你的戏，是个很好的女老生，我给你取个艺名吧！”

我说：“好哇！”

老先生说：“北京有个余叔岩是唱老生的，我看你就叫蒋叔岩吧！”从此，我算是有了艺名。

封杰： 那您跟谁学戏呢？

蒋叔岩： 我学艺不久，养母就将我写给了筱兰英，拜她为师，我称她“师娘”。她人很高大，却是“三寸金莲”的脚。她在天津唱戏很红，人称“老姑”。她规矩很大，每天吃斋念佛。她不仅“三斩一碰”唱得好，而且拉得一手好京胡。她的大女儿姚玉兰非常有才，青衣、老生、老旦全行，演出很上座，后来嫁与了上海青帮头子杜月笙。为了此事，母女二人几乎断绝了往来。

我第一次登台就是在天津陪着师娘演出《三娘教子》，她饰演薛保，出场唱[慢板]。师娘演得别提多受欢迎了，戏园子里是人声鼎沸，好声不绝于耳。观众对我饰演的小东人也送了几次掌声。演完之后，师娘搂着我非常高兴，还赏给我一块钱作为奖励。

但是，我师娘也有严格的时候。有一次，她的二女儿姚玉英在与一位武生练习小快枪时，二人有些说笑，枪的速度也有些放慢，恰巧被我师娘看见，她立刻让人搬来一条长板凳，她手里拿着刀坯子让女儿趴在上面就打。她为了培养我又特意从北京请来金润田先生给我说戏。有时我演出她就躲在戏园子的角落里看，如有错误，回到家无论多晚她总要指出来，让

蒋叔岩便装照

我练习。

1963年，我演出到了天津，特意去看望她。她住的房子是国家给安排的，原来曾是康有为的家。她看见我并知道我的情况后，非常兴奋："你还在唱戏，太好了！"临走时，她给了我一个馒头让我在路上吃！

封杰： 您唱了一辈子戏，有哪些事情让您铭记一生？

蒋叔岩： 我跟多位前辈演出时，他们对我的培养和提携令我终生难忘。十二岁的时候，上海大舞台演出《孙庞斗智》，是李桂春大爷饰演孙膑，金少山三叔饰演庞涓，我饰演秦甘罗。之后，我跟金三叔合演了《捉放·宿店》我饰演陈宫，金少山饰演曹操。金三叔说："这小子爱唱戏！好好唱！"

后来，我又到浙江搭盖叫天先生的班社，在他演出之前垫演《四郎探母》。他有时来晚了，就让我"马后"。他曾指着烟盒上的"女人"，说："干咱们这行的要自重，女孩子要守规矩。"这句话对我今后的人生起到了很大作用。

封杰： 您那时唱戏宗哪个流派呢？

蒋叔岩： 我长大后，由于我身材比较矮小，练功、演戏的时候就要穿上三寸高的靴子。那时，我们并没有被流派所束缚，像汪派、谭派、麒派、余派的剧目，只要老板指出，观众爱看，我都唱。

《四郎探母》，蒋叔岩饰杨延辉

我在上海唱戏的时候，所挣的包银全部由我娘保管。她每次只给我三块钱零花，就这三块钱有时我还要周济给贫困人两块钱。这期间，我在百代公司灌过《打鼓骂曹》和《打严嵩》两张唱片。《打鼓骂曹》一面是祢衡的唱段，一面是这出戏中[夜深沉]的鼓套子。《打严嵩》我是按照麒派的风格唱的“忽听万岁宣应龙，在朝房来了保国臣。那一日打从那大街行，偶遇着小小顽童啼哭止不住地放悲声。我问那顽童啼哭因何故？他言道严嵩老贼在朝专权杀了他全家一满门。劝顽童休流泪，免悲声，邹老爷就是尔的报仇人。站立在殿角下用目来观瞪，那上面坐的是嘉靖皇爷有道的君。扭回头用目瞪两廊下坐的是文武公，那一旁坐的是老海瑞，他本是我国中秉忠报国、架海金梁的金銮殿柱一根。那一旁坐的是严国老，他本是我朝中上欺天子、下压臣、谋朝篡位、卖国奸贼，他的名叫严嵩。我本当上殿动一本，怎奈我官卑职小不能够参大臣。罢、罢、罢，暂且忍着我的心头恨，在品级台前臣见君。”

另外，像汪笑侬先生的代表作《刀劈三关》中雷万春站在城楼上的词“刀劈三关威名大，只杀得胡儿心胆怕。番邦的女子不多大，她年龄不过十七八”，还有高派的“孤王酒醉桃花宫，韩素梅生来好貌容，寡人一见龙心宠，兄封国舅他妹封在桃花宫”这些唱词我现在还能唱。

我唱了几十年的戏，有许多戏迷并不知道我是一名女演员。就是因为我在舞台上的表演非常阳刚，这也跟我生活中的性格相符合。

封杰：生活中您的刚毅、刚强表现在何处？

蒋叔岩：1930年，我师父接受成都春熙大舞台俞风岗老板的邀请来演出，谈定包银每月七百大洋。一连演出七八年，是越演越红，不想后来招了横祸。有位国民党军官非要纳我为妾，我坚决抗争，誓死不应。后在“川大”女生张腾辉的帮助下，携简单行李连夜逃到了川南的五通桥。为了生存下去，我改名严曦，并在盐务总局开设的保育院当了一名会计。这家保育院在五龙山多宝寺，收养了七百多名女难民。每日除为她们劳作之外，还唱戏给她们听。

这样，在当地就传开了：要听戏，找严曦。徐悲鸿先生曾到此地小住，他就特别爱听我唱戏。高兴之余，他还画了一幅画赠送给我。但我不知道它的珍贵，只是把它当做糊窗户的纸。后来，有位朋友喜欢，我就转送给了他。

1941 年，我在盐务总局办的堂会上演出《打鼓骂曹》，正当大家沉浸其中的时候，我摘下髯口，说道："我给各位说个事，那个人已经死了。我可以重新活了，我不叫严曦，我是蒋叔岩！"大家为我高兴、欢呼！

封杰：那您是怎样到了成都市京剧团的？

蒋叔岩：新中国成立后不久，我参加了公安厅文工团下属的前进京剧团，我任团长。这期间，我们演出了大量传统戏和新编戏。1956 年，赵苍碧厅长到北京参加会议。回来时带来了《十五贯》的剧本，说是"周恩来总理交给的任务"。我们读完剧本后，仅用了六天时间就排了出来。并且立即到重庆、达州等地巡演，为了宣传政法，倡导调查研究，反对主观臆断的审判。期间，我们还排演了《北京四十天》、《三打祝家庄》、《甲午海战》等戏。

后来，省里成立了成都市京剧团，又任命我为副团长。那时，所有生产工具已经国有化。我们每年活跃在工厂、铁路、农村，为他们演出。我们到农村演出不取分文，一切经费由国家供给。我们与农民是"同吃、同住、同生活"。

在全国大演现代戏的时期，我还演出了《红灯记》中的李奶奶。

封杰：您对新、旧两个社会制度下京剧状况持怎样看法？

蒋叔岩：从前的艺人生活非常苦，学徒更是艰难。像我们住在北京草厂六条的时候，我在提起满满的开水壶时不慎将脚烫伤，我不敢出声连忙抓起一把炉灰放入袜子里“消毒”。但艺人也是最讲信义的。1928年，梅兰芳先生的原配夫人王明华去世，我师娘带着我特意到梅府吊唁。我亲眼看见我师娘给梅夫人行蹲安大礼。

我今年九十六岁，仍然爱唱戏，我始终坚持文艺为人民服务的指导思想。今天是中国共产党召开十八大的日子，我心情非常激动。因为我是一名老共产党员，我最爱唱的是《没有共产党就没有新中国》的歌曲。

封杰：感谢您无私的传授，让我们年轻一代更珍惜现在的生活！

麒派辅弼 四海一鑫

——京剧名宿张鑫海访谈录

京剧大师周信芳先生创立的麒派艺术奔放、激情，人物性格鲜活。而为其伴奏一生的张鑫海先生对麒派艺术的真谛了解颇深，2008年9月13日，我在上海张老先生的寓所进行了深入的采访。

封杰：张老师，您好！周信芳先生的麒派艺术是南方京剧的重要代表，艺术特性鲜明。那么，您是从何时开始跟随周信芳先生的呢？

张鑫海：由于在我很小的时候父母就亡故了，迫使我们兄弟三人很早就出来谋生。我大哥张鑫元弹三弦，二哥张鑫芳拉二胡，我打小锣。我只练习了半年就到大世界舞台司职，每月挣六块钱。经过一段时间的磨砺，我十四岁开始傍上了周信芳先生，跟随他到北方的天津、北京、济南、青岛等地演出，有四本的《走麦城》、《追韩信》、《六国封相》等戏。这段时间我主要司职小锣，长达三年。

张鑫海便装照

后来我们在北京的哈尔飞剧场演出期间，由于专门为周信芳先生司鼓的张世恩先生的母亲病危，他急于返家奔丧。这样，给周先生负责管事的人就想在北京找个人来顶替，可当时的京城并没有专门学麒派司鼓的鼓师，大家都说："我们不会打！"无奈，班社的人就推荐我来打，我也是应验了那句“初生牛犊不怕虎”吧，很大胆地应承了下来。开始，大家是每天陪着我练习麒派戏所独有的风格，大家还算满意。等到我打了四场戏之后，又随着周信芳先生演到了青岛。回到上海的张世恩先生仍然没有回来，大家就建议我继续为周先生打几场。

封杰：这下，您就算傍上了角儿，周先生一定对您培养备至。

张鑫海：的确是这样。起初我为周信芳先生司鼓的消息传到上海，大家都为我高兴。周先生为了培养我，决定把我送回上海继续深造学习。这样我回到了上海，他们去了武汉。而我回到上海后，经常在一些开锣戏中司鼓或打大锣，来锻炼自己在场面上的全面性和灵动性。

我离开周信芳先生这年十七岁，经过三年的锻炼，即二十岁时，我傍上了先学马派、后攻麒派的徐鸿培。直到 1949 年新中国成立初期，当年傍着周信芳先生演出的人大多数参加了武汉京剧团，而周信芳先生留在了上海华东实验京剧团。我也随之加入了华东剧团，只要周先生演出必是我来司鼓，一直伺候到他老人家在“文化大革命”中结束舞台生涯，时间长达十六年。

封杰：麒派乐队的伴奏烘托了剧情的气氛，使剧中人更加鲜活。

张鑫海：麒派的节奏感非常强烈，只要演出中周信芳先生的劲头一来，我们乐队的人就很自然地随着发出声音。像《打渔杀家》中萧恩唱“眼看红日落西下”，当时的周先生唱得非常凄惨，可我配之的鼓点却打得比较帅。周信芳先生说：“你打个脆锣。”当时我并不理解他的意图，直到多年后他老人家过世了，我再反过来思考、领会，越发觉得周信芳先生的艺术造诣实在太高了。

那时的周信芳先生到外地演出完，他总要带着我参加一些研讨会。记得，李少春说道：“周信芳先生不是简单的艺术家，他的表演真实。像他演出的《乌龙院》的宋江，在唱到‘大街上’他仍旧往前走，这时后面搭架子‘前面走的张文远，后面跟着宋公明’。只听周先生‘嗯’的一声站在那里，听旁人讲些什么，非常自然，很生活化。”

袁世海讲道：“周先生的表演浑身上下都是戏，连后背都有戏。”像周先生演出《投军别窑》的薛平贵听王宝钏讲，她与父亲三击掌离开王府，至死也不回府门后，薛平贵转过身，只见周先生的靠旗在微微颤动。

封杰：周信芳先生的剧目中有许多新创戏，仍保持着自然、流畅的特色。

张鑫海：周信芳先生晚年创演了一出现代戏《杨立贝》。“告地状”一场他又是很生活化的表演。

不过，周先生最精彩的表演还是在传统剧目之中。如他在《刘唐下书》中饰演的宋江有一场与刘唐相遇的戏，表演自然、洒脱。当刘唐用手拍宋江肩头时，只见周先生转过身来对刘唐言道：“官儿！……”这里需要内在的功力。周信芳先生表演中有种似曾相识，又难以想起的感觉，念道：“你

前排右一张鑫海、右二裴世长、右三高文静、右四王玉文
中排左一郝德泉、左二姚品二
后排左一韩恩华、左三为姜凤山

说一起喝过酒？”

刘唐答道：“我实说了吧，我是……”这时的锣鼓要配合着打出两锣，节奏要一样。就是闭着眼也要打出同样的节奏。

周信芳演出的《追韩信》中萧何的出场，节奏感极强，表演全在锣经中。张世恩有套很激情、激烈的伴奏，我完全继承了下来，可惜现在的舞台上再也听不到这种声音了。

周信芳先生不愧是位表演艺术家，即使锣鼓打得花了一点，对于他来讲都是无所谓的，他都能掌控得住。综观麒派艺术的几百出剧目，加之我又跟他合作了几十年。所以，我感觉他创立的麒派艺术特色就是表演的节奏、劲头。只要有锣鼓点的地方，周信芳先生就有表演动作。

封杰：抗美援朝期间，有许多艺术家曾亲临前线慰问志愿军战士。

张鑫海：是的。那年周信芳和梅兰芳、马连良、程砚秋等人到朝鲜慰问志愿军演出了《群英会》，他先饰演鲁肃，后饰演关羽。之前程砚秋先生演出了《三击掌》。大轴是梅兰芳先生演出的《贵妃醉酒》。

之后，周信芳先生奉周恩来总理的命令亲自到苏州学习了一出《十五贯》。这下苏昆剧团热闹了起来，都没有想到这么一位大艺术家会亲来学戏。他把昆曲的《十五贯》完全掌握后，又糅进了自己对人物的感悟，使表演色彩更加丰富，从而变化成了一出麒派的代表作。随后，周信芳先生带着这出戏去了苏联，演出很受欢迎。

封杰：学习麒派的演员和京胡、司鼓应怎样才能再现麒派艺术风貌呢？

张鑫海：学习麒派司鼓艺术能够掌握些京胡的演奏更好，只有掌握住这些固定的套子，演奏员才能在其中加入花鼓点。

我的演奏技巧都是跟老先生们学来的，像一些老戏非常有讲究。不过有些是属于不良之处，鼓师应明白道理。例如［扎午］，在过去是属于开搅的鼓点。现在的演员上台都要用［四击头］或［回头］，其实在过去是一种

"歪桃"。相传杨小楼有一次演出，因为经常给他司鼓的鲍师父临时有故未来，便找人顶替。不想此人一心希望傍好杨老板，就使用了[四击头]，可杨小楼先生就是不上场。这时鼓师有所察觉才又改回先前剧情规定的[一锤锣]鼓点，杨小楼先生这才出场。《草桥关》有个"本大本大大仓令令仓"之后再起[垛头]，不是现今流行的鼓点。《击鼓骂曹》祢衡唱"我把蓝衫来换掉"之后的几个翻场唱段中的鼓点应是一板，显得干净，中间不转板。现在演《夜奔》，当林冲出场，演员都要在后台喊一声"啊嘿"，实不应该。这时锣鼓打的是一种夜晚的意境，林冲应是蹑足前行，唯恐被人发觉。

我们在继承的同时，又应该学会活学活用。像我在《智取威虎山》中，演员念"带溜子"后的鼓点就是我移用了《击鼓骂曹》中的伴奏方式。另外还有"滑雪"一场，解放军是先有动作，锣鼓随之伴奏，再起乐队。再者"打虎上山"的表演节奏都借用了传统戏中的伴奏元素。切记，我们在伴奏的同时要与交响乐融为一体。

封杰：现在麒派艺术后继有人，观众对它仍热爱有加。最后，请您对后继者说说应注意的地方。

张鑫海：周信芳先生表演非常自然，处处表现人物性格。作为伴奏的锣鼓只管自己按照剧情、人物来敲打，周信芳先生完全运用自如，而且处处显出张力。可惜现在像演出《追韩信》在打[五锤]时，抻的节奏实在太慢了，无法表现出此刻人物的心情和剧情所需要的紧迫感。如果演出者不能完好地掌握住麒派的艺术真谛就无法抓住麒派特有的锣鼓点。而作为麒派艺术的继承者更应该多掌握一些麒派的真谛，真正使麒派艺术再现于舞台。

封杰：好，谢谢您！

（注：此访谈只进行一半，因故暂停，不久张鑫海先生由于年事已高而辞世，留下了遗憾。）

云中松鹤 寄希超越

——京剧名宿陈云超访谈录

赵松樵先生的艺术今人已经很难见到其风貌，然，能传赵氏艺术衣钵者又是寥寥数人，所以更无法领略其艺术内涵。2012年5月26日，我采访了赵派嫡传弟子陈云超先生。

封杰：陈老师，您好！您学戏是受家庭影响吗？

陈云超：我家从前在天津，父亲陈月梅是武旦演员，曾傍着梅兰芳先生演出过《宇宙锋》。我受家庭的影响自小喜欢京剧，十二岁开始跟富连成科班出身的师父练功，最初学的是花脸，可我没有花脸嗓子。我父亲长期搭班唱戏，我们随之生活。他最早给我送进的科班是厉彦芝先生创立的厉家班，可这时科内已有一些小孩能够登台唱戏了。我回到家对我父亲说："人家都会了，我不去了！"正巧，刘全奎先生在我家，就说："赶明儿，我给你介绍一个。"转天，刘先生就把我带到了赵松樵先生家学艺。

我进入赵松樵先生家后，师父给我起名"云超"。

封杰：您在师父身边学了几年戏？

陈云超：我十五岁拜赵松樵先生为师，总共学习了七年，但我是边学边演。学戏一年后，烟台有人来请艺名"小赵松樵"的赵云鹤师哥演出，约定包银八百元。我跟着去了，为了演出又现给我说了几出戏，是说一出演一出。不想，我们在烟台演出一下子就红了，观众非常踊跃。

在烟台演出一年后，我师父与上海共舞台签了一年演出合同。可演出中途师父得了病，赵云鹤师哥就顶替上去演出，这下就更红了。之后，新兴公司也来邀赵云鹤师哥，签订演出合同。不久，烟台又来约他去，包银涨至一千元。这回我们又待了一年，演到最后上座有些往下落。这时，我已经满师了。可巧，威海来人邀请赵云鹤师哥前去演出，约定每天七十块钱。可在谈我们的“公事”时戏院老板却给我每天十块钱，另外两位师弟每人每天只给两块钱。第二天，两位师弟找到我，哭着说：“师哥，他们一点情面都不讲，我们打算不跟着去了。您现在已经行了，不如我们跟着您吧！”

我当时一时冲动，也是为了仗义就找到赵云鹤师哥说：“师哥，威海我也不跟着去了！”

师哥问我：“你怎么也要走哇？”

我说：“我已然出科了，我得回家去赡养我妈。”

封杰：您出科了，可今后的路怎么办？

陈云超：在我带着我弟弟陈云翔离开的时候，遇到云燕铭的父亲。他对我说：“爷们儿，回天津呀？今天没船，明天没船，后天有船。”我一下脑子就乱了。老先生接着问道：“晚上住哪？”我低头不语。他见我没了主意，说道：“爷们儿，别急。跟我来！”他把我们兄弟俩领到了利福栈旅馆，对掌柜的人说：“云超满师了，要回天津，他们在您这住着，钱由我来出！”我感动得眼泪

《金钱豹》，陈云超饰金钱豹

汪汪。在回去的路上，我们路过专门做服装、道具的老半堂，老板看见我，知道我要离开了，说：“你能晚走一天吗？”

我说：“行呀，您有事呀？”

老板说：“常熟有人爱看你的《金钱豹》！”

我说：“可我什么都没有呀！”

老板说：“没关系，他那有官中的东西！可你的包银怎么算？”

我说：“我什么都没有，我也不知道开多少合适？”

老板说：“我说个数，你可别恼，每月二十块大洋，行吗？”

我考虑了一下，说道：“行啊！”

老板说：“那这样，你在我这做些网子、盔头、靠、彩裤，你不就有东西了嘛！”这样，我在老半堂做了些白靠、夫子盔、道袍、侉衣、侉裤等等。

封杰：这下应该有所改善了吧？

陈云超：常熟是个小城市，当时只有三万多人。原定演出一个月，刚开始上座不错，可演到半个月就开始掉座。戏院老板提出，可否采取分账式。我又演了一期之后，他们还不让我走。可我考虑我的生活和今后艺术的发展。我向别人借来三十块钱，半夜雇来三辆自行车连夜将我的行头、道具偷运了出去。

我“逃”到烟台，见到剧场老板。他第一句话就是：“哎哟，你可来啦！云燕铭在这演出，正缺个武生。”可没等与云燕铭合作，我又因讲义气被唱文武老生的周林昆拉到蓬莱演出。缘由是，周林昆组织了一个小班社到各地演出，不承想演出效果不佳，上座不理想。他见到我，哀求道：“兄弟，你救救我吧！”我随他到蓬莱演出一段时间后，自认为云燕铭已离开烟台，便擅自“撤离”回到了烟台。

等我刚刚住下，云燕铭父女就找到我，说：“回来啦？以后可别再走了！”从此，我在云燕铭的班社里演出了《武松》、《驱车战将》、《金钱豹》、《长坂坡》、《汤怀自刎》、《斩颜良》等戏。

封杰：您这出《金钱豹》一定有绝妙之处！

陈云超：我十六岁到的烟台，中间虽然出去搭班唱戏，但多数时间是在烟台演出。当云燕铭他们离开烟台后，我就留下来单挑演出，而观众对我的戏又比较偏爱，尤其是《金钱豹》。

这出戏是我在上海的时候，看了盖云鹏演出的《金钱豹》，我看会了路子。戏中有很精彩的耍叉表演，很火爆，观众非常爱看。后来，我就找到曹敬虎先生给我进行加工。曹先生说："我把这个路子教给你，你再到旁边去练习，练得好坏就靠你自己了！"这就是咱们这行常讲的一句话："师父领进门，修行在个人。"为了练习好耍叉，我下决心练习五年。

为了置办豹精穿的豹衣、豹裤和三把叉、一对锤、一对鞭，我找到母亲资助。我是每天天不亮就起来练习耍叉，风雨无阻。演这个豹精要求脚底下稳，叉花要精彩。我第一天在烟台丹桂舞台演出《金钱豹》，一千二百多人的座位是满坑满谷。我饰演的豹精上场一个大涮腰子，跺泥亮相，台下满是喝彩声。由于是第一次演出我因为太铆上，累得实在无有精神。待缓了一周后，我再贴这出戏，上座仍是十分火爆。过去盖春来在烟台演出《金钱豹》是三天两头贴演，等到我演了这出戏就成了我的专利。有一次，我正在化装，有位老戏迷走进后台对我说："你这出《金钱豹》我看了二十六次！"

《金钱豹》，陈云超饰金钱豹

我说："您看了这么多次，您都会了！"老者听得哈哈大笑。

封杰： 您在继承赵松樵先生的艺术上有所发展、变化，像《斩颜良》您就对"杀八将"进行了改动。

陈云超： 关于《斩颜良》，我从拜师之日起就看我师父的这出拿手戏。但我师父不肯轻易示人，更别说传授。我只好偷偷地躲在剧场的角落里"偷学"，看了几次后，有一次被我师父发现了，回到家就是一顿呵斥。

《斩颜良》原为京剧传统剧目《白马坡》。演绎刘备失却小沛后，投奔青州袁绍。途中，关羽与刘备失散，受张辽之请，暂依曹操。袁绍命大将颜良攻打曹操，进兵白马坡，所向无敌，既斩曹将宋宪、魏续，又败徐晃，曹军大为震惊。关羽单刀匹马，直奔敌阵，立斩颜良于马下，白马之围才得以解脱。关羽回到营地，曹操大加称誉，并表奏汉献帝，封关羽为汉寿亭侯。这出戏最早是以关公为主。当时的程长庚、王鸿寿、王凤卿等前辈都经常演出。许德义、范宝亭、钱宝森配演颜良，颇受欢迎。后来是我师父跟盖叫天先生合作又进行了重新创演，丰富了颜良的表演。待二人分开后，他们分别在表演方面各自有不同的理解和表现。盖先生是扎大靠，戴大满。而我师父属于改良扮相，头戴金盔，上插四根翎子，蟒的底围裙上绣着一条"卍"字不到头的金龙，云肩上的飘带上同样绣着金龙，身穿的大披绣"海水"，舞动起来很有一种动感。有一次在大连，盖叫天先生为了避人眼目特意化好装，进了剧场找了一个背人的地方看我师父演这出《斩颜良》。只见我师父刚出场，台下可堂的好声。待走到台口再一涮马鞭，台下又是喝彩声一片。这出戏我师父每动一下都是彩声，事后，盖先生说："松樵这出戏有他独到的东西，今后我收了！"

后来我演出《斩颜良》将其中的"杀八将"进行了修改，我先看了《三国演义》有关章节后适当地作了调整，我遵循了京剧必须姓"京"的原则。原来的"杀八将"传统的程式过重，我改成颜良是一位率领千军的元帅，看似面貌丑陋，性格粗鲁，但心中颇有韬略。后来，天津为我师父庆祝九十大寿，我应邀演出《斩颜良》。我对师父说道："我把您的老'杀八将'改了。"

师父说："改，我同意，但不要改成《红莲寺》只打套把子！"我简单地给师父打了一遍，让他提提意见。

《斩颜良》，陈云超饰颜良

演出当晚，我师父和来自全国各地的师兄弟都来看我这出新改的"杀八将"。我饰演的颜良随[长锤]威武出场，走到台口，涮眼珠，抡马鞭，走云步，摆蟒放份。曹操出场上"山头"归座后。颜良先打败许褚。接着开始"杀八将"。大家看后，都觉得"杀八将"动作别致新颖，纷纷表示想学。我师父临终前对我说："云超啊，我是老了，否则我也得学，你无论如何也要传下去！"

封杰：赵松樵先生的演出剧目中有出孤本《呆中福》，您能简单说说吗？

陈云超：《呆中福》是出小花脸的戏，是我在上海演戏时看会的。演绎遭遇灾害年景，一个傻子与母亲相依为命的故事。傻子唱念做具有，这出戏上座很好，每周排演一本，接连演出了三四本，是本本有新颖，观众非常喜欢。非常遗憾，由于时间太久远了，现在我已全然忘记，恐怕已经属于失传剧目。

封杰：您在几十年的演艺生涯中都是遵循着赵先生的艺术风格。

陈云超：我演出的戏都是我师父赵松樵先生给说说路子，后来多年傍赵云鹤师哥，又“偷学”了一些。而对于有些戏，我是觉得好就找来剧本，再学习。像《驱车战将》是我跟高雪樵先生要来的本子，只知道念词，而对于表演动作就不太清楚了。有一次，我在烟台丹桂舞台以《驱车战将》作为打炮戏，念道“杀气贯虹霓，寒光照铁衣”时，我就没有动作。

后来，我再演出时就多了个心眼。别人演出我就到台下或台侧幕观看学习。后来，我遇到一位唱武生的赵庆兰先生。他每天的起居都由我来照顾，时间长了，我们成了忘年交。后来，赵先生主动说道：“我给你说出《四杰村》吧！”

封杰：那您是怎么落户在山西的呢？

陈云超：新中国成立后，我在天津演出时，马少波先生派人邀我陪着梅兰芳先生演戏，可我听信他人“计策”回绝了此事。不想，第二天马少波先生亲自到剧场找我，我却又躲了！错失了与梅兰芳先生合作的机会，我悔恨终生！

离开天津，我们巡演到山西的太原，上座异常火爆。之后，我们又到了阳泉演出。这时，太原市刘舒侠市长请我们回太原商议“公事”。原来他希望我们留下成立京剧团。后经过他再三挽留，我们也觉得条件不错就同意留下来，成立了山西太原市京剧团。这年是 1956 年。从此我留在了山西！

封杰：谢谢您，使我对赵松樵先生的艺术有了深入的了解！

金玉福禄　吉庆天增

——京剧名宿冯玉增访谈录

中华戏曲专科学校培养出了各行当的优秀人才，继承、传播着京剧。丑行属于绿叶，是戏中不可或缺的角色，犹如调味品中的味精。2011年11月28日，我采访了冯玉增先生。

封杰：冯老师，您好！您的家应该是从您才开始从事京剧的吧？

冯玉增：我家是回民，父亲每天在阜成门做早点为生。因我的祖父与马连良先生的父亲马西园老先生自小长大，属于发小。后来，我祖父对马西园老爷子在生活上有所帮助，两家关系非常密切。

由于两家走动比较频繁，当马连良先生的母亲知道我想学唱戏时，很兴奋，说："好哇！这事包在马奶奶身上了！"随后，马奶奶亲自找到中华戏曲专科学校的校长，说明来意。校长非常爽快地答应了，并让我去考试。

报考当天，我虚报了一岁年龄，说是九岁。由于事先我只上了几年的私塾，对京剧纯属是个"白丁"，一个唱段都不会。考试的老师知道我是马连良先生的母亲介绍来的，只看了看我的身体条件就收了我。出了门后，马奶奶问我："考得怎么样？"

我说："我也不知道！"

等到发榜的时候，考试的六十多名学生都前去看榜。我父亲看到了我的名字：冯玉增。我高兴地进了戏校后首先领了一身校服，在一个月的观察期老师只让我喊喊嗓子，觉得不错。便请来我的父亲开始写字，并安排我的一切学习方面的事情，我的学号是七号。

当时的中华戏曲学校伙食很好，早晨是馒头、豆粥和咸菜，可是没有

《孔雀东南飞》，冯玉增饰焦母

回民食堂。正巧马连良先生的长子马崇仁也在学校学戏，马家天天派人来送饭，我也就跟着吃。对于练功，我们学校要求很严格，但不提倡“打戏”。因为焦菊隐校长规定，孩子现在学戏并不一定将来干这行，我们还要学国文和外语。那时给我们看功的师父都是富连成科班出科的先生，虽说不许打戏，可真正到了课堂上的时候，教戏先生说：“到了我这里就要随我的规矩。”先生对不用功或不开窍的学生先是劝说、开导，等真遇到疑难问题时可就真打了！到了晚上，我们回到宿舍躺在炕上，我们互相看着对方的屁股都是青一块，紫一块。但到了第二天早晨，这些伤痕就不见了。原来是，先生打我们都有学问，他们用靠旗里面的竹棍打。这根竹棍挖好七个洞，号称“七节鞭”。先用老弦缠好，用时拿出就打；不用时就将竹棍放入水中浸泡。这种“七节鞭”只伤表面，不伤内脏。为了防止我们练功时偷懒，先生就用竹签绑在学生的腿腕子或胳膊肘处，只要一偷功，竹签就会扎。有时先生还会把不认真的学生叫到身边，冷不丁的拿出一根针猛地扎学生的屁股，只听“哎哟”一声。先生会说：“怎么，疼呀？那就好好练！”后来，我们对打我们的先生，以他们打得轻重都起了外号。

封杰：您练功的情况怎样？

冯玉增：我们刚开始的时候，是每天三遍功，之后再练嗓子，念一些比较少的词。跟头翻得比较好的同学，师父就让跟着师哥上台演出，锻炼锻炼。

两三年后，先生才会根据你的嗓音、身材、容貌来划归行当。由于我嗓子很好，就先把我归入了老旦行当，跟随刘俊峰先生学习《钓金龟》、《遇皇后》、《打龙袍》、《别宫》等。可那时跟刘先生学习老旦的还有李和曾、李金泉、李金友等师哥，再加上由于我嗓子到了倒仓期，不能再唱正宫调了。即使二路老旦也不能派给我，因为那几位师哥已有经验，全由他们承担。后来，有位先生找到我说："小子，得好好练，不然可就要回家了！"

我一听忙说："我不能回家，我得学戏！"

先生又道："那好，你就改行学场面吧！"这样，我学起了司鼓。可我总觉得干这个没有意思，一心想着上台当演员。这段时间，我虽然学了司鼓，但我没有放弃喊嗓子、练基本功。

我实在无法忍耐了就找到郭春山师爷，说："您看我这嗓子唱老旦不成，要是学丑行还是可以的！"

郭师爷说："那好吧，我先教你两出昆腔戏。"这位郭春山师爷辈分高，但没有架子。而且会的戏很多，是真正的"戏包袱"，杨小楼、梅兰芳、郝寿臣、萧长华等人都向郭师爷请教。他虽然名气不大，但大班社都请他演出，为的是他可以指点、说戏。

我跟郭师爷学的昆腔戏是《张旦借靴》、《回营打围》、《疯僧扫秦》、《姑苏台》等。不久，学校就安排我在中和戏院演出"帽戏"，也是我改行后演的第一出丑行戏《回营打围》，之后又陆陆续续演出了一些丑行为主的戏。不过，我是前面演完戏之后，再坐到场面处为后面的武戏司鼓。

封杰：您说说这出已然失传的《张旦借靴》，好吧？

冯玉增：《张旦借靴》是一出昆曲戏，演绎一个市井无赖张旦，又称张三。因受邀赴宴，缺少靴子，便找到他结交二十年的老友土财主刘二商借。刘二性格极其吝啬，但是经不住张旦的再三纠缠，只好同意借与，就提出种种苛刻条件，刁难延宕，最后还是被张旦借走。张旦穿靴赶至宴所，早已酒尽人散，懊恼之余，倦卧街头。刘二惦记靴子，连夜找张旦索回。

张旦上场唱[梨花儿]："小子生平说谎多，全凭舌剑两头唆。礼义相待是俺的哥，不雅梳妆雅意多。"念了四句："小子名旦本姓张，全凭说谎度时光。骗得咸鱼睁开眼，哄得铁佛放毫光。"先把张旦自吹哥们义气好，并不在乎穿戴如何，而更注重雅意这个嘴脸交代出来，为接下来他仍然觉得没有靴子去赴宴不体面，再进而去找刘二借靴而受尽尴尬做了铺垫。

封杰：请您简单谈谈中华戏曲专科学校和焦菊隐先生。

冯玉增：我们学校在教学方面与科班有所不同，不提倡男旦和女老生。像李玉茹最早到学校来时是箭衣马褂，女扮男装，报考的行当是老生。老师听她唱得不错，但学校有规定，只好劝她改学旦行。后来李玉茹虽然挂的是老生行，但实际上学的是旦行。日久天长，一来是李玉茹对旦行产生了兴趣。再者是周边的老师和同学连哄带架，李玉茹同意了改习旦行。

还有就是等到每年年底的时候，学校会请来京剧界和曲艺界的同人到学校来共庆佳节和表彰学艺成绩好的学生。我们上台领奖状的同时，学校会奖励我们各种好吃的东西。我们就抱回教室跟同学们共享美食。这时，学校也就宣布放假了，但不能影响演出。即使这样，我们仍然很高兴。

焦菊隐先生虽然是留洋出身，但他对我们国家的传统艺术非常崇敬。他将许多国外的教学方式逐渐地融进了中国传统的教学之中。而且，他还特别尊重有才气的艺术家，他请他们来给我们说戏，在时间安排上任由对方挑选。焦先生不仅让我们学戏，还要学习外语。他事事亲力亲为，经常到课堂上巡视检查老师的教学和学生的进展情况。后来，他离开我们学校又到国外留学。我们学校换了新校长之后，风格就发生了变化。再后来，由于日本军的侵略，最终导致中华戏曲专科学校宣布解散。而我还差一年就要毕业了。

封杰：您毕业后，从艺的道路是怎么样的呢？

冯玉增：我毕业走出了学校，到社会上搭班唱戏，是对自己的一次真正的考验。从前学过也演过的戏，与学过但没有演过的戏都要拿出来亮亮相。有一次，有位先生问我有出戏能不能接，我张嘴就说："会！"可我根本没有这出戏。

我到外面搭班演出文丑戏，也应一些武丑戏，像"八大拿"中的朱光祖就是我的活。这种武丑的"谱"是我在戏校时跟富连成科班的陆喜才先生学会的，属于传统式的武丑表演风范。我这段时间主要是搭散班，灵活性较强。

由于王泉奎、哈宝山先生与马富禄先生是把兄弟，他们推荐我拜马富禄先生为师。我们没有像梨园行讲究的那样大摆拜师宴。这主要是师娘的一句话："小子，你现在还没有钱，以后有钱了多孝敬就可以了！"这样，我只是在马富禄先生的家里向师父、师娘行了拜师大礼。其后的三节两寿，我是必到家中祝贺。这位马先生不仅艺术讲究，嗓音响堂，而且没有一点角儿脾气。他在荀慧生剧团时与张春彦、金仲仁、赵桐珊由于傍

《戏迷传》，冯玉增饰戏迷

戏严谨，被内外行尊奉为“四大金刚”。由于他跟马连良先生自幼在同一个科班学戏，戏路子相同，表演又非常和谐，后来马富禄先生就归入了马连良先生的帐下。马富禄先生虽然从事的是承担着配角任务的丑行，但观众对他的喜爱程度俨然是以主角来对待。演出只要有马富禄先生，上座就会提高，只要他出场，张嘴，台下必是可堂的好声和掌声。马富禄先生非常尊师重道，他自小跟萧长华先生学戏，成名后没有忘记师恩。在一次演出《法门寺》中，原定是马富禄饰演贾桂，萧长华饰演刘公道。可当戏帖送到马富禄面前时，他立马说：“这样安排不好，应是萧先生来贾桂，我来刘公道。别忘了，他是我的师父！”

有一次，马富禄先生搭杨宝森先生的班社在天津演出《失·空·斩》，马先生饰演的老军，在打扫街道时与诸葛亮言道：“城内乃是一座空城！”台下一听老军把实情泄密给了司马懿是倒好声一片。连杨宝森先生都站在那里发愣，这一下，台下更是“嗵嗵嗵”声不断。不想，三天后还是这出戏，观众一看“老军”上场，倒好声又上来了。马先生看势不好，就回了北京。而“老军”就由我来接替，一直随着杨先生到上海演出。我搭杨宝森先生的班社演出一期后，离开搭入别人班社到外地演出。这时的杨先生再演出就另找他人。可杨宝森先生演出全部《伍子胥》让新来的丑行演员问得无言以对，差点“晾”在台上。事后，杨先生让管事的人到家中找我回去。

新中国成立后，马连良先生从香港回到祖国。到北京后，他组织了一次到东北的演出。我的同学马崇仁找到我，说：“我父亲找你！”就这样，我跟着马连良先生，我尊称他为“三伯”，一起到东北演出。这期演出马连良先生跟袁世海先生合演的《将相和》大受欢迎。回到北京后，马连良先生只演出了一场就收了。

封杰：那您最后进入了哪家剧团？

冯玉增：1953年，李和曾让专门给他联系事宜的于玉光找到我，商量后我加入了中国京剧团。在此基础上，于1955年成立了中国京剧院。由于院里有萧盛萱、孙盛武、贾松龄等多位大丑，我只好应接二路活。生活上有了保障，艺术上有所提高。事后，马连良先生问我道："你怎么走了，如果缺钱你说一声？"

我说："三伯，我不是为钱，我就想提高艺术！"

1961年，还是民营性质的荀慧生剧团为了生活常常需要演出。剧团中的朱斌仙先生年事已高，在演出中时时无法达到应有的艺术效果。北京市文化局借我到荀剧团接朱先生的坑，以防朱斌仙先生在舞台上出现闪失。我由国营剧团到了民营剧团，生活上虽然没有发生改变，但我还是愿意留在中国京剧院。后来，荀慧生先生说："只要有钱，我就是国营。"

封杰：您如何看待丑行这个配演角色。

冯玉增：台上没有大小角色之分，都应该认真对待。像我陪着杨宝森先生演出《大·探·二》中的赵飞，虽然是小小的角色，但对我而言，它是一次登台的机会，又是一次向大家学习的契机。

封杰：一句简单的话语，一个简单的事例却道出了小角色的重要性。

福庆和谐　梦寻祥云

——京剧名宿梁庆云访谈录

杨宝森先生待人谦恭和蔼，对艺术精益求精的品德是其崇拜者永远追忆的话题，其无论在任何情况下，热情饱满的演出又是赢得观众爱戴的重要原因。2013年1月16日，我采访了梁庆云先生。

封杰：梁老师，您好！我听说，您是先接触的杨宝忠先生，是吗？

梁庆云：我是杨宝森先生没有磕头的徒弟，为什么这么说呢？原来在新中国成立初期，北京有华声、民声等几家私营广播电台。他们为了吸引更多的听众，采取直播戏曲、评书为手段，之中插播商业广告。我的朋友孟广亨、马凤武在华声电台包了一个小时的京剧栏目，每天轮流请人到电台清唱，以招徕听众。

一天，他们约定直播《文昭关》，由我清唱伍子胥。不想他们请来了杨宝忠先生和杭子和先生为我伴奏。大家知道，《杨家将》、《失·空·斩》和《伍子胥》是被公认的杨派经典剧目。尤以杨宝森先生的唱，杨宝忠先生的琴和杭子和先生的鼓，为“三绝”。而《文昭关》一折更是脍炙人口的佳作。

如今由两位琴、鼓大家亲自为我伴奏《文昭关》，实实令我兴奋，有他们为我托腔保调，使我的演唱增添了光彩。直播前，杨宝忠先生对我说：“我已通知了三爷在家听广播。”这句话使我万分紧张，但我觉得这是一次向杨宝森先生汇报我多年来学习杨派艺术成果的绝好机会。对于未曾谋面的杨三爷，我全当是在话匣子前为我“把场”！

封杰：那您拜师的事情是怎样商定的呢？

梁庆云：《文昭关》播完之后，大家回到了休息室。在朋友们阵阵祝贺声中，杨宝忠先生对我说："你有嗓子，唱'恨平王无道乱楚宫'可以使高腔。"

我们为了酬谢两位先生的辛劳特意在萃华楼设宴，以表寸心。席间，有人提议让我拜杨宝忠先生为师。可杨先生说："现在京剧公会有个规定，场面先生不许收演员为徒弟。这样吧！我回去跟三爷说说，让他收你吧！"当时，我认为这只是杨宝忠先生的推托之词。谁知事隔不久，杨宝忠先生说："杨宝森先生对收你为徒之事完全首肯，择日可以办个仪式。"可是，这时我已约定到吉林演出，只能等我回来后再拜师。谁想到，不久就传来

《赵氏孤儿》，梁庆云饰程婴

杨宝森先生仙逝的噩耗。

我没有能够拜杨宝森先生为师，是我终生的遗憾，但这并没有改变我追求杨派艺术的决心，并为此奋斗一生。

封杰：您说说从事京剧的道路。

梁庆云：我们家是秦皇岛人，我父亲在一家买卖铺中当会计，每天负责来往的账款。他时常带着我到厚正戏院听戏，时间久了也就把我熏陶成了小戏迷。

我读小学的时候，有一位教音乐的苏惠卿老师，他除票戏之外非常喜欢将我们七八个同学叫到一起，利用课余时间教我们《武家坡》、《三娘教子》等戏中的唱段。苏老师对我的京剧启蒙，为我今后从事专业奠定了较好的基础。后来我参加业余演出活动，又从一位老票友高叙初先生学会了《失·空·斩》、《四郎探母》、《红鬃烈马》、《珠帘寨》、《群英会》、《借东风》等戏。十七岁，我第一次登台票戏《空城计》，是在一个临时搭建的草棚子里。从此后，我不断票戏来积累一些舞台经验。

1952年，我通过赵荣琛、徐文谟的介绍参加东北京剧院，这时起算是正式“下海”成为专业演员。我考试的剧目是《文昭关》，我这个“伍子胥”出关前，先上盘查的四个龙套是由张世麟、管韵华、焦麟昆、李春元饰演的。1955年，赵荣琛先生邀我合组大风京剧团，到上海、镇江、南京、无锡、扬州、合肥、济南、青岛、烟台等地巡演，历时十个月。之后，我到了吉林。当时正值“反右”运动，我又到了天津，只待了四十天我就转入了新疆军区京剧团。当时的政委张仲翰非常喜欢京剧，而且唱得也很好。我们时常在一起聊戏，常常聊到夜里三四点钟。可新疆离北京实在太远了，交通又不方便，我只好离开。后来，他还派人来找我，希望我回去。多年后，我跟张政委在保定再次见面时，他仍劝我回新疆，可这时我已经加入了河北京剧团。

封杰：只闻其声的“师徒”，彼此见过面吗？

梁庆云：我第一次听到杨宝森先生的声音，是从广播中听他演唱的《红鬃烈马》，一下子就把我迷住了。那时我只有二十岁，从那时起只要广播电台播放杨先生的演出，我就注意聆听，潜心默记。这样，就对杨先生的声音，逐渐有了较深的印象，平时则不断反复琢磨，刻意模仿。这是我接触杨派的初级阶段。

从广播中能听到杨先生的戏不是太多，毕竟不如到剧场观看杨先生的表演更加真切、受益。1948 年，我的机会终于来了，我到了北京。从此，我才有幸在剧场真正看到杨先生的演出，使我更沉迷杨派艺术。

我跟杨宝森先生的初次见面是在劳动人民文化宫的后台，当天他演出《杨家将》，我利用杨先生换装的机会拜见了他。简短的交谈中使我得知，他在中和戏院看过我演出的《朱痕记》，并且对我在广播电台清唱的《文昭关》表示肯定。

过了几天，杨宝森先生领衔的宝华京剧团管事张伯权和曹世嘉找到我，说：“我们跟天津新华戏院订了十天演出合同，可杨先生需要到上海照顾刚刚得了重病的夫人，我们想退掉合同，但戏院不同意，所以，杨先生提议由你来替演。”对于这突如其来的消息，我是深感惊喜和受宠，这也说明了杨先生对我的器重和信任。我在初步承应下来后，急忙向鲍吉祥先生汇报，并找来孟广亨和乐朴荪商量。他们都鼓励我，说道：“这是一次难得的好机会，一定要演好！”

而且，孟广亨和乐朴荪还陪着我到宣武区驴驹胡同五号杨宝忠先生家去拜访。杨先生见到我们非常高兴，拿起胡琴，对我说：“今天我再考验考验你，你再唱一段《文昭关》，我用双弓子，看你能不能跟得上。”就在这两段［快原板］唱腔里，杨先生使用了舞台上很少用的拉法，我唱得非常轻松、舒服。杨宝忠先生说：“行了，有这两下子，拿到天津去，足可以应付下来。”高兴之余，杨先生拿出小提琴，打开留声机，放上一张美国著名小提琴家演奏的唱片，为我们演奏，他拉得与唱片同步合拍，分毫不差。

两天之后，杨夫人病情好转，杨宝森先生赶回天津，按原计划演出。“替演”一事来之突然，去之悄然，在我人生的漫漫长河中，不过是一朵小小的浪花，一闪即逝。它又像节日的焰火，是在我的演戏生涯中出现的绚丽多彩的一瞬间。虽然没有实现，它却把我和杨宝森先生的感情拉近了。

封杰：请您谈谈杨派著名的《伍子胥》吧。

《文昭关》，梁庆云饰伍子胥

梁庆云：全部《伍子胥》是最能代表杨派艺术的剧目，杨宝森先生花费了很多心血对其进行加工，其苍劲、古朴、悲壮、凄凉的声腔得到充分的发挥和完美的展现。尤其是《文昭关》是专业演员和业余爱好者标榜杨派的依据，其中的［二黄］唱腔更是他们追寻的名段。我听鲍吉祥先生讲：“新中国成立前夕，由于北京与上海交通阻隔，李少春、杨宝森先生的剧团被困在上海。为了争取观众，增加票房收入，只好八仙过海，各显其能。”杨先生请来了在上海教戏的鲍先生帮助排演《伍子胥》。

杨先生从未间断研究、探索，哪怕是一句唱词、一段唱腔，甚至一个舞台调度，都在不断地改进，以期精益求精、日臻完美，而这种探索和创新可以说贯穿于他的艺术生涯的始终。首先在唱腔方面的变动比较多，一句“愁人心中似箭攒”就有几种不同的唱法。杨先生起初在较长一段时间里，采用普通的一个下句唱腔，后来一度把“心”和“中”改成闪板唱，很俏皮，学起来难度较大，胡琴既不好拉，又容易“跑板”，且未免失之纤巧。待灌唱片时，他没用这种唱法，只是把“箭攒”二字的落腔，又重新仿照汪派唱法，显得古朴、苍劲。“实指望”三个字连着唱和“丧家犬”的“家犬”改成中眼唱，显然是为了避免唱腔重复，这都是颇具匠心的地方。其次在净化舞台方面也有很大改革，跟上了时代的发展。当初“叹五更”时的两番换髯口，由检场人拿着镜子和髯口上场，当着观众的面换好后检场人下去，再起唱。伍子胥和皇甫讷调换衣服，也是在明场处理。就连《鱼藏剑》中姬光唱完“孤与明辅换朝衣”之后，在音乐声中，伍子胥在检场和管服装的帮助下穿好开氅，换上武生巾，然后归座。后来提倡净化舞台，才把这些事挪到后台去办。再后来在场上摆帐子，在帐中换髯口，表现“一夜须白”的“愁思”过程。这种艺术处理方法还是比较合乎情理的。

封杰：学习杨派唱腔要注意些什么呢？

梁庆云：我为了追求杨先生的嗓音特色，甚至把原来能唱高音的一条音色纯正、高低自如的好嗓子改造成“杨腔”。不过，这应该算是学习杨派走的一段弯路。因为我过去用正宫调唱一出《探母回令》是绰绰有余的。后来我按照他的调门，找他声音中的宽厚、苍劲、醇正等特色。当时我几乎是眼不看他人之戏，耳不听他人之音，把全部精力投入到学习他的唱腔和唱法之中，终于练成与杨先生的声音十分接近的程度。但是，在后

《四郎探母》，梁庆云饰杨延辉

来的演出中，我的嗓子出现了不能唱高腔的情况，连《武家坡》中的“一马离了西凉界”和“八月十五月光明”两句的高腔都唱不上去了。

封杰：那么，怎样才能学习到杨派艺术的真谛？

梁庆云：如果不是杨宝森先生的英年早逝，他会有更高的成就，还会留下更多的珍品。

学习杨派唱腔要会动脑筋，分析、研究他的声音是从哪里发出来的？第一步先要学会唱腔，这是比较容易做到的，重要的是研究和学习他的发音。杨派的特点之一，就在于他完全用“丹田”实唱，所以才能气力充沛，发音厚重；其次是要按照京剧中的十三辙，把唱念中的每一个字都要找准发音的部位，分清胸腔、头腔，深喉、浅喉，按照舞台演出一样的要求，大声地练、反复地练。杨派的特点之二，就是中、低音特别好，尤其是低音，其沉、实、醇、厚是一般人望尘莫及的。要想学好这个低音，光靠喊嗓和吊嗓时降低调门是达不到的，必须依靠念白。杨派的念白，与众不同，不是光凭“口劲”，而是与唱腔一样，用丹田气、胸腔共鸣与嘴皮子的劲头相结合。通过念白，我们才能更好地找准苍音、厚音、沙音和宽音。在研究和学习杨派发声的同时，更要找到杨派行腔的规律。找到之后要经过不断练习，力求达到运用自如的境界。还要掌握一个尺度问题。

常言道“过犹不及”，最难的是恰到好处。根据我的经验，我觉得人的嗓音是可以改变的，声带发声的高低宽窄，虽然因人而异，有其先天的一面，但也有后天锻炼和改造的一面，关键在于找对练声的方法。我的一个教训就是找宽音、低音过了头，把原有的高音、立音没有了，结果后来又费了一番功夫，才重新把立音和高音喊回来。

封杰：青年演员会从您的言谈中获得很大的益处。谢谢您！

昆弋财官 金声永传

——京剧名宿迟金声访谈录

在京剧界提起迟家可以说是从事这门艺术流传最长久的家族之一，囊括了各个行当，而且代代都有能人、名人出现，为发展京剧做出了贡献。2013 年 1 月 10 日，我采访了迟金声先生。

封杰：迟老师，您好！迟氏家族在京剧界是名门望族，您简单谈谈家族史。

迟金声：我家祖籍在山东蓬莱，第一代从事戏曲的是迟财官，到我这代已经是第五代。我们家老祖从山东来到北京后，先在天桥的路东做点买卖，手中有了一些存蓄之后就在前门大街建了一所房子，自此我们迟家落户在了北京。后来又有一些人在此地建房，住户多了，大家就称这条胡同为迟家胡同。

我们老祖生有四个儿子，其中的一个儿子迟财官学了高腔戏的武生。由于他演出的《蜈蚣岭》表演高超，被收入昆弋十三绝之中。当时在廊坊二条东口路北有家诚一斋灯铺曾挂过这张画，后来店铺着火，这张非常珍贵的画品也随之焚毁。不过这十三位前辈的名字我记录了下来，他们是：霍六、王三秃子、开泰、财官、沙四、赵五虎、张恒、大头、卢老、李老公、陈丑子、玉顺、连喜。

封杰：往下又是怎么传承的呢？

迟金声：我在张次溪的一本著作中了解到，迟财官曾做过精忠庙的庙首。由于迟财官在梨园界的名望，他的后人也随之学了唱戏。从第二代起开始涉足各个行当，如迟春祥唱老生，后来专为谭鑫培负责管事；第三代是迟子俊唱丑行；第四代迟景昆唱二武生；第五代迟世恭唱老生，迟月亭唱武生。我们家族都按“春、正、景、希、崇”排字，但由于有的人入了科班就改了艺名。像迟世恭在家的名字是希臣，我的名字是希钊。但也有例外，像“春”字辈的迟韵卿，最早在三庆班演出，待散班后由他跟王瑶卿、余玉琴等十人成立了福寿班，请李钟毓“打本子”演了一些《儿女英雄传》、《十粒金丹》等新编的戏。他的孙子迟玉林、迟玉魁，迟玉林的儿子迟天彪就没有按家谱排名。

而我们这支最早是从事商业生意，只是从我祖父迟正贵才开始进入梨园行，主要是做经励科事宜。我父亲迟景泉子承父业仍是从事经励科行业。不过这些人都陆续地搬离了迟家胡同，只有迟景福、迟景禄仍然留在了老宅子生活，他们学的是场面活。虽然他们的后人没有再继续学习京剧，但由于姻亲的关系，依然跟京剧有着密切的联系。

因为迟家的名望和实力，我们在京剧界的姻亲形成了非常庞大的关系网，但关系也比较纷乱。像尚小云、尚富霞兄弟我对他们的称谓就不同，我称尚小云为“老姨父”，而尚富霞我则叫他“二姐夫”。

封杰：由于您家先前从事经励科，如今的观众对这科已然陌生了，您来讲讲。

迟金声：过去京剧分工非常细，经励科只是其中的一科。它实质上是领班人，我祖父就是做斌庆社的经励科。当时李万春就在这个班社，后来他成立了自己的班社后，特请我父亲专门给他做经励科。

那时的组班老板都有一个折子，上面清楚地注明每位演职员的戏份，也就是工资，经励科根本无法从中“剥削”他们的戏份。这些人员不上舞台，他有本身的职能，主要跟剧场的经理协商彼此的演出份额，是二八分账还是三七分账。谈妥之后，再找演员商议具体事宜。其实就是主要演员找一个管事的人为他拴班，组织演出。

封杰：那么，您是怎么从事了京剧呢？

迟金声：我自幼身体虚弱，家长怕我学戏过程中承受不了其中的艰苦，就不同意将我送入科班学习，不过我还是从九岁开始学习了京剧。开蒙老师是斌庆社的刘春升，武功从沈斌如练习，他的艺名是沈小楼。十一岁，我第一次登台唱戏是在西单的哈尔飞戏院，剧目是《捉放曹》。

娃娃戏我最早是在时慧宝先生演出的《三娘教子》中饰演薛倚哥，而我最多配演小孩的戏是尚小云先生的《二堂舍子》中的沉香，《鞭打芦花》中的闵子英，《三娘教子》中的薛倚哥等。虽然，我已经学了一些戏，也演了一些戏，但我还是没有进入科班来系统学习，只是拜了一位富连成科班出身的曹连孝先生继续深造，尤其是在做功戏方面下了很大功夫。如第一出戏是《十道本》中的褚遂良，之后又学了《四进士》中的宋士杰，《打棍出箱》中的范仲禹，《失印救火》中的白简等。而且，这些戏我都进行了舞台实践。这位曹连孝先生在科班时常常陪着马连良先生演出，待马先生先期出科后，曹先生立刻接替了马先生的活。所以，从曹先生学得的这些戏为我后来专门学习马派艺术奠定了基础。

《鞭打芦花》，李士良饰闵子骞，尚小云饰李氏，迟金声饰闵子英

那时，我的记忆力非常好，同一出戏只要我看过三次，就可以将全剧的所有人物的唱词、念白、调度记录在脑海里。有位老前辈对我讲，你吃饭吃多了，能够撑死，可学戏学多了，你会受益。当我到了倒仓开始变声时，我就利用这个时期多多看戏、学戏。像我跟赵鸿林先生学过戏，他属于外江派演法，拿手的是《剑峰山》、《薛礼叹月》、《平贵别窑》等戏。跟李洪春先生学习了多出靠把戏，其中有的戏如《磐河战》、《马三保》已然失传了。

封杰：那就请您简单介绍下这两出失传的戏吧。

迟金声：《马三保》也就是《凤凰山》，是黄月山的代表戏。剧情演绎的是唐朝名将马三保随军东征，奉命讨伐凤凰山，被守将盖先莫擒获，劝其归降，然马三保宁死不从而遭受剁去四肢之刑。幸好尉迟恭又将盖先莫打败，救出马三保，可此时的马三保终因伤势过重而亡。

在“劝降”一场中，马三保挂白髯，身穿箭衣。当剁其双手时，只见马三保一个抢背，从箭衣袖中甩出两根用木棒做成的“手”。再劝其归降，马三保仍不从，又要剁其双脚，这时的马三保穿着红彩裤，跪在地上脱掉靴子露出红袜子，表示被剁掉双脚。后来，尉迟恭赶来搭救，待准备将其背走时，马三保说：“我已然残废，你将我刺死吧！”同为唐朝大将并屡次一起杀敌的战友实在不忍下手，马三保见状一头朝尉迟恭手持的大枪冲去，结束了自己的生命。

《磐河战》演绎公孙瓒派遣公孙越送信与袁绍，相约共取冀州，袁绍当面应允。然而，当公孙越返回途中袁绍命部下将其射杀。公孙瓒为弟报仇领兵攻打袁绍，不能取胜而败走。这时在袁绍部下不得重用的赵云赶到，救走了公孙瓒，从此归入其帐下。

这出戏马连良先生在20世纪50年代曾留下珍贵录音。其表演特色是拔靠旗、短枪、挑盔。

封杰：1965 年，您在排完《沙家浜》之后就被团里保送到中央戏剧学院学习导演，应该说从那时开始您从演员转换到了导演工作。

迟金声：我先是在梆子戏演员金刚钻的戏班里唱戏，那时是梆子、京剧“两下锅”，金刚钻的扮相俊、嗓子冲，给他配老生的是小香水，我在他们之前演出。

之后，我相继搭了许多散班。1951 年我与言少朋、张蓉华、黄元庆组班到徐州、蚌埠、青岛演出，我除了承应一些配角活之外，主要负责排戏。在烟台演出半年后，我回到北京又入李金声的新华京剧团，陪着他在老爷戏中饰演二路角色。像《屯土山》中的张辽有三大段规劝关羽的念白最为难演。1953 年，我加入了江苏京剧团，不过，我更多的时间还是在学戏。

而且，我更多的时间是在“说戏”，无形中起到了导演的作用，像我给马连良先生“代课”就是导演工作的开始。我跟马连良先生结识，一者因为与他的儿子马崇仁自小熟识，再者是因为马先生最早成立春福社，起班的是陈春龄，管事的是我父亲。这样我时常到马家去玩，马先生演出我经常跟言少朋站在戏园子的墙根下看。回家路上，我再将记住的唱念重复一遍，加深印象。

我跟马先生真正受益，一次是在1960年，他给学员班的学生说戏之前，先由我代课。在家里，马先生说：“你去说《清官册》吧！”我说：“好吧，我给您走走。”我边走，马先生边指导。

一次是在 1962 年，马先生担任北京戏曲学校校长的时候，他让我给学生们说《审头刺汤》，由华世香说雪艳，我不仅要说陆炳，连汤勤也一并带下来。之后，我又代马先生说了全部的《白蟒台》、《赵氏孤儿》等马派戏。不过，我所教授的这些戏都是经过马先生细心指点加工过的。有些地方与马先生当年的演出有所不同，而这些又都是经过马先生同意的。通过马先生的实授，使我受益终生，深谙马派艺术精髓。

封杰：请您说说《屯土山》中的精彩对白。

迟金声：这段念白是这出戏的第三场，当曹操跟关羽的兵将会阵之后，关羽站在山上唱［西皮摇板］："四面俱是曹兵将，误中诡计困山岗，眼望下邳火光放……"这时，张辽上场，接唱"只见关羽困山岗"。念道：云长公，别来无恙？

关羽：文远，欲来相敌耶？

张辽：非也。念故人旧日之情，特来相见。

关羽：既然如此，请下马上山叙谈。

张辽：弟下马上山来了。

此时，张辽跟关羽上山后，分坐两旁。关羽问道：文远，莫非顺说关某乎？

张辽：不然。昔日蒙兄救弟，弟今日安得不来救兄。

关羽：然则文远将欲助我乎？

张辽：亦非也。

关羽：既不助我，此来何干？

张辽：玄德不知存亡，翼德未知生死。昨日曹公已破下邳，军民毫无伤损，并差人护玄德家眷，不许惊扰。如此相待，弟特来报兄，免得悬挂。

《清官册》，迟金声饰寇准

此刻关羽怒斥道：嗯！我今虽处绝地，视死如归。汝当速去，吾即下山迎战。

张辽：哈哈哈！兄出此言，岂不被天下人耻笑乎？

关羽：我为忠义而死，安得为天下人耻笑？

张辽：兄今若死，其罪有三。

关羽：汝且说我哪三罪？

张辽：关兄听道，当初刘使君与兄结义之时，誓同生死，今使君方败，而兄战死，倘使君复出，欲求兄相助，而不可得，岂不负当年之盟誓？其罪一也。

关羽：请问二罪？

张辽：刘使君以家眷付托与兄，兄今战死，二位夫人无所依托，负却使君付托之重，其罪二也。

关羽：请问这三罪？

张辽：兄武艺超群，兼通经史，不思与使君匡扶汉室徒欲赴汤蹈火，以逞匹夫之勇，安得为义，其罪三也！兄有此三罪，弟不得不告，望兄详细思之。

关羽：汝说我有三罪，欲我如何？

张辽：今四面皆曹公之兵，兄若不降，则必战死，徒死无益，不如且降曹公，打听刘使君下落，即往投之，一者可以保二夫人，二者不背桃园之约，三者可留有用之身，以图后举。有此三便，望兄再思再想。

关羽：兄言三便，吾有三约。如丞相能从我，当即卸甲，如其不允，吾宁受三罪而死。

张辽：丞相宽宏大量，何所不容，愿闻一事？

关羽：一者，吾与皇叔，誓扶汉室，吾今只降汉帝，不降曹操。

张辽：请问二事？

关羽：二者，二位嫂嫂要食某大哥之俸禄，一应上下人等皆不许擅入内室。

张辽：请问三事？

关羽：三者，但知刘皇叔去向，不管千里万里，便当辞去。三者缺一，断不肯降，望文远急急回报。

张辽：这三事重大，待俺禀知丞相再议。请！

随后张辽拉马下，辞别关羽。

封杰：现在许多新创演的剧目，很大的痕迹是“话剧加唱”而《红灯记》、《沙家浜》却能传唱至今。

迟金声：这两出戏最大的特点是念白里有节奏、有锣鼓，是与唱腔统一的。“样板戏”虽然有所改革、创新，但是京剧的风格没有改变，没有失掉京剧的魂。

对于“话剧加唱”，首先要解决念白。话剧念白是艺术化的同时，生活化更多一些，而戏曲的念白必须服从于唱腔，念白的调门要与唱腔的调门具有连接性。它既要有生活性，又要有艺术性，更要有韵律性，也就是生活语言艺术化的韵律性。

演员在演唱时的发音位置非常重要。像传统戏《十道本》中的褚遂良在念完之后就唱，待唱完之后又念，就必须保证念白与唱腔的位置统一、和谐，演唱者才能唱着舒服，听众才能听着痛快。现代戏《沙家浜》中的刁德一的唱念就解决得比较好，比较顺。切记，舞台语言不是生活语言。

还有就是，传统戏基础深厚的演员，更容易启发、创造、出新。

封杰：三十年前，由您导演的《三打陶三春》在艺术处理上有了许多新形式。

迟金声：我做导演主要受益于当年在北京和上海常常利用演出之余观赏石挥、唐槐秋等人的话剧，是一种无意识的积累。有一次，石挥他们在长安大戏院演出，还跟李少春等人合作演出了《法门寺》，是石挥的刘瑾，李少春的赵廉，李幼春的宋国士，韩非的贾桂，白玉薇的宋巧姣，崔超明的刘彪。

作为一名京剧导演，我认为，导演拿到剧本之后一定要仔细认真地阅读，遇到问题尽量不要擅自改动剧本结构，只可进行微调。

我在导演过程中，始终坚持着不改动剧本的原则。如有自己感觉“别扭”的地方，要从自身“传统思维”找原因来解决它，也许就会擦出“火花”，创造出新的表演形式。导演要团结演员共同完成作品，更要站在观众的角度来审视全剧。当年，我们在创排《三打陶三春》时，我首先通读吴祖光编写的剧本，从中找到闪光点。例如，在陶三春接到消息进京准备结婚，她骑着毛驴兴高采烈。我就找舞蹈设计徐玉川设计出了新颖别致的“骑驴舞”。之后，我再从中寻找。她有四句唱腔，表达陶三春内心的喜悦，我认为此处可以有“火花”就找到音乐设计陆松龄商议方法。他就借鉴传统戏《大英杰烈》中陈秀英的一段［十三咳］加以变化，发展成了现今的唱法。

《三字经》，迟金声饰罗英

对于武打的处理，在“一打”时我们只是按照传统的艺术风格来展示，到了“二打”我就要求此处必须闪现“火花”。首先，我将金殿上皇帝的座基处理成“斜场”，给陶三春亮出台中心。大家知道，传统戏中都是正场处理，讲究平均，而我设计成斜场讲究的是不平均的平均。为陶三春的“打殿”腾出了空间，表演更自由。

导演要从剧本的一般处善于发现亮点，做到点面结合，这就如同大家在欣赏相声时在最后一个大包袱响之前，前面一定有若干个小包袱作为铺垫。

封杰：谢谢您！为京剧创演新戏点明了真谛。

元音高升 艺宗余扬

——京剧名宿高元升访谈录

富连成科班自创立之日起至今已有百余年，虽历经四十余年，但最终衰败，但它培养出的弟子却在京剧史上成材率最高。2011年12月9日，我采访了高元升先生。

封杰：高老师，您好！咱们是老乡见老乡，心情蛮激动。

高元升：这么说，你的祖籍是河北深县喽！我祖父很小的时候就来到北京，在木匠作坊学徒。临满师时，正巧有位在故宫里当差的人路过作坊，见我祖父手艺不错，就问道："你什么时候出徒呀？到时候去找我！"并留下了一张纸条。这样，等我祖父满师后就去找了这位公差，承应宫里修缮房屋和修理家具等事。而且，宫里还给我祖父配发了一块出入便利的腰牌，上面写有满、汉文字的内容。从此，我祖父开始置办木材和店铺，在颁赏胡同开了一家"恒德"木工厂。之后，不断有宫里的家具等东西替换，我祖父就将换下来的家具再变卖掉，后来开了一家"德聚成"古玩铺。

我父亲高博龄自幼喜欢美术，曾考入国立北平艺术专科学校学习国画和西洋画，学校里组织起话剧队和京剧队。由于我父亲自小跟随我祖母到城南游艺园去听戏，喜欢上京剧，所以加入京剧队。我父亲参加后跟随谭春仲先生学习谭派老生。他时常听谭鑫培先生的戏，老谭先生过世后，我父亲又接着听王又宸的谭派戏。后来，我父亲还请来了高盛虹先生教他打把子。我父亲为了过戏瘾就自己组班票戏，烦请侯喜瑞、尚和玉、李慧琴、李盛泉演出《宝莲灯》、《四郎探母》、《汾河湾》、《战太平》、《定军山》等戏。其中的《宝莲灯》和《汾河湾》都有娃娃生，我父亲就让我饰演沉香

《定军山》，高元升饰黄忠

和薛丁山。

由于我父亲拜了谭春仲先生的缘故，谭先生就将我父亲介绍给了李万春先生。那时许多戏迷、朋友请李先生在演出之余画画，李先生就让我父亲代笔。待完成画作之后，李先生再用印。有时，我父亲还替李万春先生演出，比如全部《白帝城》。李先生如果演到关羽“走麦城”后觉得累了，他就让我父亲接演刘备“哭灵牌”。

封杰：这么说，这是您从艺的开始。

高元升：我喜欢戏主要也是受我祖母的影响，小时候她经常带着我坐着包车到戏园子去听戏。稍长大点，我父亲就教我《游龙戏凤》。不久，我父亲安排我演出了这出戏，我饰演的正德皇帝所穿的服装是找迟景泉先生跟鸣春社借来的。之后，我父亲给我找了位教戏的师父徐霭臣先生，利用我上学之余的时间学戏。我跟他学习了《断密涧》、《天水关》等打基础的戏，同时改名高庆新为高明奎。我这个艺名中的“明”字是根据徐先生所收弟子的排名所取。

我上了五年学后，正好中华戏曲专科学校招生。我就去报考，所唱剧目是《游龙戏凤》。然后，监考老师再来检查学生的身体情况。学校在第一次放榜的时候，还有我的名字。等到第二次时，我的名字就被刷了下来。理由是我的英语水平没有过关，可是如果戏校里有人“讲讲人情”的话，还是有希望的。如果再打打“蒲包”的话，那就更没有问题了。

回家后，我还是想着学戏。这时，我正跟着张春彦先生学戏，由张春禄师叔操琴。张家爷爷知道我跟张春禄师叔的儿子没有考上中华戏校后，非常生气，就对张春彦先生说："这两个孩子没有考上，怎么你儿子就考上了！赶快送'蒲包'去！"后来，我父亲就带着我找到了李盛泉先生，由他做保人将我送进了富连成科班。

我第一天到科班由刘盛通先生听了听我唱的情况就将我留了下来。走进科班，是个小院，有个班房，两边是厢房。顺着西边夹道走，是个没有门窗的练功房。我那时还属于"走班生"，原因是"世"字科的师兄还没有出科，床铺不够。进了科班后，正好是"元"字科，就先将我原来的艺名，改为了高元升。因为我在家学的是老生行当，科班也就按此把我归入了老生。可李盛泉先生觉得我是他"领"进来的，非让我跟他学老旦，可我的嗓子缺乏老旦特有的一种立音。李先生不理解，认为是我不认真学习，这个打我可就没有少挨。我虽然没有学成老旦，可老旦戏中的老生活全由我来饰演。如《望儿楼》在广和楼演出，李盛泉先生就教了一段李渊的唱腔。由于演得好，大家还送我一个雅号"撒手锏"！

封杰：现在演这出戏都是以老旦的演唱著名，您谈谈李渊的唱腔。

高元升：《望儿楼》演的是窦太真因为思念奉旨出征的儿子李世民忧郁成疾。一日，李渊夜间巡查听到她的哭声，问明原委特兴建了一座望儿楼，以解窦太真的思念之情。如今的京剧舞台上一般只演以老旦为主的"思子"一场。

这段是[二黄导板]转[原板]转[碰板]唱腔，李渊夜间出行唱道："想皇儿想得我龙心难放，盼皇儿不由人昼夜忧闷挂在心旁。忆当年在朝中得罪杨广，因此上辞王驾告职还乡。行至在临潼山偶遇贼将，眼睁睁一家人性命有伤。猛然间闪出了穿黄一将，撒手锏打奸王奔走山岗。回太原修一座琼五神像，孤与他早烧香、晚点灯答报恩光。到如今锦江山孤王执掌，可恨那王世充发兵洛阳。孤皇儿李世民把贼来挡，但愿得旗开得胜、马到成功，早日里转回朝堂。内侍臣摆御驾望儿楼往，又听得宫院内有人悲伤。孤道是宫娥们悲声来放，却原来窦太真哭出昭阳。叫内侍熄灯亮转过宫墙，君臣们躲一旁细听端详。”

非常可惜，这段唱腔现今已然快失传了。我希望如果有年轻演员在恢复上演《望儿楼》时，能够将这段凝聚了前辈们心血与智慧的唱段重新挖掘出来。

封杰：您是初战告捷，应该随心愿了。

高元升：从这时起，我正式改为老生，跟张连福、刘盛通先生学习。先生坐在方桌旁边，手拿一块戒方是边拍打节奏边指点，尤其是对聪明的孩子，先生更是喜爱，指点和打得可能更多。不过，先生并不是真打，他是恨铁不成钢。先生在教完戏之后，让学生背词的同时他就看出了哪个孩子得了“道”，今后好按才施教。

《定军山》，高元升饰黄忠

我们每天顶着星星起床，洗漱完毕后，由宋起山师爷给我们看功，先是拿顶，接着是下腰。下午学戏，我们不仅学习科班保留的传统戏，还学习当时舞台上经过修改的“新”戏。如《龙凤呈祥》中吴国太在殿中质问孙权为何要将妹妹许配刘备之事，原先没有乔玄唱的“劝千岁杀字休出口”的唱段，是马连良先生添写的新词。科班立刻派教戏先生学会后，再来教给我们。

我们学戏只是学习路子，不按流派学习，分为唱工与做工。我入科班时已经十一岁，比其他孩子晚了一年。虽然他们只有八九岁，可早已学了一些戏，能够担起演出，教戏先生也就把我化入了二路老生。即使这样我也很难唱上戏，因为我前面还有几位二路老生，先生一般都派他们上场。

封杰：那么，您是怎么唱上的主角？

高元升：我们不仅要学京剧，也要学昆曲，更要学群曲《仙圆》、《十面埋伏》、《扫花三醉》。其中郭春山先生教给我跟曹元璧、高元富、姚元秀的《仙圆》，还被唱片公司灌制成了唱片。当然，还有其他地方戏也都需要学会。这主要是京剧的“胃口”很大，它能把其他剧种的营养元素吸收变化为自己的因素。

后来，由于几位唱二路老生的师兄弟生了病，再演出时先生就派上了我演出。像刘元彤演出《奇双会》就是我饰演李奇。派戏先生看我演得不错，之后又相继派了我演出《桑园会》中的秋胡，《汾河湾》中的薛仁贵，《贺后骂殿》中的赵光义。

这时的叶春善老先生已经得了重病，躺在床上。叶家兄弟五人，长子叶龙章没有学习京剧。次子叶荫章学司鼓，三子叶盛章学丑行，四子叶盛兰学小生，五子叶世长学老生。为了科班的延续，只有将在军需处从干的长子找了回来，子承父业。叶龙章先生继任社长后，在科内举办了见面会，让我们改称他为“师父”。从此，叶龙章师父常常到科班监督教学，看着我们练功和学戏。三叔叶盛章先生经常到科班来，他边喊着嗓子，边往后院走。我们就连忙放下轴棍，摆好桌子，等三叔练功。叶盛章三叔把平日练的功都用到了戏里，如《酒丐》、《徐良出世》、《藏珍楼》等戏，是尽展其艺。四叔叶盛兰先生很少到科班来。五叔叶世长来得比较多，他以后为了跟哥哥的名字统一，改成了“盛长”。叶龙章师父在萧长华、王连平等几位

“老臣”的帮衬下，富连成科班又继续办了“韵”“庆”两科。由于华乐戏院遭遇火灾，我们只好转移到西单的哈尔飞剧场演出。由此，科班的状况一落千丈，后面的“福”“来”也就没有办成。

封杰：您出科后，搭入了哪些班社演出？

高元升：我入科写的字是七年，可我实际是六年半就随着大家一起离开了富连成。出科后，我先跟着我父亲到各学校去演出，那里有他的学兄、学弟常常来请他去票戏，自然我也就随着去了。这时我的嗓子已开始倒仓了，就每天到北海、中山公园去喊嗓子，朝着大墙念《失街亭》和《坐宫》中的引子和定场诗。

不久，我就被张少彦介绍到天桥的小小戏院陪着王益禄演出，属于救场。演了几场戏之后，原来辞班的演员又回来了。原定我演出的戏，在我不知情的情况下换成了他，并将我改成配演。我为了不辜负介绍人，为了保证演出质量，只好“告辞”。这时，门头沟有家评剧团演出不理想，就找到我去帮忙，每天是京、评两下锅，我是《桑园会》和《游龙戏凤》轮流演出。半个月后，在庆乐戏院演

《战太平》，高元升饰花云

出的白家麟期满，负责管事的邹起镇到家找到我，让我接坑演《三打祝家庄》。我演前两打，第三打是由李盛藻先生演出。演出之前，特请张荣伦先生给李先生吊嗓子，是［西皮］、［二黄］，一段一段的吊，直到能够唱全出了，李先生才接演三打，饰演宋江。这时已经成立了新星京剧团，李盛藻先生被聘为主任委员。到了秋天，剧团排演连台本戏《明清八侠》时，李盛藻先生被李万春先生悄悄约走，李先生临时告假“重感冒”。无奈，剧团决定由我顶替演出。演出时，我完全按照李先生的高派风格演唱，司鼓是刘富溪，琴师是赵桂元，获得很好的艺术效果。

封杰：您之后怎么又到了外地剧团呢？

高元升：我正在演出《封神榜》，新疆生产建设兵团的张仲翰政委看完戏，让刘元彤找我加入新疆军区京剧团，提出高薪的条件。可我家中有事，没能成行。加之，通过学习我已经改变了从前挣大钱的思想。可到了“自然灾害”的时候，北京有多家京剧团被下放。当时新疆来人看到我们新星京剧团中的青年演员比较多，又排出了新戏，就相中了我们。这样，我们被“下放”到新疆，而且是全家启程。待我们到了新疆后，当地领导大摆宴席为我们三百多人接风，并宣布成立京剧团，隶属自治区管辖。我们虽然是国营剧团，但我们却没有享受到同等的待遇。

封杰：如今您算是如愿以偿，又回到了家乡北京。谢谢您，接受采访！

山东富社 艺宗叔岩

——京剧名宿王富岩访谈录

北京富连成科班在全国京剧界可谓家喻户晓，而成立于山东的“富社”却鲜为人知，但它培养出来的人才对京剧的传播同样具有贡献。2012 年 8 月 29 日，我采访了王富岩先生。

封杰：王老师，您好！我久闻您的大名但却对您的从艺经历不甚了解。

王富岩：我家祖籍是河北固城，家境非常贫穷。每天早晨我母亲都让我挎着篮子去到河岸挖野菜。等到快中午，我回到家母亲将菜洗净，再放些面和咸盐蒸菜拿谷，给我们充饥。我父亲从地主家租来了两亩地，收起的粮食要交租子。有一次，我们爷儿俩给地主送粮食，地主叫我们倒在院里的角落里，让狗和鸡吃。回家的路上，我对父亲说：“他还是亲戚呢，宁可让狗吃也不让咱们吃！”

《洗浮山》，王富岩饰贺天保

我们兄弟姐妹七人，我大哥从小上私塾比较有文化。他喜欢唱河北梆子，曾在村子里唱过《白蛇传》中的法海。我除看过他演戏之外，主要受经常唱几句“秋胡打马离山岗，心中恼恨刘大王，他不该连人带马将我赶下山岗”的父亲影响，也爱上戏。正巧，有家科班到我们村招人，父亲就将我送了进去并定了七年的“生死合同”。

封杰：那么，您到科班之后的情况怎样呢？

王富岩：我离开家乡那年九岁。随师父和师哥到了山东德州入了这家由山东乐陵人宋文起先生创办的山东“富连成”科班。当时，在我之前入科的师哥们有的已经学了戏，有的刚开始练功。我先随他们练功，师父将我按科班的“富”字称我“小富发”。这也是我的本名。后来稍长大一点，我看到一本《戏考》里面介绍了许多位名演员，有白玉昆、余叔岩、梅兰芳等人，我觉得他们的名字很大气，尤其是一张余叔岩演出的《法场换子》剧照非常吸引我，便自己决定改成了“小富岩”。

我开蒙的师父是赵双菊先生，他本工老生，同时兼演小生、老旦。有一年，梅兰芳先生跟金少山先生到济南的进德会剧场演出。一天，梅兰芳先生演出《洛神》缺少一个兵卒，师父让我补缺，说道：“你跟着前面的人动，他们干什么你就随着他们。”以前，我每天在师父家帮助看孩子，通过这回跑龙套，师父挺高兴，说道：“我给你说出汪派《献地图》吧！”从此，我每天跟着师父学戏，是天天曲不离口“张松打马离许昌，我与那曹贼脸无光，坐立雕鞍用目望，见一将军站道旁”。我正式学戏时，是十一岁。

不久，我父亲带着我的两个弟弟也到了济南，他在第一剧场负责给观众沏茶。这天，我在《贺后骂殿》中饰演大太子，有句唱词“回头便把母后请”的落腔我借用了王洪福先生曾唱过的腔，台下可堂的掌声。不想，回到后台赵师父猛地一刀坯子就劈下来了。我父亲心中正在得意，一看我坐在地上满头流着血，说：“孩子，咱不学了，回家吧！”

我捂着伤口说：“回家吃什么，等我学好了，就不挨打了！”

封杰：在科班的几年，给您留下了哪些深刻的印象？

王富岩：十五岁时，我们到天津的大舞台、上光明、天宝戏院演出。这时的我再演出《贺后骂殿》就唱赵光义了。在天津的这段时间，我到中国大戏院看了李少春演出的《金钱豹》、《游龙戏凤》、《闹天宫》等戏。

我们在临别演出后，没能赶上火车被搁置在天津。由于我们的师父跟李桂春先生从前都唱河北梆子，属于隔山师兄弟。这样，我们被安排在“达子楼”睡了一宿。我们参观了李少春练功的房间。有时，我们还看到有人来陪着李少春练功，每人给一块钱。

十七岁时，我们到沈阳演出期间，我到了出科的时候。可是，我的嗓子开始倒仓了。虽然如此，我还是可以唱上几句，加之我武功又好，师父不让我走。而且为了防止我逃跑，师父天天派人看着我。我提出将我母亲从老家接出来享享福。我母亲来后，师父又想让我母亲稳住我，不想，我母亲说：“我儿子出科了，你该给多少钱就给多少，要不，我们走了！”这样，师父才每天给我十七块钱。这时，曾跟我一起演出过《贺后骂殿》，饰演贺后的刘香玉，邀我搭她的班演出。两年时间里我们到通化、临江、锦州、丹东等地演出了《八宝公主》、《武家坡》、《翠屏山》等戏。我在临江的几年里，参加了共产党领导的八路军剧团。之后，我就被分配到扶淞工作。不久，一张中国人民解放军东北军区政治部的“调令”将我又调往梅河口的一个剧团，帮着排演《岳飞大破拐子马》。再往后，又把我派到山城镇工作。可我没有生活费，别人建议我贩卖大烟来换些钱，但我不会做生意。无奈我走进公安局，将大烟交与他们，换来了二百元钱。这一下，“王富岩卖大烟”在当地传开了。1949 年，东北彻底解放了，我又回到了沈阳并转业到了地方。

封杰：您跟哪些京剧名家学过戏？

王富岩：1950 年，李少春领衔的新中国实验剧团到哈尔滨演出，我们再次见了面。他给我说了《野猪林》、《将相和》、《战太平》、《定军山》。尤

《野猪林》，王富岩饰林冲

其是《野猪林》的表演更适合我演出，不过那时还没有脍炙人口的“大雪飘”唱段，只是唱［吹腔］。

1951 年，梅兰芳先生到哈尔滨期间，在演出《梁红玉》时特意让我饰演韩彦直。梅先生在看完我演出的《宋江》和《屈原》后，说：“你这两个人物的‘疯’要有所区别，屈原是真疯，宋江是装疯。所以，宋江的表演上要有神经，而屈原的表情是愣头愣脑。”

后来，马连良先生到东北演出，看了我的《野猪林》后，问道：“你演林冲为什么出场穿白色的？”

我回答：“我认为，第一是林冲烧香还愿；第二是林冲年轻英俊，穿白色比原来穿黑色好看！”

马先生说：“好，有道理！”接着，马先生教授我一出《苏武牧羊》。他是先按普通话教我，再上韵，非常细致。

事后，马连良先生问我：“你为什么要学《苏武牧羊》呀？”

我说：“苏武身在国外，可他至死不忘祖国的心没变！”其实，我还有一个用意就是马先生刚刚从被困的香港回来。不过，这出戏我学会后，没有来得及演给马先生看，只是不久后在天津演出了一场。

我离开东北后，跟我爱人齐慧秋一起到了天津，参加了建新京剧团。

由于我爱人曾跟奚啸伯先生合作演出过两年，因此我结识了奚先生。他文化水平很高，而且和蔼亲切，我心中就想拜他为师。直到两年后的1956年，我离开锦州京剧团到渤海、德州演出，正巧奚啸伯先生也到德州演出，我才得以拜奚先生为师。我虽然拜了奚啸伯先生，但我没有跟他学过戏，可我对他有些戏的唱词非常熟悉。像《哭灵牌》中刘备唱的［二黄三眼］："实指望下江东把东吴扫尽……"现在这段词，舞台上已经没有了。

封杰：请您简单介绍一下齐慧秋老师。

王富岩：我爱人齐慧秋是收养的孩子，养父母齐海亭、任少仙从前唱河北梆子。她开始学京剧后，跟随享有"汉口梅兰芳"称谓的南铁生先生学习，后又向陈喜星、崔熹云、费文艺、郭文俊等人学艺。演过的戏有《红娘》、《霸王别姬》、《锁麟囊》、《霍小玉》、《红楼二尤》等。

她为人极为谦恭，表演曾得到过梅兰芳、程砚秋、奚啸伯先生的赏识。她跟着我到了辽宁参加"抗美援朝"演出后，当地领导希望我留下来参加剧团。可这时的她已然得了病，领导为了照顾我们就让她到戏校教课。当时我看剧团里的另外几位主演都定了四级，为了平衡便于工作，我们主动提出由三级降为四级。她总是想登台唱戏，这时吴素秋从北京到了这里。可巧，当我们回山东办事的时候，滨州的领导得到了消息，就提出让我们加入的要求。至此，我们落在了滨州京剧团。由于频繁的演出，劳累过度，导致她病倒了。从此，我们经常往返天津治疗。到了1964年，由于我对剧团里一些不正当的现象提了意见，有人就对我进行报复，也牵连到我爱人，让她很早就退职了。"文化大革命"中，她时时处在担惊受怕以及经济的压力之中，结果于1970年早早地离世了，年龄只有三十八岁。

封杰：您能谈谈对各流派的认识吗？

王富岩：我一生中学习了谭派、余派、马派、奚派，总的来说，我觉得他们在京剧四功五法方面各有侧重、优长。谭派指的是谭鑫培老先生创立的谭派艺术，他的唱念显得直愣一点，这是因为当年京剧从最初的徽汉合流逐渐发展演变成京剧所致。后来到了余叔岩的余派在唱念方面更讲究细腻，字韵更加清晰。马连良先生在继承谭派，学习余派的基础上又有所发展，首先在字韵方面更接近了便于接受的京音，显得潇洒。奚先生是在继承谭派的基础上，又研究余派和言菊朋先生的言派艺术元素，同时吸纳了马派营养创立出来的奚派，他更讲究文学性和韵律性。

我们那时除演出传统戏之外，还演连台本戏。这对于演员是一种锻炼，它可以丰富演员的舞台经验和创造力。像我们那时演出的《西游记》、《三侠剑》等戏，虽然它不规范，比如在演出时唱着［西皮］再转到［四平调］，之后又转回到［西皮］上来，但它能让演员的头脑灵活起来，灵敏度更高。我学习了许多流派，但我并没有完全宗法哪家，而是根据剧情的需要，人物的情感来表现。

封杰：像灵活性与创造力，您表现在哪里？

王富岩：我跟李云涛先生学习了《打登州》。当秦琼唱“将身儿来在大街口”的前三字时，我在板上稍微“闪”了一下，使听者觉得醒脾。之后的唱腔我再唱得圆一些，显得人物比较凄美。唱法方面我学习周啸天先生的同时，又参考、吸纳了一点言派的方式。在最后一句“尊一声贵差把店投”我加了一个“快”字，唱成“快把店投”。

《四郎探母》中杨延辉“见娘”一场，唱的“千拜万拜也是折不过儿的罪来”一段中有“赞扬”番邦的词“萧太后待我深似海，铁镜公主配和谐”，我将其改成“时刻忧郁在心怀，不愿刀兵相动黎民受灾害”。最后“回令”一场，当萧太后赦了杨延辉死罪吩咐他把守雁门关后，铁镜公主原来的念白是“以后再去呀，小心你的脑袋！”而我改成“以后再去呀，咱俩一块去！”更显得气氛和谐，意义深远。而我这样的改动全受益于早年间，一位前辈的启发。他告诉我，杨四郎接过铁镜公主盗来的令箭后，唱

“辞别公主跨雕鞍……”，铁镜公主念：“驸马请转。”后接唱：“铁镜女泪涟涟，尊声驸马听我言。此番见了婆婆面，一愿太君康宁健，二愿太君福如海。媳妇薄面不容见，全看杨家后代香烟。”这与现在舞台上流行的不同。

《打登州》，王富岩饰秦琼

封杰：我听说，您还将自己的亲身感受化入到戏中。

王富岩：“回令”这场有个杨延辉跪拜萧太后唱：“我的丈母娘！”我却将这个身段移至在了杨延辉“见娘”一场中，当四郎拜见佘太君时，唱：“我的娘！”跪走几步。我之所以这样改动，其中是有个缘故的。

当年，我回沈阳探望母亲。老板怕我一去不归，随行而往。在快走到家门时，远远看见一位老太太站在门口跟别人说话，我们娘儿俩虽然已有十多年未曾见面，但母亲容貌的轮廓我还深有印象。我们母子对视着，我忙往前走了五步就跪下了，接着就是跪着往前行。我们母子相拥痛哭，彼此安慰着。后来，再演出《四郎探母》时，我就将这段生活中真实的感受照搬到“见娘”一场，每每演出，台下的观众都会被感动得泪流满面。

封杰：您演戏、看戏多年，您认为老戏、现代戏的差别在哪里？

王富岩：现在有些戏的表演已经失传了，非常可惜。像《四郎探母》中，“见弟”一场，杨延辉唱：“家住山后磁州地，我父令公官一品，我母佘氏老太君。倘若问我的名和姓，我本是杨……”被杨六郎拦住，这时的杨四郎有个跨左腿、翻身、坐下，翘起左腿的身段。杨六郎急问：“杨什么？”杨四郎应答：“四郎延辉是我的名。”杨延辉是在急问急答的同时做出了相反的身段表演动作，以表示他的内心惊慌。

还有，我跟宋继亭先生学习了全部的《鼎盛春秋》，当伍子胥鞭尸时有段［西皮导板］转［流水］唱腔。伍子胥扎着靠，戴白髯口，是边打边唱，“尸体”是来回滚动，表演很是精彩。现在这些舞台上没有了。

封杰：失传的这些，可能就是京剧最精彩之处。好，谢谢您接受采访。

天将重任 承麟徐兰

——京剧名宿黄天麟访谈录

2012年是京胡大师徐兰沅先生诞辰一百二十周年，他与梅兰芳先生共同创立的演唱、演奏艺术被尊称为梅派、徐派。5月16日，我采访了黄天麟先生。

封杰：黄老师，您好！今年是徐兰沅先生诞辰一百二十周年，请您谈谈徐先生。

黄天麟：好的。今年不仅是他老人家诞辰一百二十周年的日子，也是我师父徐兰沅先生辞世三十五周年，作为他的入室弟子我非常怀念和感恩他老人家。

黄天麟便装照

徐兰沅先生，既是艺术家，也是教育家，更是企业家。现在大家谈论更多的是他在操琴和育人方面的造诣，而他在经营方面的才能，世人知道的就比较少了。北京前门外大栅栏街的广德楼戏园，就有徐兰沅先生的股份，而且是主要股东。我十多岁的时候，每天跟随我三哥黄玉麟到广德楼演出，总能看见他老人家坐在账桌前面。一天，负责管事的杜海传先生对徐兰沅先生说：“徐先生，您觉得这个小拉琴的怎么样？”

徐先生回答道：“不错，不错！”

杜先生趁势说：“那您收个徒弟吧！”这样，徐先生答应收下了我这个徒弟。

封杰：这么说，您很容易地就拜了徐先生。

黄天麟：哪里，中间出了小插曲，使我的拜师往后推迟了。事情是这样的，当时我们家的境况不是太好，生活全仰仗我三哥来维持，而我又没有完全独立，没有生活来源。如果按照梨园行的规矩，拜师学艺必须请来同行业的人来证明才行，这就需要请客摆宴庆祝。我们家为了我的前途对这件事非常重视，已经写好了客人的名单，也订好了饭馆。可此时童芷苓派人来叫我跟她到东北一带演出，时间上发生了冲突，只好改期再举行。

我回来后特意到徐先生家，说道：“先生，您看是不是补上这个仪式？”徐先生说：“不必了，我也知道了你，承认你了！”我听后，心里别提多么感激了！这是徐先生体谅我家庭状况的结果。正是这句话减轻了我家庭的负担，也减轻我思想上的包袱。

封杰：您登堂入室了，徐先生的传授一定使您受益。

黄天麟：从此后，我时常到徐兰沅先生家去请教。不过，那时的我拉琴还比较“野”，不属于京朝派的风格。直到我回到北京，跟徐兰沅先生学琴起才归入了正轨。

他老人家先听我拉上几段梅派唱腔，之后他再给我在细微之处进行指点。不过，徐先生有个习惯就是“闲聊”。但是不要轻视徐先生的“闲聊”，它内中蕴含着许许多多的梨园典故以及前辈艺人的表演和演奏风格。这些都在徐先生的“闲聊”之中流露出来，如果是聪明人就会从中听出精髓，那可是终生受益！

尤其是我傍上言慧珠之后，在梅派唱腔方面我更是受益。因为，言慧珠所有的梅派唱腔都是以梅兰芳先生灌制的唱片为蓝本，逐字逐句学会的。我也就随同着她听这些唱片，无形之中我也就把徐先生所拉过的唱腔全部学会了！也就是我和言慧珠各有专攻，她学梅兰芳先生的唱，我学徐兰沅先生的琴。

封杰：既然徐先生是音乐家，那您就说说他艺术方面的造诣。

黄天麟：徐先生的确是一位深谙京剧的艺术家，被京剧界盛赞为“京胡圣手”。他一生为谭鑫培、梅兰芳两位大师操琴，对京剧音乐的革新和创造做出了重要贡献。

机缘巧合使我成为徐兰沅先生的弟子，通过跟徐先生学艺，使我懂得了更多的京朝派演奏技法和梅派演奏特色。同时对琴师的多种演奏风格有了更多的了解。徐兰沅先生的演奏特色属于京剧传统的遗风，我总体感觉是平稳、中正、大气，他常讲，听他们演奏花过门，觉得闹心。徐先生的这种演奏特色正好与梅兰芳先生的演唱特色是非常一致的，水乳交融。因此，许多梅派传人都请徐先生传授梅派唱腔的特色，像言慧珠、陆素娟获益最多，最得实授。同时，他还到华声广播电台讲过京剧音乐知识、梅派唱腔特色以及到清华大学去授过课。

徐兰沅、黄天麟合影

刚才咱们说到徐先生在经营上有思想，而他在京剧上的造诣就更深厚了。徐先生为了丰富音乐的完美性，对京胡、京二胡的研究也非常精心，他在和平门外南新华街路东经营了一家“竹兰轩”京胡作坊，为专业琴师和京胡爱好者制作出许多精美京胡。同时，把他们的意见和建议总结出来再仔细研究、改造，以使音乐达到更好的艺术效果。

封杰：您能谈谈黄玉麟先生的艺术生涯吗？

黄天麟：我们祖籍是贵州安平，为官宦之家，后家境衰败。我三哥原名琼，字瑞生。他九岁辍学，十岁拜艺名绿牡丹的戚艳冰先生为师，工花旦。由于他天赋聪颖慧绝，领悟力强，凡所学技艺俱铭记于心，深受乃师的喜爱，悉心相授，尽倾所能。他改名黄玉麟后，于1918年首次在南通登台，便深受好评，从此声誉鹊起。之后他跟随师父到沈阳、长春、哈尔滨、大连、营口等地演出。我三哥在师父病逝后，为永怀师恩，将绿牡丹的艺名承继了下来，以使师父的艺术发扬光大。此时的他巡演于南方各大城市，艺事越加精湛。

1920年11月，他先后在上海的亦舞台、大世界、乾坤大剧场、春华舞台演出。三年后，他应邀到北京新明戏院演出，期间经郭仲衡、金仲仁介绍，拜王瑶卿先生为师，丰富自己的戏路子。当他再次返回上海后，便以南、北派融会贯通，花旦、青衣各得其妙的艺术优势，誉满舞台。他先天形体条件好，又生就一副好嗓子，清脆圆润，表演自然入情。青衣戏能演《玉堂春》、《南天门》、《珠帘寨》、《庆顶珠》，花旦花衫戏能演《天女散花》、《嫦娥奔月》、《麻姑献寿》、《宝蟾送酒》、《花田错》、《鸿鸾喜》、《天河配》、《晴雯撕扇》等。此外，他也擅演悲剧，如《赵五娘》、《孟姜女》、《贞女血》、《箱尸案》、《杜十娘》等，唱做常常令观者潸然泪下。

这时期，他与李桂春、周信芳、盖叫天、赵如泉等人排演了《七剑十三侠》、《龙女牧羊》等新戏和连台本戏。由于他的艺术日趋完美，观众将他跟赵君玉、小杨月楼、刘筱衡并称为南派“四大名旦”。

封杰：黄玉麟先生还曾到日本演出，是吗?

黄天麟：我三哥赴日本演出原定是1923年，因关东大地震而未成行。1925年，日本帝国剧场再度邀聘，并派人来上海专程参观京剧的布景，仿制，以备赴日演出时用。6月，他率团东渡到日本，先后在东京、大阪、神户、西京等地演出。日本方面还专门出版了《绿牡丹号》杂志，进行宣传。他还应东京中国青年会之请，为援助上海、广东罢工工人筹款义演。二十五天的演出，日本各界人士纷纷到场观赏。当临别最后一场演出时，帝国剧场特制作银瓶一对，赠送给他。

封杰：那么，黄先生回国后又到哪里演出?

黄天麟：1930年，他以别号欧碧馆主名义成立"欧碧剧团"赴云南昆明演出了《西游记》、《石头人招亲》、《开天辟地》、《飞龙传》等戏，达半年之久。1933年，他约了刘四立、徐鸿培、刘文奎等人组织了群强京剧社，和汉口长乐舞台签订了长期合约。之后的十几年间，他曾在重庆、汉口、长沙、营口、大连、沈阳、安东、哈尔滨、齐齐哈尔等地，与唐韵笙、李仲林、金少山、吴素秋等人合作演出。为了维持生活，他还跟徐兰沅、王少卿、李盛斌、白家麟在广德楼合组节勤社彩头班。新中国成立后，他参加上海京剧改进协会，组织了京艺京剧团。1956年，被上海市戏曲学校聘为教师，传授了一批有其独特风格的剧目。可惜，"文化大革命"中，他过早的离世了。

封杰：作为琴师，应该主要注意哪些事情呢?

黄天麟：琴师不仅要熟练自己的本工，还要熟悉"服务"的对象。记得我在新中国成立后分配到中国京剧院工作。刚一上班，领导就给我派了一出戏，我一看，是王玉敏的《钓金龟》。由于我经常拉青衣和老生的戏，对于老旦戏就有些生疏了，这下可难住我了。

现在有种现象，就是有的琴师在台上伴奏不是看着演员，而是只盯着

黄天麟操琴与韩恩华（二胡）、白登云（鼓师）等人合作

谱子，这样肯定拉不好。你想，如果演员今天嗓子不好，按往常拖腔应是三板，他现场改为两板了，而你只专注于照谱子拉，能不出现错误吗？一旦出现不合槽，非把演员搁在台上，人家找不着“家”，非乱套不可。所以，老先生总讲，胡琴到什么时候也是随手，是随着演员的劲头大小，拖腔长短，都要密切地注视着演员。比如《二进宫》的徐彦昭，一整出戏都是给琴师一个后背，看不见嘴型，琴师又听不见他的声音，就只能看他的肩膀和盔头。在唱［原板］时，有的演员等过门，有的演员不等过门，这时的琴师一看他的肩膀就知道了。如果琴师不看演员，等于乐队不看指挥，没有不出槽的。还有就是琴师拉得快，不新鲜，难得是节奏均匀，能给演员把尺寸码好了。

封杰：谢谢您！我们在继承流派表演艺术的同时，随之的演奏风格也应引起重视。

周正平和 温文尔雅

——京剧名宿周正雯访谈录

20世纪50年代，梅兰芳先生曾到南京演出，当时的周正雯在梅先生演出的《霸王别姬》、《贵妃醉酒》中饰演女兵和宫女。2011年8月16日，我采访了周正雯先生。

封杰：周老师，您好！您的家人是从事京剧的吗？

周正雯：我是浙江新昌人，全村没有人会唱戏。我父亲周永春与一位姓董的发小，走出了村子，学起了京剧。我父亲唱花脸，一直在杭嘉湖一带演出。

我父亲把在外面挣到的钱，全寄回了老家。有了一定的积蓄，家里张罗着给我父亲说媒。我父母结婚后的第二年，我出生了，可也增加了生活的贫困。无奈，我父亲只好又离开了家。这一走就是四年，急得我爷爷给我父亲写信道："我和你母亲你可以不养，但她们母女你必须管。"父亲见信回到家，将我们母女接到了杭嘉湖生活，住在黑屋船上。虽然一家人生活在了一起，可依然是居无定所，四处漂流。只要是我父亲他们演出到哪里，我就跟随到哪里。由于天天看舞台上的演出，我也渐渐地喜欢上了戏中的小姑娘。

封杰：这么说，您开始学戏了。

周正雯：我长到八岁的时候，我对我父母说："我已经长大了，想学戏，以后你们老了我得挣钱养家。"

当时的班社老板在每年的夏季和冬季都不演戏，戏班就解散掉。我父亲就提前找好工作，等到戏班老板召集时再回来。十二岁那年，我又向父

《四郎探母》，周正雯饰萧太后

母提出我的要求，说道："学京剧是要练功的，要是我的身体硬了就不好练习了。"六月份，戏班歇夏，我父亲就到无锡搭班唱戏。戏班里有个唱旦行的赵文连先生，他的女儿演花旦。我父亲就将我带到赵文连先生家，在一张大红纸上写下"周永春之女写给赵文连，学徒六年，帮师一年"的字据，其中还写了"病灾、死亡、打死勿论"之类的词句。按我们这里的规矩是拜师后必须姓随师父，重新取名字，便把我原来的名字周喜凤改为了赵素芳。可是，我这位赵师父不但身体虚弱多病，而且还染上了不良嗜好，根本无法教戏。我在他身边只学会了一句《鸿鸾喜》中金玉奴刚刚出场念的："青春整二八，生长在贫家，绿窗春寂静，空负貌如花。"后来，他就带着他女儿在上海共舞台演出连台本戏。几年的时间在不知不觉中荒废掉了，我师父没有教我一出整戏。当快到了规定我父亲接我回去的时候，正好上海戏曲学校"正"字科成立，我师父觉得机会挺好，便将我送了进去。

封杰：考进上海戏曲学校，您学的是哪个行当？

周正雯：我是由一位吹笛子的郑师父领着走进了学校。虽然说，我学了几年的京剧，可到报考时我根本不会唱一句完整的戏词，只唱了一句《祭塔》中的[导板]。就这一句我也从来没有上过胡琴，只是凭着我的耳音好，能够分辨出音律的高低。在考试时，起初学校的老师操琴定音时低了，我就说："您的音低，我张不开口。"重新定调后，我才开始唱"在塔中思娇儿珠泪滚滚"随后，老师让我做拿顶、下腰等动作。他们看我的身体比较柔软，加之嗓子又比较甜美就收下我了。

由于学校董事会按科班的规矩，取名第一科排字为"正"，所以，我们这些同学进了学校第一件事就是先改名字，我又改为周正雯。由于我条件好，学校就确定我跟着许紫云先生学习，主攻青衣戏。八个月后，我们第一次向社会集体亮相，安排了几场演出，反响非常热烈。我们"三周"合演的《二进宫》更是受观众欢迎，由我饰演李艳妃，在学校被称为"小金少山"的周正礼饰演徐彦昭，嗓子冲，专攻高派的周正荣饰演杨波。当唱到我们三人"对啃"一段时，台下的掌声和喝彩声更加激烈。我们三个一听好声不断，心里越发兴奋，都铆足了劲唱。学校看我们初次登台的效果

《二进宫》，童正美饰杨小姐，周正雯饰李艳妃，唐正仙饰徐小姐

如此火爆，就与黄金大戏院签订了长期演出的合同。学校一边让我们尽快“速成”，一边带我们到黄金大戏院三楼专门给我们留好的“包厢”看北京来上海的名角演出，并延请他们来学校给我们授课。梅兰芳先生来我们学校，老师指定我们几个同学前去面见，梅先生还用红纸包着一块银圆给我们当见面礼。学校希望我今后能够尽早挑起大梁，除了让我专攻青衣之外还兼学武旦戏《泗州城》、《青石山》等。张君秋先生来学校，老师又挑选我跟顾正秋、张正芳同学去学《汉明妃》。

封杰：那么，您又是怎么离开上海戏曲学校的呢？

周正雯：后来，学校为了更多地赚钱，老师就带着同学出外跑码头演出。这时，我原来的师父赵文连先生的女儿已经结婚，离开了班社，家中的生活发生困难。他就找到学校，与老师商议让我回去帮他忙。我是在不知情的情况下被学校通知“回家看看”，回到师父家我就被安排在共舞台演出，从此再也没有回到过学校，名字也改回了赵素芳。

我从写给赵师父那天起就与父母失去了联系，所以，一切事宜都由师父负责。我从来没有在外面搭班唱过戏，到了班社演什么角色全是人家安排，只是一些边边沿沿的零碎活。有一次，有个演员演出《大劈棺》中的观音娘娘，她的嗓子不是太好，在幕后唱[导板]时她就让我替她唱，之后她在掌声中出场。后来，这位演员得了重病，大家就推举我替演观音娘娘。可我没有准词，大家就告诉我说：“上了台，不怕你不会，就怕你不唱。”所以，我上了台后，就随着胡琴的节奏发出“咦咦”的声音。回到家，我赶紧跟师父学会了这段唱。从此，我渐渐地接替了二旦的活。

班社老板有个女儿景艳娇和徒弟景艳萍经常合演昆曲《金山寺》，他们在演出的时候，我就心存准备，认真看戏，唱念做打都默默记在心中。这个徒弟觉得老板有意培养自己的女儿，总把戏中的主演给她来演，就离开了班社。因为，我在学校的时候也学过这出戏，当事情来临时，大家又把我推了上去。

封杰：我知道，您还和顾正秋等同学合作过一段时间。

周正雯：在我十九岁那年，我父亲找到了共舞台将我领回了家，解除了与赵文连师父的合同。正巧，这时我遇到已经毕业的顾正秋同学，她见到我非常吃惊，说道："你还在上海呀？咱们一起演出吧！"

从此，我跟顾正秋等同学到青岛、徐州、南京等城市，演出了许多"四大名旦"的剧目。她演出的《锁麟囊》虽然是程砚秋先生的代表戏，可顾正秋饰演的薛湘灵并不是全按程派风格来唱，我傍着她演赵守贞。《十三妹》她饰演何玉凤，我饰演张金凤。《得意缘》她饰演狄云鸾，我饰演二妈。后来，李玉茹、童芷苓也找到我演出，她们都非常重视二旦的分量。我们的演出都是台上见，只是在前几天给了剧本，到了晚上才有时间背背戏词，板式只不过是摇板、慢板、散板。而我跟她们合作从来不谈公事。

顾正秋组团到台湾演出之前，我由于身体原因不便同行。她就对我说："反正我只与他们订了一个月的合同，等我回来咱们再一起演出！"不想，她这一去我们师姐妹就天各一方，分别了三十多年之后才又见到面。

封杰：那么，您又是怎么到的江苏呢？

周正雯：新中国成立之初，顾正秋让随她一同到台湾的程正泰先期回到大陆打听情况，是否可以回来，如若不成他们就做好长期留在台湾生活、演出的打算。可这时的政治环境已然发生变化，程正泰就带领着关正明、王正堃等一些同学成立起了"正社"对外演出。我们在更新舞台、中国大戏院轮流上演，按当天的上座率和我们组班之前约定的分值分配工资。那时起，我也开始唱起了《大·探·二》中的李艳妃，《战宛城》中的邹氏，《翠屏山》中的潘巧云以及新编戏《梁祝》中的祝英台等主角戏。后来，"正社"由于经营不善，解散了。我们有些人重新组织起了红旗京剧团。

我们到各地演出，国家出台了规定"流动演员就地组团"的文件。我原想加入华东京剧团，可苏南地区京剧团的领导出面跟我谈，希望我留下，如若不然服装全部扣留。无奈我只好跟他们签订了三个月的演出合同。这个剧团原是一些零散的演员拼凑而成，根本不熟悉京剧。我等到合同一满就提前将行头运回上海家中，我也回到上海。他们一看我走了，乱了阵脚，连忙找到我在上海的家，约定我再唱一段时间就放我回上海，以解他们的燃眉之急。我随着他们又回到了无锡，几个月后被调往南京成立了江苏省京剧院。

封杰：梅兰芳先生多次到南京演出，您陪着演出了什么戏？

周正雯：1956年，梅兰芳先生来到南京，以我们剧院为班底演出了《霸王别姬》、《凤还巢》、《宇宙锋》、《奇双会》、《洛神》等戏。

我们青年演员陪梅先生演出事先并不排戏，只是到了台上一切听从他的调度。梅先生演出《洛神》，我们配演仙女，他就在音乐之中一边演唱，一边用手牵动着我们来回舞蹈，处处护着我们，不让我们出丑，非常自然和谐。演出之余，梅兰芳先生对王琴生先生说：“明天，把她叫来，我给说说。”

第二天，当王先生转告我时，我却回答：“我不去！”王琴生先生说：“别人想去，还去不成呢，快走！”

我见到梅兰芳先生非常拘谨，他慈祥地问道：“你叫什么名字？今年多大了？”

我回答：“我叫周正雯，今年二十九岁了。”

梅先生接着问道：“你在学校的时候，四夫人怎么唱啊？”

我连忙回答：“我们唱[原板]。”

梅先生说道：“这样不好，唱[原板]台下都唱软了！四夫人唱‘失落番邦外’要垛起来。”过了几天，梅先生演出《四郎探母》，他对贾世珍先生说：“今天你休息休息，让那个小姑娘来四夫人。”后来，梅先生又让贾世珍先生教会了我《霸王别姬》中的[二六]唱腔和舞剑。然后再由他加工、指点。他说道："孩子，这剑学会了，这出戏就会了！"之后，梅先生接着教了我《贵妃醉酒》、《凤还巢》、《奇双会》。

每次演出完，我们在一起合影，梅先生还特意将我领到中间，说道："来，你到这里！"或站在他的身边，或蹲在他的身前。

封杰："援外"使您到了淮安京剧团。

周正雯：1960年，淮安京剧团来我们剧院借人，当时的政治气候是"去是革命的，不去就是不革命"。我们支援他们，也是为了执行毛主席提出的"以大帮小"的政策。

我们一行十个人到了淮安，帮助他们缓解了演出不景气的状况。不久，就有人陆陆续续地借口回家省亲而离开了淮安。而我和家人却永远地定居在淮安，直到退休。这期间，省里领导多次向淮安京剧团"索人"，他们就是不放。甚至是在"文化大革命"之中，他们把我下放到农村接受再教育，我们省里领导再次找到他们说："你们不要周正雯，我们还要！"可他们依旧是不容我回到江苏省京剧院。

《穆柯寨》，周正雯饰穆桂英

封杰：梅兰芳先生多次向您传艺，为什么就没有拜师呢？

周正雯：梅兰芳先生数次到南京来演出，对我的演出给予指导，可我根本没有想到趁此机会给他磕头拜师。这主要是自己当时头脑已经昏了，没有开窍。再加上又没有人从旁边撮合，使我丧失了绝好的机会。后来，梅先生准备为庆祝新中国成立十周年排演新戏《穆桂英挂帅》就不再出行了。

1961 年 8 月 8 日，当梅兰芳先生逝世的噩耗传到淮安时，我痛哭不止。我向领导提出去北京送送梅先生，一切费用由我自理。可领导坚决不同意，说道："三天的票已经卖出去了，你不能走！"我说："您瞧，我化妆都流泪，根本化不上去。"最终，我也没能参加梅先生的追悼会，送他老人家最后一程。

封杰：看来，这两件事使您抱憾终生。谢谢您！

绽放华彩 圆美素雅

——京剧名宿张占元访谈录

他出身贫寒之家，是京剧使他走出了村庄，由一个贫农之子历经磨难，最终走上了革命道路。2012年9月30日，我采访了张占元先生。

封杰：张老师，您好！您是怎样从事京剧艺术的？

张占元：我家是河南南阳人，世代以务农为本。从我记事起就知道家中没有吃的东西。由于父亲在我很小的时候就过世了，我对他没有一点印象，母亲在地主家当佣工，含辛茹苦将我养大。后来家里实在太穷吃不上饭，只好托人将我送进了救济院，并谎称我是孤儿。这样，人家才收纳了我，生活上能有个温饱。

我第一次看京剧，是在1938年，张学良军队中有个京剧团到我们村演出，为抗日募捐。正好这个剧团驻扎在我们救济院，有位唱丑行的赵德瑞先生很喜欢我，就教了我一段《二进宫》中的唱腔。不久，由于前方战事吃紧，部队准备开拔，我也就随着剧团跟着赵先生一同走了。这样，我参加了国民党孙连仲率领的第二集团军中的京剧队。起初教戏的老师给我设定的行当是武生，可我缺乏幼功，只好改成学老生，可我又不喜欢这个行当。老师在教我《群英会》中的鲁肃时，我表露出了不高兴的神态。老师问我："你为什么不好好学？"

我回答："我不喜欢唱老生！"

老师又问："那你喜欢唱什么？"

我答道："我喜欢唱黄盖！"老师见我如此状况就决定将我定为花脸，

《甘露寺》，马最良饰乔玄，张占元饰孙权

这下我兴奋起来了。

封杰：那您跟谁学过戏呢？

张占元：教戏老师看我如此偏爱花脸，相继让唱花脸的老师教我。我跟金连奎先生学习了《牧虎关》中的高旺，金先生是位女花脸。之后又跟刘金元、尹玉林先生学戏。

教戏老师知道我没有腿功就有意安排我跟尹先生学习武生戏《怀都关》。不过，这位尹先生教的比较一般。当北京富连成科班出身的陈富康先生来了以后，再教我这出《怀都关》可就不一样了！之后，陈先生又教了我《挑滑车》、《状元印》、《铁笼山》等戏，而且这些戏我还登台演出了。我们那时主要是给国民党的第六战区的官兵服务演出，到了1945年抗日战争胜利，孙连仲司令从第六战区的恩施升任到分属第十一战区的北平，我们英武剧团也随之启程到北平。那时的长江经常出现行船的事故，所以，在开船前船老大就告诉我们“千滩万滩不算滩，前面还有鬼门关”。不想我们的船行至半途，真的撞上暗礁，翻了船。我们拼命游到岸边，抢捞江中装有道具、行头的箱子。将捞上的部分箱子打开，取出行头铺在岸上晒干。

我们在剧团的时候，不仅要演出，有时还要“扮演”其他角色，如战士、担架队员，这么做都因为军队中的长官“吃”空额。

封杰：那么，您又是在怎样的情况下参加的革命？

张占元：我们英武剧团演至山西临汾时被徐向前的军队解放了，第一天徐向前看了我们的演出，第二天贺龙也来看我们的演出。贺龙看得非常兴奋，连连大笑，等他看后，说道：“这个学员队我要了！”不久，就有延安来的人将我们接走。我们是绕道国统区行走了几天后才到的延安，参加了延安平剧院。我到了这里立刻感受到与国民党统治的环境有着天壤之别，难怪许许多多的青年人一心向往这里，历尽千辛万苦也要到革命圣地延安。这年是1948年底。

到了延安，我们除演出了《怀都关》、《斩颜良》等传统戏之外，由于接触到延安新文艺工作者，演剧方面也有所提高。像我参加演出的《逼上梁山》中饰演李逵，当我高声喊“乡亲们！”时，院长对我说：“你面临敌人威胁，在大庭广众之下，能够大声喊话吗？”这时，我猛然醒悟，从此开窍，演戏要演人物。之后，我也参加了新剧目的创演。先在《北京四十天》中饰演一个小兵，再后饰演罗虎。

我们的演出毛主席没有看到，因为此刻的毛主席和党中央已经到了河北的西柏坡。我们也开始了转移工作，先到洛川。等西安解放后，我们就赶到那里，住西北中学。这时的剧团改名为西北军区政治部京剧院。

封杰：您最终怎么落户到云南的？

张占元：1949年10月1日，我们听到毛主席在天安门城楼上向全世界宣告“中华人民共和国成立”的消息，心中特别兴奋，便组织了庆祝活动。不久，贺龙调到四川工作。他走到哪里，他就将战斗剧社、京剧队和球队带到哪里。我们京剧队坐火车从西安出发，到达四川。这时剧团的名称又改成西南军区政治部京剧院。贺龙非常喜爱看京剧，只要我们演出他必定来看。

到了 1954 年，彭德怀升任国防部长后提出，军队的京剧团只保留北京的总政治部文工团中的京剧团，其余军中京剧团全部撤销。这样，我们的剧团分为三拨。一拨到了北京，一拨到了贵阳，一拨到了云南。当时我就想，以我一个河南娃学习的京剧水平更适合在外地生存。所以，我义无反顾地选择了到昆明。

等我到昆明后发现许多老同事都选择了来这里工作，下了车我顿时感觉这里四季如春，气候宜人，适合生存。我们原想到昆明后演一场《霸王别姬》作为打炮戏。可是不曾想到，我们刚刚入驻星火剧院就看见墙上贴着许多“大字报”，原来是“肃反”斗争开始了。可我对政治不感兴趣，不想仍然有人在运动中“举报”我在临汾时打过枪。当领导问到我“你朝谁开的枪？”时，我哈哈大笑道：“我们那时拿枪都朝着靶子打。”他们见查无证据，后来，也就不了了之了。

两年后，云南省将国防京剧团、劳动京剧团和西南京剧团合并成立了云南省京剧院。下面分为三个团，一团是关肃霜、高一帆等名演员，人称“尖子剧团”。二团是李春仁和我等人。三团是青年演员。我们二团是天天面对观众，除演出传统戏之外，还演出了《节振国》、《北京四十天》等现代戏。尤其是演出的连台本戏特别受观众的欢迎，像《狸猫换太子》我们连演一个月，是天天客满。我饰演的包拯。

封杰：剧团在一年中天天有演出，且场场客满，这应该有位懂行的领导从中安排。

张占元：是的。我们二团的确有位非常懂行的领导从中设计、安排演出的具体事宜。他就是曾在上海傍过金少山先生，唱麒派老生的周福山团长。他对我讲，当年在上海时，有一次演出之后金少山先生没有给他戏份钱，就去找金先生要。不想，金少山先生将一条大狗放在了门口，见人就咬。所以，钱也没有要回来。他不仅演麒派老生戏，有时还反串演出花脸戏。

封杰：我知道，您爱人王肃华老师也是一位演员。

张占元：她家的祖籍是天津，父亲出自“小”字科，艺名小宝芬，艺工老生。他出科后改为王洪福，搭班到汉口傍着周百岁、陈鹤峰演出，他们分别演出《斩经堂》必烦她父亲反串饰演吴母。她父亲反串的《目连僧救母》，饰演的刘青提走接叉、摔三个锞子，非常受欢迎。

起先，他们家住在上海的新闻大旅馆，她亲眼看见她父亲坐着包月车到共舞台，而且是天天赶场。由于他们家人多、事多，她父亲挣来的许多钱都花掉了。加之，她父亲后来染上了不良嗜好，最终导致全家落得一贫如洗。最后，只好靠临时典当行头来维持生计。直到新中国成立后，她父亲到了广州京剧团，生活才有改善。但是每周只在周六、周日给战士们演出两场。“文化大革命”中反对三名三高，她弟弟就将她父亲接到了泸州。

《白蛇传》，王肃华饰白素贞

她母亲非常能够持家，很疼爱她们。她大哥九岁写给别人做六年手把徒弟，学花脸。后入四维剧校，艺名王维朋。她是十二岁写给了戴绮霞、王韵武夫妇，按照师父家的规矩将姓氏改成了戴肃华，并且改口称师父、师娘为“爸爸、妈妈”。但是，由于戴绮霞的演出和社会活动比较多，练功、说戏就全由王韵武师父教授。戴绮霞属于泼辣旦，有些戏是不教的，如《阴阳河》、《马寡妇开店》、《大劈棺》、《杀子报》这都是她的看家戏。戴绮霞不轻易传人，绝对不许关肃霜和她到后台服侍。我在汉口看过她演出的《盘丝洞》，她饰演的蜘蛛精在舞台上还跳洋舞呢。

由于戴绮霞的跷功很好，所以关肃霜和她的跷功自然也很好。那时她为了练跷每次都要站足一根香的时间。有时实在受不了，她就趁师父不在，让师妹悄悄地把香撅掉一点，好减省时间。后来，她随戴绮霞从汉口学徒之后到上海演出，正赶上端午节，共舞台的老板要求演出应节戏《白蛇传》，就是关肃霜绑着软跷饰演白素贞，她是绑着硬跷饰演小青。这次演出很成功，是白天、晚上的轮流演出，而且这次也是她第一次登台。当时，她只负责唱戏，而钱都归了师父。这年她刚刚十四岁。

封杰：您再介绍一下王老师后来的艺术道路。

张占元：不久，她师父戴绮霞就到外地搭班去了，留下来的王韵武师父、关肃霜和她几个人继续在共舞台唱戏。可是共舞台经常演出一些连台本戏，王师父怕耽误孩子们学习、演出传统戏，便决定带着她们到长沙搭班唱戏。

从这时开始，她才算是正式登台演出《小放牛》、《女起解》等开锣戏。之后的大轴戏必是关肃霜的《八宝公主》、《金山寺》等文武并重的戏。也是从这时开始，关肃霜算是正式挑班。所以说，长沙大戏院是关肃霜首次挑班之地，打炮戏《大英节烈》。

一年后，国民党军队节节溃败，大量的伤兵拥进戏园子要求看戏。无奈，她们只好演一些《打樱桃》之类的小戏，这下伤兵们可不干了，就把戏园子给砸了。加之，战事越来越紧，平日里积攒下来的金圆券不值分文，使她们的生活陷入了困境。可巧这时，昆明的西南大剧院到长沙邀角，商定后王师父又带着她们乘飞机到了云南。演出一段时间，关肃霜学艺六年满师，不过她又帮助王师父一年。而王肃华只学习了四年，赶上了新中国成立，经政府判定，以往情况属于剥削，一份卖身契的撕毁结束了不平等的待遇。用关肃霜对王肃华说的话讲："你倒不错，你是彻底解放了！"

1950年，政府接管了她们戏班。她仍每天演出《女起解》、《六月雪》、《游龙戏凤》、《小放牛》等开锣戏。不久，她就开始陪着关肃霜演起了《红娘》中的崔莺莺、《宇宙锋》中的哑奴、《白蛇传》中的小青等二旦的活。她们之间由于从小在一起学戏、演出，到了舞台上配合非常默契。这全缘于当年戴绮霞在教关肃霜或请人教关肃霜戏的时候，她就在旁边熏，之后再由关肃霜给她说说关键的地方。有时，遇到关肃霜身体不适，就由她来替演。剧场门口就会戳出一块牌子，上面写明：因关肃霜生病，由王肃华替演，要看就看，不看退票。

封杰：您觉得青年演员怎样才能提高演出水平。

张占元：青年演员的开窍要慢慢来，领导和观众不要过急。不过，我希望他们最好抓紧一切机会向老演员们学习。一个演员只有多看、多学、多演才行；只有多活跃在舞台上才会有所提高；只有丰富提炼自身的艺术水准，才不会辜负领导和观众的厚望。

封杰：谢谢您对青年演员的厚爱，对他们寄予的希望。

迷程秋韵 云绡红龙

——京剧名宿李芸秋访谈录

她人生坎坷，艺术波折，痴迷程派，却无缘得拜。为了深造，不断探访名师，虽未立雪程门，但终修成正果。她常言：人虽老，志莫衰，老当益壮，方显潇洒健康。2013 年 1 月 24 日，我采访了李芸秋先生。

封杰：李老师，您好！您是怎么开始学的京剧？

李芸秋：我出生在沈阳。八岁的时候，有一天我正跟同院里的伙伴玩耍，正巧被从事京剧经励科的李文彩看见。他虽不会唱戏，但他懂得经营，专门为白玉昆、白家麟、张云溪、李香匀等先生管事。他看上了我，找到我父亲谈我学戏的事。由于我们家太穷，我的父母忍痛将我写给了他。这一写就是九年，我父母只得到四十块大洋。当天晚上，李文彩先生就将我带到他家，而且是第二天大清早就和他全家人搬离了沈阳，到了营口。我到了他家后，主要是陪着他的女儿一起练功、学戏，我也随着改口称他为“爸爸”。

我跟随看功师父每天早晨练习下腰、踢腿等基本功，练得浑身疼痛，加之我又想家每天是哭闹不止。无奈，我这位养父只好说：“只要你好好练功，每天能挣一块钱，我就将你妈妈接来！”为了这句话，我是加倍练功、学戏，每天清晨四五点钟就起床去喊嗓子，而且是三个多钟头不喝水。我之所以这么勤奋就是为了盼着妈妈能够早一天来到我身边。

封杰：那后来将您的母亲盼来了吗？

李芸秋：第二年，我就登台了，在《四郎探母》中“坐宫”一场饰演抱着“喜神”的丫头。不久，他就给我请来了傍着任丽霞的琴师焦玉亭先生教我戏。在这一年多的时间里，我跟焦先生学习了三十多出旦行戏，有《南天门》、《武家坡》、《宝莲灯》、《桑园会》、《汾河湾》、《祭塔》等。

一天，焦先生给我吊嗓子，说道：“你跟我学了这么多戏，可你不能登台，得不到锻炼，哪成！”而且，他为了让我有所提高，还把他的太太从天津接到营口，给我加工身段。这样，我又跟师娘学习了《鸿鸾喜》、《花田错》等花旦戏。之后，我是一边学戏，一边登台，可就是久久等不来我的母亲。

而且，我这位养父是不断地带着我们搬家。

封杰：您的养父一定希望您能够尽早成角。

李芸秋：是的。我十五岁就正式挂头牌了。这时，我又跟唱小生的陈少华先生学戏。他是姜妙香先生的徒弟，傍着陈效秋先生到东北唱戏。

我之所以能够红起来，缘于一次锦州有家戏园子接张云溪演出，但张云溪未能准时赶到，就找到我养父商量帮助“补坑”演出十天。可到了后，戏院老板见我比较瘦弱，心里有些看不起我，就随便地将我们安置了。这下，我养父不干了，说：“我们也是挑过班的人，你允许我们唱上三天戏，如果不成我们卷包走人！”第一天打炮戏是全部《玉堂春》，幕后一声“苦哇！”台下是可堂的好声。越往下演，喝彩声越多。这一下，我在当地就算红了！

演出刚刚结束，戏园子老板就来到后台说：“角在哪呢？”

我养父说：“孩子在下处卸装呢。”

老板：“那哪成呀，快快腾出房间让角好化装！”

这时，我被人从下处，也就是宿舍里叫了回来，连忙致谢。等三天打炮戏演完之后，所有的人都来祝贺。而我养父却收拾起行李，操着浓浓的天津口音，说道：“你们这是干嘛，我们要走了，你们当初不是怕砸了嘛！”就准备带着我们几个人离开。对方见状连忙拦阻道：“别别，咱们重新做宣传，包银另定！”第二天的报纸上，宣传我的版面比以前大多了。而且包银也是一个月一涨。

当张云溪来到后，我们准备离开时，他的母亲说：“闺女，别走，咱们合作合作！”这样，我跟张云溪就每天轮流演大轴戏。不过，我们也有合作的戏，七夕节我们在任子衡先生的帮助下排演了《天河配》。我饰演织女，张云溪先生前饰演大鹏鸟，中饰牛郎，后再饰大鹏鸟，这出戏很受欢迎。我们唱了一个月后，又排了一出《盂兰会》。这出《盂兰会》也是应节戏，唱了一个星期后，我们在八月节之前，又在任子衡的帮排下演出了《后羿射日》，我饰演嫦娥，张云溪饰演后羿。这出戏也非常受大家喜欢，剧情很喜兴，剧名也叫《月宫佳话》。

《凤还巢》，李芸秋饰程雪娥

大家为了能够将我跟张云溪绑在一起演出，是煞费苦心。像张云溪演出一至四本的《铁公鸡》，他饰演张嘉祥，就特意安排了一场“张嘉祥招亲”的戏，让我饰演张嘉祥的妻子。

封杰：那么，您是怎么学起的程派呢?

李芸秋：我十三岁的时候，偶尔在留声机中听到播放程砚秋先生唱的《贺后骂殿》，这一下就吸引住了我。我想，他唱的词和我的一样，为什么味道不一样呢？他是从哪里发出来的声音呢？

从此，我开始学习程派戏，也开始了我两门抱的戏路子。再演出时，我就是《玉堂春》、《三娘教子》等全部的演法来打炮。先是从鞍山开始，一站一站地演，一直演到沈阳。我又跟随随着孟幼冬、曹艺斌、蓉丽娟、盖春来等先生并挂头牌演出。在中央大戏院演出的一年时间里，我们“五大头牌”演出了许多传统戏，而且还编排了五本的《墓中生太子》等几出连台本戏。

之后，我又到共益舞台跟有“关东唐”之称的唐韵笙先生合作演出。他为了提携我，特意给我排演了《斩韩信》，可是戏中“未央宫”一场的吕后，我不会。唐先生就非常细致地给我先慢慢讲解、分析这个人物，然后再说唱腔。每次唐先生演完戏都会在当晚留下抱本子、演员、龙套和乐队的人一起说戏。有时，他为了突出我，特意在戏中为我临时编写四句唱词。这时的唐先生已经编排、演出了二十多本《怪侠除奸记》，还特为我设计安排了一场戏。我觉得，唐韵笙先生是位到达罡风的角。这将是我永远追求的目标。

三年后，陈少华先生过世了，我也离开沈阳到了天津。从这时起，我也开始抱起本子，给大家说一至八本的《梅玉配》、《沉香扇》、《孟姜女哭长城》、《千里送京娘》等戏。后来，当班社老板对我说：“该发钱了，你得弄点‘叼豆芽’的戏呀！”我就发挥我编戏的本事，临时排出一些《黄遏云》、《怜香鬼狐哭姻缘》等新戏。有了这种本事，我就是看着一本小人书都能编成一出戏。

过去作为主演，不能只演自己应工的几出戏，还要不断推出新戏，以招揽观众，提高上座率。遇到节令时，还要演出应节的戏，来活跃演出气氛，也是为了调动观众的胃口，不会出现厌倦的心理。

封杰：您提到的《怪侠除奸记》，可以回忆起来吗？

李芸秋：这出连台本戏是唐韵笙先生写的剧本，为突出我特意写了一场“大破红龙涧”。戏中有夫人、周庄、娟娘三个角色，唐先生为拓宽我的戏路子，特让我饰演刀马旦应工的娟娘。对于这个人物，唐先生不是泛泛说戏，而是细致地教戏。

青衣应工的夫人上场唱[二黄原板]：“遭不幸老爷他被害命丧，十六载无一日心不悲伤。怎奈是女儿小往事难讲，愿老爷在天灵早报冤枉。”这时，老生应工的周庄由周亚川饰演。他出场向夫人禀报，小姐“替贼父擒拿官差”之事。可巧，心中欢悦的娟娘小姐来拜见母亲。夫人见之，怒道：“你认贼作父，帮贼行凶，真是气死我了！”小姐边劝慰母亲，边问明原委。当夫人取出老爷遗像说明内情后，小姐义愤的唱“改良调”：“仇似山海样，大骂贼强梁，代奎章老贼，恨不能将贼千刀万剐，方称我的心肠。”夫人见状，忙阻拦接唱：“你要低声言讲，走漏风声难免大祸一场。”小姐再接唱：“十六岁成人长，才知道杀父的冤枉，悲痛心肠，想一个妙计剪却代奎章羽党，搭救官长与那报国的彭忠良，脱离灾星，早早的救出罗网，那时节满斗焚香答谢上苍。”

最后，大家想出一条派周庄潜出山岗，找来官兵搭救忠良的计策。周庄念道：“尊主母与小姐切莫惊慌，老奴我有一条妙计细说端详。适才间代奎章与那高源来较量，被高源的飞蝗石子将额头来打伤。少时间你到前厅假意将他来观望。命老奴下山去请个先生到山岗，与他医治那被打的伤。我此去到公馆对差官们来言讲，调齐官兵前来捉拿代奎章，好搭救忠良脱离灾殃。”后夫人先下，小姐跟周庄同唱：“玉兔东升，切莫彷徨。”一同下场。

如今已经过去了六十多年了，但唐韵笙先生提携传艺后人的品德令我永记在心。直到今日，我仍在怀念这位“德艺双馨”的艺术家。

封杰：您跟哪些演员合作演出过。

李芸秋：我主要跟邢威明、沈金波、孟幼冬、毛世来、方荣翔合作演出。《大·探·二》是我饰演李艳妃，孟幼冬饰演杨波，方荣翔饰演徐彦昭。

一次，毛世来带着剧团来演出，找到我师父陈少华先生，希望傍着他演出全部《十三妹》。陈先生说："我就不来了，让我徒弟演。"

毛世来说："是角吗？"

陈先生："错不了，人家挂过头牌。"

这样，毛世来答应下来。可当师父对我提起此事时，我回答："我不来，我父亲不让我给别人做龙尾巴和挎刀！"

《碧玉簪》，李芸秋饰张玉贞

我师父说："人家可是'四小名旦'。孩子，你可真是老斗呀。这是合作戏呀！"

听师父这么说，我才勉强答应。说道："人家是花旦，表演活，那我仗什么？"

我师父说："咱单场上，唱[慢板]！"

在我跟毛世来合作《十三妹》演到"船头提亲"时，我上场后，铆足了劲先唱这段六句的[慢板]，毛世来站在侧幕说道："这是谁呀？这不拔我的毛，左一个好右一个好，别人还唱不唱了！"可当何玉凤上场，演到张金凤建议她一同嫁与安公子时，毛世来唱道："并头花岂能够开三朵，女儿岂能嫁一人？”观众是给予阵阵喝彩。毛世来在演出的三个多小时中总是踩着跷，功力很深。演完后，到了后台毛先生跟我见到面，连连说：“您辛苦！您辛苦！”从此，我改变了初衷，对毛世来先生发出由衷的敬佩。同时，对男旦的功夫更加钦佩。

封杰：既然学习了程派，一定想得到程砚秋先生的亲传。

李芸秋：京剧界讲究“学戏在北京，唱红在天津，挣钱在上海”之说。由于我多年来崇拜、揣摩、学习、演出了《锁麟囊》、《碧玉簪》、《青霜剑》、《金锁记》、《牧羊卷》、《鸳鸯冢》、《孔雀东南飞》等程派戏，一心想亲自得到程砚秋先生的教诲。正巧在我二十一岁那年，天津邀我演出，于是陈效秋先生建议我利用此次机会进北京拜师。

这样，我们到了天津演出。三天的戏码是一炮打响，接着连续唱了十多天，场场爆满。观众非常欢喜我，称我是“金嗓铜喉”。可是这时，我听说程砚秋先生不收女弟子的消息，只好遗憾的打道回府了。

1951 年，我受山东古城青州艺光剧院邀请，演出了三天，在观众的热情挽留下又连续演唱了四十三天，也是场场爆满。1953 年 8 月，我加盟了山东省京剧团。两年后，我被调到昌潍地区京剧团，担任主演。不过，我演出的剧目不再仅是程派戏，有时也演一些梅派戏。

封杰：拜程心愿没成，还是要继续深造学艺。

李芸秋：现在回忆起我的艺术成长经历，所学演的戏基本上都是跟随前辈男旦演员学来的。像 1937 年，小杨月楼先生来辽宁演出《忠烈鸳鸯》、《八宝公主》、《盘丝洞》等戏。我不仅学习，还在戏中饰演角色。而且我还将《观音得道》中学会的一段“经文”，借用到日后演出《斩经堂》中，在我饰演的王兰英“经堂”一场就唱了这段经文。王芸芳先生在哈尔滨演出时，我配演二路。他演出的《棒打薄情郎》“洞房”一场有大段京白，念得非常动情，能激起观众不断的掌声。后来，我演出此剧时就参照了王先生的念法，同时请朱桂华先生加工，演出效果极佳。

李香匀先生是梅兰芳先生的高足，他在《大登殿》中饰演王宝钏，我配演代战公主。其中代战公主的一段[二六]唱腔，李先生是一句一句地教给我。在跟李先生同台演出的那段时间，他在舞台上的严谨规范和特殊的美，在我心中深深地烙上了梅派印记。

所以说，这些学戏、演戏经历使我在今后的演唱方面既吸取了梅派的“甜”，又容纳了程派的“婉”。两者合一，变化为女性最优美的声音送达给观众，令他们得到更愉悦的艺术享受。

封杰：您的艺术经历和经验会使青年演员从中受益。谢谢您接受采访！

忠臣良将 青云兰静

——京剧名宿刘云兰访谈录

1927年发生的震惊全国的京剧演员刘汉臣被军阀枪毙的冤案，不断被编写成小说，排演成话剧和影视剧。事过八十多年此事还在不断被演绎。2012年12月24日，我采访了刘汉臣的女儿刘云兰先生。

封杰：刘老师，您好！首先请您谈谈您的家事，好吧。

刘云兰：说起我的家庭和我的出身非常复杂。我的爷爷郑长泰自小生活在河北故城县郑口镇，由于父母早丧，他很小就开始了自己劳作和奔波。有时，我爷爷实在没有饭辙，饿得受不了只好到四邻中哀讨一些饭菜来充饥。一次有个梆子戏班到乡下演出，要搭起临时戏台。老板看我爷爷年龄虽小却身材很高，加之又比较灵活，就对我爷爷说："小孩，你能不能爬到杆子上面挂油灯呀？"我爷爷听后"噌噌"几下就爬了上去，把四个红灯挂好。

《红娘》，刘云兰饰红娘

当戏班演出完之后，准备离开时，我爷爷悄悄地躲藏到大衣箱里。戏班行进半途中，我爷爷被一位唱老生的刘天仰师父发现了，说："哎，这不是挂灯的小孩吗？"我爷爷就对他说："我父母都不在了，我饿得实在难受，我想跟着你们走，学戏！"正巧，这位刘师父也是独身生活，就将我爷爷收养了。自此，我爷爷就开始跟着戏班四处演出，也解决了温饱问题。他的跟头翻得很溜，他演的猴戏很受欢迎，人送"赛活猴"。多年后，当刘师父去世时，我爷爷跪在老人面前说："虽然您没有儿女，但我的孩子会为您传宗接代。"这样，我爷爷的两房儿子中只有第一房的我大爷郑法祥他们承袭了我爷爷的姓，第二房的儿子全都随了"刘"姓，为其延续香火。他们是我大爷刘坤荣，二大爷刘汉泉，父亲刘汉臣，四叔刘文美。

封杰：大家对郑法祥先生的艺事比较熟悉，请您来谈谈刘氏兄弟。

刘云兰：那时的上海很讲究演连台本戏，戏中的机关布景非常精巧。而且各个剧场都有严格的分工，像中国大舞台就是专门演出连台本戏为主，我大爷刘坤荣在此担任了二十多年的经理。

我四叔从前是天蟾舞台的基本演员，先唱青衣，后改的丑行。

我长大后，听我奶奶说，我父亲自幼聪明过人，唱娃娃生可以挣钱养家。成人后长得英俊伟岸，是一表人才。艺术上是文武昆乱不挡，他左手可以拉京胡，十八岁就大红了，他不仅传统戏演得精湛，就是新编的戏也很火爆。他在时髦戏《枪毙阎瑞生》中饰演教父，观众是只等他出场唱一段"规劝世人行善良"的唱腔之前才走进剧场。听完后，就会有人陆陆续续地起堂"抽签"了。

之后，北方不断有剧场老板来上海邀我父亲去演出。1926 年中秋节过后，天津的新明戏院成班人赵广顺先生因与我爷爷交往深厚，特亲到上海邀请。由于盛情难却，我父亲便应承了此事，就带着一拨人到了天津。由于演出异常火爆，双方不断续约，一直演了三个多月。后来，因为北京的第一舞台与天津的新明戏院有多年的合作关系，便将我父亲接到北京演出。

不承想，这次的北京之行却招来了杀身之祸。

封杰：那您能说说这桩奇冤的情况吗？

刘云兰：当年，我父亲在天津演红后，有位奉系军阀褚玉璞的五姨太也来看戏。谁会想到，她非常喜爱我父亲的表演，常常到后台来看我父亲化装。班里有个唱丑行的高三奎经常围绕在这位五姨太身旁。时间长了，他们彼此有些熟悉，但我父亲还是尽量避开她的。当我父亲一行人到北京演出时，这位五姨太又尾随到了北京。事发之后，军警到后台抓人时先看到的是唱旦行的赵君玉，给了他一记耳光。待问明我父亲跟高三奎名字后，将他们锁走，并押回了天津。之后，大家赶紧托人打理，梅兰芳、杨小楼、余叔岩、程砚秋等京剧界名流都竭尽全力设法营救。这时的褚玉璞思想已经有些松动，不料，由于张宗昌的一封说情“军令”电报，激怒了褚玉璞，最终导致他下令枪毙了我父亲跟高三奎。

我父亲思想非常进步，经常跟田汉、欧阳予倩等进步人士接触。他所演的《打渔杀家》、《卧薪尝胆》等戏，都具有揭露当时政治黑暗面的寓意。天津出事后，好心人将我父亲的遗骸悄悄收敛好，停放在新明戏院的大厅供观众瞻仰。观众在拜祭我父亲时是号啕痛哭，人流不断。三天后，才有人通知我奶奶将我父亲尸体收敛起来运走，我奶奶只在墓碑上刻上了“刘汉臣”三个字。我父亲含冤去世时年仅二十四岁，我母亲只有十六岁，而且肚子里还怀着尚未出世的我。

为了躲避“赤化党”的牵累，我的叔叔大爷只好改掉原来的名字。我出生后，郑姓的大爷将我抱走，教给我奶奶。之后，奶奶便雇了一条小船乘着月色从天津划到上海。我在奶奶的怀里睡到天亮，待睁开眼睛已经看不见我的母亲。从此，我们母女天各一方，南北分离，直到我二十多岁才又见到了我的母亲。

我跟随奶奶到了上海后，投奔了已改名为刘坤荣的大爷，当时他已经是中国大舞台的经理。我以后就以他女儿的名义在上海学戏、生活、演出，直到我长大成人。那时，田汉、欧阳予倩先生常常到家中做客，并给我带来许多零食。后来，秦瘦鸥先生根据我父亲的冤案写出了小说《秋海棠》。田汉、欧阳予倩先生又改编成新剧在上海演出，很是火爆。

封杰：那么，您又是从几岁开始学的戏呢？

刘云兰：我七岁开始学戏，以梆子戏《马上缘》、《大劈棺》、《七星庙》、《活捉》开蒙。由于我的身世有些人清楚，为了不惹出是非，家里人没有将我送进科班学艺。只是在家里跟着我大爷学些梆子戏和京剧。十三岁起，我跟着大人到堂会上唱《游龙戏凤》、《拾玉镯》等戏。每天雇一辆人力车接送我到各处演出，我经常是午夜十一二点钟才回家。后来，他看我是个唱戏的材料，才请来赵桐珊、刘玉琴先生给我说戏。有一次，赵桐珊先生教我《得意缘》的念白，可我是在南方长大的，有些字音咬不清楚。经过几次练习还是不行，赵先生就让我张开嘴，谁知，赵先生却用一根红木棍往我嘴里胡乱的搅了一遍，我再念时就清楚了。

《郑州庙》，盖叫天饰谢虎，鲍毓春饰黄天霸

由于我的长相和身高很像我父亲，演起戏来又很认真，大家比较喜欢我。记得，谭富英先生到上海天蟾舞台演出《四郎探母》，我饰演八姐。可巧，谭先生演完“见娘”

一场后，接下来的“见四夫人”中饰演四夫人的演员突然病倒，大家就让我临时赶装接演四夫人。演出还算圆满，谭先生非常满意，还特意送我一套头面，我别提多开心了。

我只是在上海、杭州、苏州一带演出，没有到过北方。后来，我知道了我的身世。原来，每年随奶奶祭拜的“三爸”竟是自己的亲生父亲。同时，我结识了鲍毓春，便强挣着离开了刘家。由于我大爷在上海势力很大，他一句话“各班社不许用刘云兰！”竟将我净身出户。为了生活，我与鲍毓春双挂头牌组织起班社，只好流落到杭嘉湖演出。几年后，新中国成立了，我才又回到上海。

封杰：对于鲍先生的艺事，现在已经有些人不太清楚了。

刘云兰：我爱人鲍毓春是无锡人，原名芮铜宝。他父亲芮桂芳是徽戏演员，唱关公戏最著名，曾到台湾演出了十几年。我爱人由于自幼跟随鲍小麟师父学艺，非常得师父、师娘喜爱。这两位老人膝下无有子女，又与芮家是至交，便将徒儿收为了义子，改名为鲍毓春。

鲍毓春所演的猴戏宗法我大爷郑法祥，所到之处非常受观众欢迎。他的表演是博采众家之长，将盖叫天、张翼鹏、高雪樵、赵松樵等人的演技都吸纳过来化为已用，而且还有创造。新中国成立之初，当准备成立中国戏曲实验京剧团时，田汉先生曾找到鲍毓春，希望他能够参加进去。但鲍毓春念及跟他合作多年的艺术伙伴的生存问题无法解决，便回绝了田汉先生的美意，而留下来成立了杭州市京剧团。抗美援朝时期，他到朝鲜慰问，演出了《杀四门》、《斩颜良》、《挑滑车》等戏。

鲍毓春在当团长的时候，经历了各种艰难和挫折。但是他也有荣光的时刻，如担当浙江省文艺代表、华东会演获得了二等奖。1953年，他先到上海集合，与梅兰芳、程砚秋、周信芳等先生一同跨过了鸭绿江，赴朝鲜慰问抗美援朝战士演出。程砚秋先生非常欢喜武戏，称赞鲍毓春的演技是

“闪电快”。当鲍毓春演出《收关胜》时，他始终站在幕边直到结束才去化装。

他不仅能演，还能编导。盖叫天先生为庆祝新中国成立十周年演出的献礼剧目《垓下之战》，为了烘托气氛，将全省最优秀的武生演员召集来饰演项羽的众将，其中的“三十二大靠”就是由鲍毓春设计的。

他这个团长非常讲义气，从最初成立的国营剧团，后来转换成私营剧团，采取分账式，最后又重回国营剧团，他从来是不抢不争。不想“文化大革命”开始却被关进了牛棚，整整十年。其中的多次抄家使他数十年的积蓄荡然无存，关键是这十年正是他艺术之火最旺盛的时候却白白地荒废掉了，非常可惜。同时，也留下了终生的遗憾。即使这样，他还在盖叫天先生最危难的几年里，每月拿出八十块钱给盖老贴补家用。这件事我是在前几年才从盖老的后人口中得知的，而他在生前却从未提起过。

封杰：您跟您母亲断了二十多年的线是怎么连接上的？

刘云兰：1958 年，梅兰芳先生到杭州大戏院演出之际，刘连荣先生傍着梅先生演出也来到了杭州。事先，刘先生到天桥一家茶馆喝茶，恰巧这家茶馆是我母亲的妹妹所开，她看刘先生像是京剧界的人，便上前搭话，道：“您到杭州帮着找找刘汉臣的女儿，我姐姐非常想孩子！”并带来一封上面写明我的名字和生辰的信。这样，刘连

《斩颜良》，鲍毓春饰颜良

荣先生到了杭州后找到文化局反映了此事，恳请打听下落。

当找到我说明原委时，我才知道家人对我说了多年的“你母亲早已过世”的话竟是谎言。我看完信后，连忙给失散多年的母亲写了回信，并约定了相见的时间。在母女相见的那天，天降小雨，好似老天也在为我们离别之后的思念之苦而哭泣。当我走进火车站就远远地看见一位年约五十多岁的老太太朝我走来，可是她却突然昏厥，晕倒在一旁。我急忙走上几步，搀起老人，说道：“您是来杭州找人的吧？”

对方回答：“找姓刘的！”

我急切回答：“我就是！”这时，我知道了她就是我日思夜想不得相见的母亲，彼此抱头痛哭。我妈妈说道：“刚才我离老远就看见你走过来，你的身高、容貌和走路的形态跟你父亲一样！”后来，我将母亲送回天津，经我再三哀求母亲才同意带着我到新明戏院看看当年我父亲演出和停尸的地方。当走进那条街的时候，母亲说：“当年你父亲去世后，道路两旁的店铺门口都摆满了花圈，上面写着‘悼念刘汉臣’，自那以后，我是几十年不曾走过这条街！”

我跟母亲多次交谈中，她始终不愿提起当年的事情。后来，我追问：“我是您的女儿，为什么您就忍心将我送人呢？”听到这话，我母亲才慢慢地道出埋藏在她心底多年的苦衷。她说道：“你父亲死时你还未出生，由于被军阀冠以‘赤化党’的罪名，怕牵连在内，你奶奶让我下嫁给你四叔，方可将我带回上海。虽然我跟你父亲结婚时间较短，但我们彼此很恩爱。他虽然不在了，但我不能对不起他！”

封杰：一段辛酸泪，道出了当年戏剧演员的地位极其低下。好，谢谢您，祝您健康长寿！

吉庆高兆 祥和为天

——京剧名宿庆元祥访谈录

京剧富连成科班中不乏父子两代人在其中学艺、课徒，但有这么一对父子生活中姓氏相同，进入科班后却姓氏各异，使多数人不知道他们的关系。2011 年 12 月 7 日，我采访了庆元祥先生。

封杰：庆老师，您好！您的家庭从前是京剧行吗？

庆元祥：我们家是满族，家境很早就衰败了。由于我祖父去世较早，我祖母就以替有钱人家缝补衣裳来维持生活。我们居住在广渠门外二条，一个很贫穷的院子。邻居家有人在广德楼从事茶房兼卖座，我奶奶说："烦你给找个活吧！"这样，我父亲在邻居的帮助下被送进了富连成科班，初学梳头桌，也就是化妆。可是在给旦角贴片子之前，须要先将片子浸入鹿茸水中浸泡，再拿出来用篦子刮，晾好后贴在旦角的两鬓。我父亲对这种味道过敏，就转到盔箱徐师父处学习。

我父亲松庆龄在科班的时候，因为跟谭富英先生性格相投，比较交好。等到谭富英先生出科后，我父亲就专门跟着他到处演出，负责扮戏。第一站是上海，扮戏获得包银四十块大洋。我父亲没有直接寄给我奶奶，而是将这第一批包银纹丝未动地全部邮寄到了徐师父家，并写信道："我挣得包银，师父用！用够后再送到我家！"徐师父非常高兴，逢人便说："我这个徒弟没有白收！"

我父亲在傍了谭富英先生十几年后，由于有人从中作梗而辞班。这时，叶盛章、叶盛兰先生又邀我父亲给他们勒头，但有时演出"撞车"，我父亲只能保证一方。再后来，杨宝森先生原来的勒头师父辞世，新人又不能及时顶替。杨先生也找到我父亲，虽然杨先生总演《杨家将》、《伍子胥》、《失·空·斩》等文戏，但有个条件必须“搭”上孙毓堃。这样，扮戏就有些麻烦了。新中国刚刚成立，中国戏曲实验研究院以李和曾、张云溪、张春华、云燕铭、叶盛长、郭世仪、景荣庆等人为主，经常演一些武戏。他们希望保障演出质量，有人提出“找庆二哥，保证万无一失”，后经领导同意，我父亲以个人名义加入了进去。

封杰：那么，您是怎么进到富连成科班呢？

庆元祥：我小时候经常跟着父亲到戏园子，搬把小板凳坐在上场门的台帘边看富连成科班大“世”字科的演出。七八岁开始，我每天到广德楼跟苏盛轼先生练功。一年后，我父亲通过宋继亭先生做保将我送进了富连成科班。记得，我第一天走进富连成科班是1936年十月初二，这天科班吃大包子。

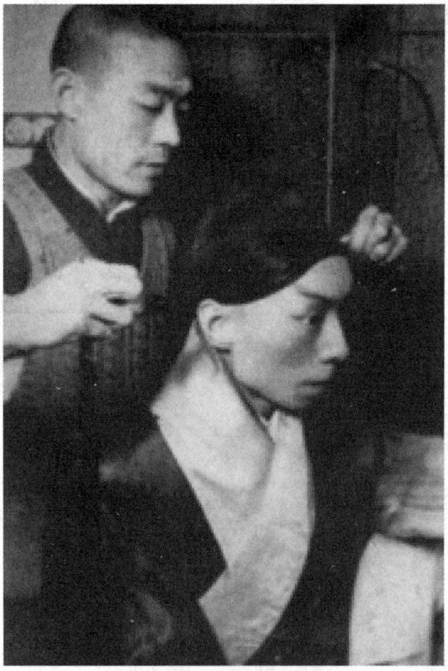

庆师傅给谭富英勒头

我进入富连成科班考试当天，叶龙章先生在座。我先唱了两段我在家的时候跟我父亲学会的唱段，一段是《甘露寺》中乔玄唱的“劝千岁杀字休出口”，一段是《博望坡》中诸葛亮唱的一段[导板]转[流水]，给我拉琴的是张玖先生。之后，我就每天早晨到富连成科班练功，中午吃完饭，接着练功、学戏。下午到了五点钟我就回家了。第二天清早再到科班学戏。可是到了1937年7月7日，我们正在练功，每个人累得满头大汗，都成了

“小花脸”。忽然一声炮响，看功的师父说：“赶快回家去！”我顾不上洗脸，一口气跑回了家。

过了第二年的农历二月二，龙抬头的日子，我又回到了富连成科班。一天，王喜秀先生正在给哈元章、杜元田等人说《四郎探母》，王先生让我来戏中的杨宗保。过了几天，我们演了这出戏，我这个“杨宗保”在“巡营”一场只唱[散板]，不唱[娃娃调]，“见弟”一场我是在别人帮助下才坐在椅子上。这是我第一次在华乐园登台。当时我十一岁。第二次，科班又给我安排演《八蜡庙》中的贺仁杰。

通过这两次考核，科班才同意写字。因为，我父亲在富连成科班的时候，大家只称他的名字。所以，等到我入富连成“元”字科取艺名时，萧长华师爷就按姓庆取名“元祥”。可我的本名是：松怀志。

封杰：初学小生，后来将您归入到哪个行当？

庆元祥：这时起，我跟萧长华师爷学习了《连升店》中的王明芳。有时，我还被“外借”在马连良先生演出的《三娘教子》中饰演薛倚哥，谭富英先生演出的《桑园寄子》中饰演邓元，李盛藻演出的《铁莲花》中饰演定生。

我稍微长大一些，就把我定为老生行。我先后跟雷喜福、张连福、刘盛通等先生学戏，那时的先生在教戏时有一定的目的性。我跟雷喜福先生学习了《天水关》、《取成都》、《除三害》，跟张连福先生学习了《挡谅》、《上天台》，跟刘盛通先生学习了《太白醉写》、《马鞍山》、《福寿图》、《徐庶走马荐诸葛》等便于孩子开蒙的戏。

那时的教戏先生每人有每人的教戏方法，虽然带着几个孩子学习，但他们有各种方式来启发孩子，根据每个孩子的条件来具体规划方向，或为主演、或为配演。总之，就是因材施教。

封杰：您提到的《福寿图》、《徐庶走马荐诸葛》现在已然失传，请您简单谈谈剧情。

庆元祥：《福寿图》就是《赵颜求寿》，也叫《管乐算卦》。演绎十九岁的赵颜遇到神算管乐，管乐看见赵颜之貌后言其只能活三天。赵颜回到家对父母言明情况后，三人哀求如何才能解术。管乐说道，让赵颜备好酒、肉到南山求请。赵颜到了南山看见南斗正跟北斗对弈，便上前哀求延年。北斗见赵颜哀求中肯就取出寿命簿，在赵颜年龄十九岁的前面加上一个“九”字，更改为“九十九”。此剧管乐为老生，赵颜为小生，南斗为老生，北斗为花脸，赵颜父母为里子老生和老旦。全剧主要以[西皮原板]为重。一般在演出时多列为第二出，既是孩子的开蒙戏，又是开场戏。

《徐庶走马荐诸葛》演绎徐庶身为刘备的军师，几次设计打败曹军。曹操设计将徐母接来，并模仿徐母的笔迹，诓徐庶速来相救。徐庶见信后，焦急万分，便向刘备辞行。次日，刘备在城外设宴践行。刘备送徐庶走了一程又一程，两人挥泪而别，稍后，刘备忽然看见徐庶拍马而回，并推荐诸葛亮继任军师。同时，徐庶建议刘备亲往隆中相请。

封杰：富连成科班从创业到兴旺，最终却报散了，这是怎么回事？

庆元祥：事情起源是由于富连成科班教戏多年的蔡荣贵先生。在一次接堂会演出中，本家特烦蔡先生上演《青石山》。蔡先生扮好戏，唱了一段吕洞宾的唢呐腔的[二黄导板]转[回龙]转[原板]唱段，很受欢迎，本家特赏一封红包。事后，此事被叶春善先生知晓，问蔡先生为何将红包擅自收入自己腰包，没有入科班账中。蔡先生答道：“这是本家特烦我演出之奖赏！”从此，蔡荣贵先生脱离富连成科班。不久，上海请蔡先生邀刚刚出科的“盛”字科的李盛藻、陈盛荪、刘盛莲、杨盛春等人演出。到了上海，演出非常火爆。从这科开始，出科的徒弟改变了从前“回报”效力科班一年的规矩，也从这科开始，科班开始出现了摇摇欲坠的局面。

后来，虽然有“富”字科的几个留下来任教的师兄，和“世”字科的几个条件优秀的师弟演出。尚小云先生也给予很大的帮助，但即使使出浑身解数，还是大势已去。尤其是富连成科班自1935年叶春善先生辞世后，由叶龙章先生继任。虽然新任社长延续了传统的教学模式，继续聘请萧长华、王连平等先生任教，但由于时代的变迁、社会的动荡，从1940年起，由于多种原因导致科班是每况愈下。

庆元祥便装照

其一是因为东家沈家出现家庭内部矛盾和生意败落，由法院裁断将我们富连成科班使用多年的南院收回、拍卖。我们只好回到北院住宿、学戏，生活状况也大不如前。

其二是因为叶盛章先生正值壮年，先以“富连成”名义演出了许多《酒丐》、《欧阳德》、《徐良出世》等戏，但上座收入并不高，无法承担科班每日所需费用。这样，叶家兄弟只好分家，自立门户。他们把我们这些学戏的孩子分为了大、小班。叶盛章先生以大班为基础成立了自己的班社——金升社。

其三是1942年春节正月初五，我们开始在华乐园唱彩头戏，一直演到8月份。我们头天晚上演完第一本《广寒宫》。第二天早晨八点多钟，隔壁的长春堂药铺着起大火，殃及到华乐园，使几十年积累下来的服装、道具等“家当”焚于一炬。虽然，叶盛章先生竭尽全力做出了一些努力和贡献，但最终是回天乏力。我们这些孩子放了一段假之后又被找了回来，并于1943年初，到东北一带演出。在沈阳北市场戏园子演出，由于“富连成”的牌子很有知名度，大家还是比较欢迎，上座还算可以，生活有了一些保障。戏园子老板还负责我们吃饭，不过每天上午是高粱米，下午还是高粱米。半年后，我们回到北京休整两个月后，又到上海天蟾舞台演出。两个月后，我们再回到北京。这时的华乐园已经修缮一新，我们再重登“故地”演戏。可惜，每天日场的演出只能换来窝头吃。

总体来讲，没有东家作为后盾，师生每天的吃喝成了首要问题。为了生存，科班决定让我们学演一些连台本戏《乾坤斗法》、《天河配》、《广寒宫》等，这些彩头戏耽误了孩子们学习传统戏的基础。这时，在富连成科班执教多年的先生是亡的亡，老的老，走的走，使富连成科班元气大伤。

封杰：您出科后情况又怎样呢？

庆元祥：过去科班学戏一般写八年，但也有特例，如属于带艺入科的可能会写五年。因为我当初入科时有点基础，在写字时就写了七年。

1945年2月，我出科了。不久，富连成科班就宣布解散了。我出科后，由于所学过的戏有些细节的地方与外面的大班社合不上辙，所以，社会上并不承认富连成科班教戏的成果，必须重新“下挂”再求深造，还要再拜“带道师”才能正式搭班唱戏。可我并没有再拜名师，或带道师。只是零散的搭些班唱戏，演些二路活。不过，那时应二路活的人也讲究硬二路，如老生行的李世霖、哈宝山、曹世嘉；小生行的如高维廉、李德彬、江世玉、徐和才。

在我搭班的时候给我留下印象最深的是马连良先生对艺术的严谨性。他除了对班社的每个人要求“剃光头、净洗脸”之外，更是对每个部门进行了细化。首先，他要求净化舞台，对专门负责检场的凯玉贵先生说：“没事的时候尽量少上台！”其次，乐队的人必须冬天穿紫色绸绒袍，夏天穿海蓝色绸子大褂，坐在下场门处专门用一米高的透明帷帐与舞台表演分离。最后，后台的人员是绝对避免大声喧哗，有事由负责把场的马四立先生安排。

封杰：那么，您又是在怎样的情况下改行了呢？

庆元祥：新中国成立之后，我加入鸣华京剧团，跟梁益鸣、张宝华合作演出一段时间。1958 年，京剧界实行“以团带班”的形式培养青年演员，以补充本团的演出力量。这样，我在 1959 年开始就专门从事招生、培训、教戏工作。两三年中，我们指导的这些学员练就了扎实的基本功，学会了几出大戏，完全能够胜任剧团的演出任务。到了 1963 年，上面发下“割尾巴”的指示要求重新分配“团带班”的学员。有的学员分到其他院团，有的学员改行从事了别的行业。

我也从这时起，根据北京市文化局的文件，经张觉非介绍，我被推介到了中国杂技团工作，代课老师是鲍盛启先生。我到了那里后主要负责教形体，就是将京剧的表演动作融入杂技之中。从此开始到“文化大革命”结束，我为杂技、魔术、马术培养了几代演员。

封杰：两个事业，两个“行当”可有相同之处？

庆元祥：我从改行到现在已经离开京剧几十年了，虽然没有离开文艺界，但总归是隔行如隔山。如学习京剧之初，是武为先，文次之。无论是哪个行当必须是腰、腿、顶、跟头、云手、把子、圆场等基本功，然后再综合起来训练。即使没有唱成主演，也要掌握这些功夫。就是唱了一辈子“龙套两边站”的人也有一套完整的规矩，像大站门、小站门、二龙出水、鹞子头会阵、一条边、斜一字、斜门、倒挖门等，必须懂得。这就是咱们常讲的“家里打车，外面合辙”的道理。

过去的科班、戏班都面临着非常严峻的竞争，由于富连成科班的保守，只是采取父亲传儿子，师哥教师弟的教学模式，导致许多戏无法跟大班社合槽。这方面斌庆社做得就比较好，徒弟出科后很快就能融入大班社演出。

封杰：由此看来，京剧的传承必须海纳百川，不断吸收新鲜血液，才能发展。

誉满华夏 绝技真功

——京剧名宿俞鉴访谈录

宁夏京剧团的俞鉴作为一名女武生演员所演剧目达六十多出，尤其是她的代表戏《乾元山》在京剧界久享盛名。2012年9月3日，我采访了俞鉴先生。

封杰：俞老师，您好！您学戏跟家庭环境有关系吗？

俞鉴：我祖籍是浙江省新昌县，与越剧的发源地相连。祖辈在农村务农，家境很贫穷，父亲俞见荣年幼时做过放牛娃。后来，有位老先生回到家乡想培养几个弟子，把自身的艺术传授下去。我祖父就将我父亲送给这位艺人做手把徒弟。由于我父亲从小好动，个子又矮，老先生就教他学武旦，每天绑着跷站在水缸的边沿练功。我父亲出科后，经常在杭嘉湖一带演出，与李永利、盖叫天等先生曾同台唱戏，交往深厚。由于他基本功学得很扎实，小翻、漫子又高又飘，加之，他在演出中表演的轴棍很精彩，观众非常喜欢，便送他“一杆旗”的称号。

《乾元山》，俞鉴饰哪吒

我从小爱看武戏，每天在前后台跑动。我四五岁就开始在老大洪寿班社登台，饰演一些娃娃生。班社里的叔叔大爷非常喜欢我，我是一边演出一边练功，不仅逐渐增长了舞台胆量和经验，而且有时还能给家里挣回两角钱，大人说是给我买糖吃。我的用功和灵劲被班主王水松先生看到，他认为我是唱戏的料，就让我给他磕头，做我的师父。但他没有时间教我，就把我托付给了与他秉性相投，且思想保守、为人正派的王其昌先生，由他代教。

封杰：那您就说说您的这位师父——王其昌先生。

俞鉴：我师父出身京剧世家，父亲王洪老先生曾是清朝的内廷供奉，给慈禧演过戏。我跟随王其昌师父到了上海，王家奶奶身边没有女孩，看见我非常高兴。师父先将我在家的名字俞月芬改叫小凤，以示亲近。在我学戏期间，曾亲眼看见叶盛章先生来拜访王老先生，并学习了《盗王坟》、《时迁盗甲》、《三盗九龙杯》等戏。

这年我六岁，开始了正式练习基本功，如搬腿、探海、射雁等腿功。这方面我师父王其昌先生对我的要求非常严格，必须达到平稳、自如才行。如果没有做到位，师父会用藤杆子打，而且是越哭打得越狠。后来，他打得我已经没有了“疼”感，咬着牙硬挺着。师父见状说：“这小子，行！”这也坚定了我刚硬的性格。后来，师父见我练功很能吃苦，领悟又快对我格外喜爱。

那时，我练习翻跟头就站在两尺多高的垃圾桶上往下翻，翻旋子也是在胡同的石头地上。后来，邻居们实在看不过去了，就说：“小宁波，太苦了，我们给你钱回家吧！”我说：“我得学，好老师没有哇，我就认王先生！”因为，王其昌先生教得比较规矩，我横下一条心“只要不打死，就学定了！”

封杰：那您是从何时开始登台唱戏的呢?

俞鉴：我每天跟着师父练功、学戏、演戏。我跟师父学的第一出戏是

《连环套》中的黄天霸，每天教几句，第二天检查学习的情况，如果不会背师父就打，直到背会了再往下教。师父虽然打得很凶，但我并不恨他。因为他在教我本事，日后可以“养家肥己！”

我八九岁那年，跟随师父到大新公司演出《古城会》，师父饰演关羽，我饰演马童。出场的小翻非常溜，翻出去再翻回来，把“老爷”拉出来，观众见状非常兴奋。几个茶房头商议认为我是可造之才，便集资给我做了几身演出服装。十岁，我随师父到无锡演出，一天正在练功，被邀我们去演出的老板看见，对我师父说：“这个小女孩是你徒弟呀？会唱多少出戏？”

我师父回答：“二十多出！”

老板很兴奋，说：“好，我给做行头！”这样，老板特从苏州做好了几套行头，并安排我演出。五天的打炮戏，我一下子就红了，老板又安排一周的戏码。剧目是《周瑜归天》、《两将军》、《溪皇庄》、《四杰村》、《伐子都》、《连环套》、《骆马湖》、《翠屏山》等，我连演多日不带返头。我在师父的教授和在后来长达六年的演出中，使观众渐渐知道有一个女孩子演武生，名叫“小王其昌”。

封杰：十年的学戏生活真是非常艰辛，满师后怎么样呢？

俞鉴：这十年间我没有见过父母，他们也没有来看过我。这是我们这行的规矩，孩子交给人家就要由人家教，人家管。

十六岁时我回到了老大洪寿班社，成为当家武生开始挑梁唱戏。由于宁波的观众都喜欢看武戏，王水松老板就安排我在天然舞台和大世界舞台演出。我们贴演的《铁公鸡》，我饰演张嘉祥，我师父饰演向帅。观众看着我们在台上的表演，显得异常兴奋，不住地喊：“噢，老王其昌跟小王其昌‘打’起来喽！”

由于我是个女孩子，又是演武生，加之我跟我师父配合着天衣无缝，演出来很火爆，观众觉得很热闹，很认我们。我们的话“很‘吃’我们！”

在我独当一面之后，包银也从最初的每月一百五十元逐渐往上长。不过这些钱我有很多都寄给了我师父，等于我一个人演戏来养活着两个家庭。

封杰：您在表演之中不断增强技巧难度，最后成了您的绝活。

俞鉴：我父亲为了把我培养成一个像杨小楼、李少春式的武生演员，特将我名字改成“俞少楼”。

为了能够保证演出质量，我每天早六点就开始练圈、锤、叉等功夫，便于演出《金钱豹》、《四平山》、《雅观楼》等戏。这也是我们行内常讲的“拳不离手，曲不离口”和“运用自如，熟能生巧”的道理。我演出《乾元山》的哪吒耍圈、锤、枪三件是受《战马超》中张飞有句念词“三头六臂，八背哪吒”的影响，使我联想到饰演的哪吒，便说：“我要耍三件！”

但耍哪三件呢？这又受到当时宁波有位名武生演出《乾坤圈》中出手挑刀和耍锤的启发。那时为了招揽观众，每个演员都有绝活，秘不示人，我只好化好装去“偷艺”。看在眼里，记在心里，我就开始琢磨着怎么变成我的东西。为了掌握住这三件“武器”我是每天练习，只锤我就糊了几十个全练烂了。直到听我使唤，才到舞台上呈现给大家。我是右手耍锤，左手舞枪，左腿转圈，右腿绷直。当观众看到我扔出去的圈又沿原路线返回到我手里，感到非常新颖、奇特。

之后，我又在原来三件的基础上加入了耍令旗的表演技巧，用在了《西游记》中孙悟空的身上，可谓是更加增强了难度。

封杰：我听说，您是被“骗进”的革命队伍，是吗？

俞鉴：我带着班社在宁波、温州一带巡演，当演至临海时，宁波解放了。我们班社里原来有个演员叫梁仁华，他很早就参加了浙江军区第三野战军京剧团。他向剧团领导建议说：“我们这有个艺名叫‘小王其昌’的俞少楼，可以发展她来加强团里武生力量。”可当他们来找我谈话时，我始终按照我母亲的授意“演戏养家”回绝对方。他们看我主意已定，就“暗生

《闹天宫》，俞鉴饰孙悟空

计巧”将我骗入了军队剧团。

缘由是，当初在国民党统治时期，我们几个好朋友找来一身国民党兵的服装到照相馆拍了一张“军装照”，觉得好玩便每人相互交换了一张。不想，多年后梁仁华为了便于解放军剧团的干事“认识”我，竟然拿出了这张照片。他们再次找到我“要挟”道：“国民党让你演戏都参加了，我们请你怎么就不行呢？”这样，我只好同意演出三天戏。

我慰问解放军演出的第一出戏是《乾坤圈》。等我演完后，战士们一看原来刚才在舞台上翻打扑跌的哪吒竟然是位女同志，都异常兴奋。张爱萍司令员看完演出后，说：“把她留下来！”我通过观察，感觉这位共产党的首长跟国民党的长官作风截然不同，非常平易近人。后来经过多次跟解放军接触觉得他们确实是严谨、可敬，就决定真正穿上军装。

1949 年 7 月，我加入了中国人民解放军第七兵团三野京剧团，开始了我演剧生涯的新篇章。通过跟有文化的同志接触，提高了文艺为工农兵服务的思想以及表演中“技不离戏，戏不离情”的道理，尤其是上文化课弥补了我自小就渴求学习文化的愿望。为了有一个全新的面貌，我将自己的艺名改成“俞鉴”。因为这个“鉴”字的含义是一面镜子，我就是希望借此来检验自己的行为和思想。

我参军后剧团改名浙江军区京剧团，不久就赶上了为皖北发生的特大洪水而举办的义演，并请来了盖叫天、谭富英、杨盛春、小盖叫天、杜近芳、郭元祥等闻名全国的艺术家联袂演出。在商定剧目时，大家有些犯难。因为来的都是名角，不好安排。最后有人提议，把我演出的《乾坤圈》，把杨盛春的《战马超》，小盖叫天的《恶虎村》和《金钱豹》组成一台武戏晚会。演出结束，我和王天柱拜访了盖叫天先生。盖老将我们迎进屋，落座后，我首先作自我介绍。不想，盖老早就了解了我的情况。一是我师父王其昌是他的侄女婿，二是我在上海成名较早，盖老早有耳闻。

盖老说到了他的造型许多是从寺庙中的金刚和罗汉的神情“化用”过来的。跑圆场又是从佛堂供桌上的香冒出来的烟在空中环绕中领悟出来的。每次去盖老家，有时老人也会摆几个亮相示范给我们，让我们模仿。回来后，我就开始琢磨起盖老的演示动作，并用到人物之中。像我十四岁学习、演出的《乾坤圈》在很大程度上与盖老塑造的哪吒“血脉相通”。我开始观察生活中的小学生们活泼欢悦的神态，来丰富哪吒的表演。

封杰：您参军后，怎么又到了宁夏来工作？

俞鉴：1952年，我随团到沈阳、齐齐哈尔、白城子、嫩江等地去慰问赴朝作战的中国人民志愿军。回国后不久，当时担任中央军委文化部部长的陈沂同志发表了《军队京剧团转业地方，实行企业化管理》的文章。这样，我们被编入中国人民解放军总政治部俱乐部实验京剧团，调到了北京。1953年，为了准备出国演出的剧目，由刘元彤提议将《乾坤圈》进行了修改，压缩成二十分钟的小戏，并改名《乾元山》。

正是由于这出《乾元山》舞蹈性强，技巧繁难，所到之处必受欢迎。因此也受得了外国观众的喜欢，获得了波兰“金十字”勋章，罗马尼亚“星”勋章等，为中国赢得了荣誉。1955年，我们集体转业到中国京剧院，成立四团。成员有李鸣盛、王吟秋、李丽芳、王和霖、班世超、郭元汾、殷元和、徐鸣远、蔡宝华等人，阵容相当齐整强硬。1958年，曾带领我们多次出访的陈沂同志奉调到宁夏工作，他对我们这个团的情况非常了解，尤其是对过硬的军事化管理更是了如指掌。临行前，周恩来总理问他有什么要求，他直率地说：“我要四团！”周总理答应后，说：“这个团不要拆散了，待自治区建设稳定之后，要完璧归赵！”这年9月的一天，我们这些演员带上家属登上了一列开往大西北的火车，开始了新的生活，我是一名演员，更是一名军人，为建设宁夏，丰富人民的文艺生活奉献了一生，我无怨无悔！

封杰： 从事您这个行当应当怎样克服“女气”呢？

俞鉴：作为演员首先要继承前人的表演财富，然后要善于开动脑筋，创造出新的表演技巧。我虽然是女演员，但我从事的是武生行当，表演中不能带有女性之气，所以我竭尽全力要表现出人物的阳刚之劲。克服女气，这就需要演员必须先找到正确的范儿，然后再狠练基本功。演出中极力去表现人物的感觉，让观众有种身临其境的感觉，也就忽略了演员的性别。

京剧是一门传统的艺术，演员要想掌握住其特有的程式和表演技巧需要下苦功夫。但我们不能保守，故步自封。演员要有所贡献、有所革新，演出自己的特色，京剧才会前进。

封杰：以您的亲身经历和切身感受为后辈演员指明了方向。谢谢您！

德传聪慧 玉兆琴音

——京剧名宿刘慧琴访谈录

大连曾是东北地区京剧的重镇，涌现出了许多威镇东三省的名家，并以它特有的艺术风格传播着京剧。2012年12月4日，我采访了刘慧琴先生。

封杰：刘老师，您好！请您谈谈家庭中有哪些成员是从事京剧的？

刘慧琴：我家以前在天津，父亲刘德兆自小坐科，工小生行当。他经常傍着孟丽君、鲜牡丹等好角到各地去演出。在我十岁那年，父亲到哈尔滨陪着白玉昆演出，结束后，对我们说："咱们回老家吧！"我们先走水路，乘船到了大连，决定暂住几天再改换火车。可巧，曹艺斌和蓉丽娟正在这里演出，得知我父亲在此地，便找到家来，说："您别走了，天津发大水了！咱们在一起演出多好呀！"从此，我们全家留在了大连，一直到现在。

我姐姐刘淑琴从小学的是旦行，一直跟着我父亲演出。我是孤儿，是刘家从保育堂将我抱回家的。后来我姐姐结婚离开家之后，家庭的重担全又落在了我父亲身上，这时我母亲对我说："从现在开始你要学戏了，不能全由你父亲承担。"这样，我才开始练功，喊嗓子。这年，我十三岁。养父母对我非常疼爱，二老非常的仁义，在我能够唱戏后，每次挣来的钱，他们都认真的记录下来，每一笔都记得很清楚，老爷子只花他自己在戏里饰演里子活挣得的钱。

我公公姓尹，艺名小九霄，早年是刀马旦演员，在《大卖艺》中能从四张桌子上翻下，落地站得很稳。后来他感到自己年岁越来越高，就改成了武生。自己买来一只小猴每天跟它在一起磨，观察它的举动，模仿它的动态，从此后就专门以演猴戏为主了。我爱人尹俊敏顺理成章地学起了刀马旦，子承父业。像周少楼演出《十字坡》就是我爱人陪着他演的孙二娘。后来他也改成武生了。

封杰：那么，您开始学戏是怎样的状况呢？

刘慧琴：我学戏还算有点基础，那是因为我自小在戏园子前台后台跑着玩，加上我父亲给我吃点“小灶”。所以，我学起戏来并不太难。

起初，我先跟随着姐姐学《二进宫》、《三娘教子》等青衣、花旦戏。待我学好后，我先到西岗的一家大众戏院“练台”，演出了《贺后骂殿》。这时，我拜唱花脸出身的闻子芳先生为师。我在学戏期间，每天都很早就到师父家先做家务，伺候到晚上散戏后才能回家。我学戏不是每天都能得到师父的传授，只有遇到师父高兴的时候，师娘才会说：“过来，让你师父教你几句！”如果是师父不高兴，师娘就说：“算了，你回去吧！”不过，这段时间我还是学会了《霸王别姬》、《廉锦枫》、《宇宙锋》等戏。由于我师父是后台经理，所以我每学会一出戏师父都会安排我实习演出。我学戏比

《拾玉镯》，刘慧琴饰孙玉姣

较快，师父说了我很快能够掌握住，可是我那时学的只是一些大路活，不是特别讲究。像我学会的《霸王别姬》的舞剑就跟梅兰芳先生的舞法有很大区别。

我们那时没有派别之分，只是在剧场里看着别人演出来就向他学习，再请老师加工、指点。由于我长期跟随戏班生活，对于有些戏我已然熟悉了，而对于有些新戏我坐在台下观看时，我的头脑就像“录音机”一样会复制下来，再经过大家的排练、丰富，会很快地上演。

封杰：您演戏的经历坎坷吗？

刘慧琴：我在学戏之前上过不长时间的私塾，认识了一些字，这对我今后演戏看剧本提供了便利条件。刚才我说了，我并不是我父母的亲生女儿，只是他们收养来的，但他们却为我提供了上学的机会和学戏生存的本领，我非常感谢他们。

我第一个月唱戏就拿九十块大洋，缓解了家庭的生活状况。以后逐月都涨份钱，而且是不断地辗转各个戏园子，挣来的钱好贴补家用。演了几年戏后，大连解放了，威海市文化局到我们这里，打算接一个戏班去演出，找到我们说明情况后，我们商议既然这里演出不景气不如跟他们前去试试。这样我们到了威海，觉得这里的气氛截然不同，大家都在热火朝天地进行土改工作。我们演出了《盘丝洞》、《追韩信》等传统戏，观众很喜欢。当地领导看我们演出质量不错，大家又喜欢，就再次找到我们，说：“既然大家高兴，你们就留下来别走了，参加革命吧！”从此后，我跟荣桂芬、赵鹏声等人算是参加了革命，成立了新威京剧团。

不久，我们听说国民党要从青岛打过来。我们打算暂时到农村去演出，这时有人提出：“大连已经解放了，干脆我们回去吧！”最后，经领导商议，决定为了我们的安全，让我们先带着全部戏箱回大连，等局势稳定了再回威海。我们这些人乘着一条小船趁着夜色，冒着风雨悄悄往大连划船。

待船行至大海中我们非常害怕，如果让国民党的巡逻船发现，就会被他们“勾”到对岸。

封杰：回到故乡，大家的演戏热情一定非常高涨。

刘慧琴：好在我们是一路顺风，安全回到了大连，并在实验剧团安营扎寨演起了连台本戏《狸猫换太子》，我饰演寇珠、赵鹏声饰演陈琳；《封神榜》我饰演妲已，非常上座。之后，我们陆续请来曹艺斌、蓉丽娟、赵荣琛加盟演出。我们排演了全部《水浒传》等戏，气氛更加火爆。不过，赵荣琛只是属于临时搭班，在演完几出程派戏《碧玉簪》、《荒山泪》、《锁麟囊》之后，他就离开了大连。

当时我们已经划归到文工团，为了配合政治运动我们也相继排演了一些新戏，像创排《枪毙张本政》时，大家热情很高，创作激情旺盛。之后，我们配合宣传新婚姻法的颁布，根据沈阳新创演的评剧《小女婿》改编了京剧《小女婿》，我饰演的香草，唱法也由大嗓演唱变成了小嗓。由于这出戏紧跟时势，上座率很好。

后来，我们在大连不断演出，大家非常欢迎，加之，我们这些演员又都是大连人，当领队准备将我们带离大连时，就再难以实行了。领队无奈只好一个人回到了威海，成了“光杆司令”。

封杰：宏济大舞台历史悠久，请您简单谈谈这家百年老戏院。

刘慧琴：坐落于民生街上的宏济大舞台始建于1908年，最初的名字叫天福茶园。它的修建人叫刘肇亿，是当时的“八大富豪”之一。日本侵占大连之后，想要统治商会，年近六旬的刘肇亿不愿和日本人同流，所以逐渐把精力转向到公益和慈善事业上来，创办了宏济彩票局，发行了大连第一种彩票，并以发行彩票的盈余创办宏济善堂。

三年后“天福”改名为保善茶园，不久改叫永善茶园。舞台为三面敞开式，观众厅设有木制桌凳，典型的茶园格局。1931年，永善茶园进行扩建改造。1934年正式开业，为了纪念宏济彩票发行的深远意义，人们把这里改名为宏济大舞台。扩容后，“宏济”楼上设花楼、花厢、包厢、散座；楼下设花厅、官厅、正厅和散座，一跃成为东北地区最高级的大戏院。宏济大舞台与一般戏院不同，它不是中式的亭台楼阁，而是用钢筋混凝土建成的西欧建筑风格，在当时成为社会的热议话题。

许多京剧前辈都在此登台亮相。我十岁时第一次登上了宏济大舞台，长大后多次在那里演出。1945年大连解放后，宏济被公安局接管。1949年，改名为公安俱乐部。1952年，改名为旅大市评剧院。1963年起这里就成了大连京剧团的主要演出场所。其中曾一度改名为人民剧场。如今又恢复了它的宏济大舞台的盛名。

《沙家浜》，刘慧琴饰阿庆嫂

封杰：青年演员都讲究到北京深造取经，您没有产生过这个念头吗？

刘慧琴：大约在1948年，有位老先生看了我的演出后，说：“我带你上北京吧，可以请高人给你指点指点。”

我说：“好哇！我跟您去！”

可当我跟我父亲提起此事时，他说：“你现在不是很好吗？每月能挣这么多钱！”

我说：“我偏要去，这样我可以多学本事！”不几天，我就趁我父亲不注意，悄悄地跑到码头。可还没等我上船，就被来的人把我抓了回去，而且立刻开我的“批斗”会。这样，就断送了我去北京“镀金”的好机会。

但是，我还是等到了一次喜从天降的好机遇。那是1953年，梅兰芳先生到大连演出，我们全团都很重视。当天演出《贵妃醉酒》之前，我们几个饰演宫女的演员很早就来到后台化好装等着梅先生的到来。当梅先生来到我们身边，听领导向他一一介绍我们时，他非常温和地说道：“哎呀，你们都是角呀！”在舞台上看梅先生演出只是觉得他的艺术高不可攀，很是迷人。

在第二次梅兰芳先生来大连后，又演出了《太真外传》、《凤还巢》等戏。这时，我每天到剧场看戏，将梅派表演的特色牢牢地记在心里。当梅先生离开大连后，我跟同事就开始排练演出了《太真外传》、《凤还巢》，观众很是认可。

封杰：您谈到您学戏快，能举几个事例吗？

刘慧琴：我学戏快为我今后的演出提供很好的条件，像张铁华排演了一出《三借芭蕉扇》，他饰演孙悟空、我饰演铁扇公主。起初，铁扇公主并不是我的原排。在排戏过程中，由于原定的演员无法完成戏中表现的孙悟空“打洞”与铁扇公主交锋的武打动作，领导只好把我从二团调到一团接演这个角色。

在最初的现代戏创作中，我们排演了一出《新花瓷》。由赵鹏声饰演石匠，我饰演女儿。此戏演绎老石匠为了表示对共产党的热爱，制作了一个新花瓷，可是被土匪知晓，欲加迫害。女儿为了不让东西落入土匪手中，抱着它向山中跑去，不想土匪后面紧追不舍，在危急之中被赶来的解放军解救。剧中有段［反二黄］唱腔，非常好听。可惜由于时代久远，又不是常常演出，唱词早已忘掉了。后来大演现代戏，我到北京学习《沙家浜》，回来立马上演了此戏，我饰演阿庆嫂。之后，我又学会了《海港》、《红嫂》，回来后我作为导演排演了此戏。这时，我刚刚从“牛棚”中被解放出来。

封杰：您觉得传统戏与现代戏有哪些区别？

刘慧琴：传统戏与现代戏的共同点都是“戏”，但现代戏中没有了传统的程式和表现方式，只能用人物来感染观众。阿庆嫂与方海珍虽然都是现代人物，但她们所处的时代和所做的事情又有所不同。所以，人物的思想、感情、动作也要有所差别。这里就要从人物的眼神、表情、语言、身段等方面重新设计表演程式，符合现代人物的标准。

现代戏中塑造的主要人物都是共产党员，思想觉悟很高。这方面对我们这代演员教育很强，也是我们切身感受到的。就我个人的经历而言，我的艺术成就得自共产党的培养。所以，在我退休之前，将我曾经花费许多钱制作、使用过的行头、道具等物无偿的捐献给国家，献给了党！

封杰：从您的回忆中，我感受到旧艺人翻身的幸福。谢谢您！

富社吉庆 将帅良才

——京剧名宿张庆良访谈录

富连成科班最后一科“庆”字辈弟子中他是大师哥，带艺入科后领着师弟们边学戏、边演出，积累了丰富的舞台经验。2011年12月8日，我采访了张庆良先生。

封杰：张老师，您好！您的家人中有从事京剧的吗？

张庆良：我家祖辈最早不是京剧演员，祖父在北京做买卖。是从我父亲张玉印开始我家进了梨园行。他出科玉成社科班，工老生。后来，在一次演出中将腰伤了，就不再登台。我们兄弟姊妹八人，只有我这个最小的儿子子承父业，从事了京剧。

这主要是因为我从小在家看到的全是迟月亭、马连昆、萧连芳等先生来家做客，与我父亲谈些有关谭鑫培、杨小楼、钱金福、余叔岩等京剧前辈表演和演唱的事情。不过，那时我由于太小，他们谈的什么内容，具体的我记不得了。再者，我父亲经常带着我到戏园子看时慧宝、梅兰芳、王凤卿、马连良、马德成等先生的戏，耳濡目染使我也喜欢上了京剧。

我父亲见我喜欢就有意培养我，在我六岁的时候，我父亲先给我练基本功，然后，教我学《鱼肠剑》、《天水关》等戏。后来，我父亲又请来张春彦、雷喜福、刘盛通、贯大元、张连福、陈少五等先生给我说《搜孤救孤》、《战太平》、《黄鹤楼》、《武家坡》、《四进士》、《法场换子》、《朱痕记》、《失·空·斩》、《四郎探母》、《红鬃烈马》、《大·探·二》、《清官册》、《洪羊洞》、《法门寺》、《龙凤呈祥》等戏。几年后，我父亲觉得我应进科班以求深造，便托萧连芳先生把我介绍到富连成科班学艺。考试当天的主考官是叶龙章和王连平先生。他们看了看我的条件，让我踢了踢腿后，说："你唱一段听听。"接着，我唱了一段《鱼肠剑》中伍子胥的"一事无成"。然后，王连平先生说："好了，你回家听信去吧！"

封杰：您入科后，是不是很快就登台唱戏了？

张庆良：我走进富连成科班后的第一件事，就是跟随段富环、王仲元、薛盛忠先生进行正规的踢腿、下腰、飞脚、拿顶、旋子、虎跳、小翻、前后桥等基本功训练。中间休息时，先生也是让我们蹲着，以免存筋。之后，我们再练习打把子等功夫及学唱昆曲牌子。

因为我属于带艺入科，不久我就开始登台唱戏了。第一出戏是在华乐园演出《鱼肠剑》，我饰演伍子胥、关韵咸饰演姬光。平平安安地我把这出戏唱了下来，观众和老师都认为不错，回到科班我就跟着刘盛通、王盛海、张盛禄先生学戏。这时，我的艺名已由张忠仁改成了张韵亮。可是，科班为了发展开始招收新一科的弟子。我师父叶龙章先生特意找到我父亲商量，让我改到"庆"字科。所以，我是第一个"庆"字弟子，也就成了大师哥。

到了这科后，社里就开始重点培养我。首先，刘盛通先生给我说了全部《捉放曹》，演出时长有两个多小时。可惜，现在的舞台上只是从"行路"演起，到"宿店"为止，不演"公堂"。这不成了《放曹》，而没《捉曹》？其实，陈宫与曹操在这些场次之前有很重的唱做表演。

从前，我有许多剧本，有些是老师们送的，有些是我抄录的。只可惜，"文化大革命"运动开始，家人害怕这些东西都是"四旧"招惹麻烦，全都当作废品卖了。好在我的记忆力很强，有许多的剧本内容我还清晰记得。可对那些"废品"的遗失，我遗憾至极。

封杰：在您多年学艺中，张春彦、刘盛通等先生给您说过哪些要领。

张庆良：我们小时候是以戏带功，唱腔属于古朴苍劲的风格，小孩学习起来比较费劲。科班教授时讲究，字清、腔纯、板正。

左起：张庆良、董鸣寿、冀韵兰

张老师、刘老师属于“名师”加“明师”，而“明师”非常关键。他们常说，“深刻理解词义懂”“口唱心不唱，等于无情之戏”“一身之戏在于脸，一脸之戏在于眼”“真情技高韵味浓”“字不见劲，唱着没味”“字气生情和共鸣”“勤学苦练无止境，练好五法和四功”。也是说，要懂得理解唱词的内涵，每一句唱念的吐字、发音的位置要准确，加之，身上和脸上都是由心底而发，再反映到脸上，最后是眼睛。要求达到融为一体，非常规范。既要技艺高超，又要韵味浓厚。气息的运用也非常重要，要达到刚柔并济需要下一番功夫。

这些口诀都是前辈总结出来的精华，他们在教授剧目时随时讲述的。一个好的老师就如同中医，通过“望闻问切”能够鉴别出学生的问题并给予纠正。科学的理论有利于京剧的继承和发扬。

封杰：您再说说富社和叶龙章先生的情况。

张庆良：叶龙章先生子承父业之后，严格遵循叶春善先生制定的教学原则，重金聘请艺术高超、品行高尚的老师来为我们传艺。

那时的“明师”说戏对于吐字、发音、气息、共鸣说得非常细致，对于四声、四呼、五音、字头、字腹、字尾和字正腔圆讲得很清楚以及人物的感情都分析得很透彻，很到位。这些技巧的掌握对于学生来讲，非下一番苦功夫才能达到。所以，有些名家不肯轻易说戏，就是因为教戏非常辛苦，必须掰开了揉碎了教授给学生。

再者，富社就是一视同仁。如遇到“打通堂”照样一人五板，绝不会因为你是家属而免遭此“刑”。关于这个“打”，现在社会上有种不理解的现象。其实那是老师认为你是这块材料，心里有种偏心才格外重视你，是种“恨铁不成钢”的心理状态，希望学生尽快成为好演员。用句老话：老师是在往你兜里装钱。所以，我们都对这些传授我们技艺的老师心里充满了感激之情。

富连成科班主要是以德教学，培养后继人才。他们对不同条件的孩子采取因材施教的方式，因势利导、循序渐进最终使他们成才。我听老辈们讲，当年刘连荣先生在科班时很淘气。有一次，看功师父叫他领头带着大家走大圆场，他却准备将大家领出科班大门。被师父拦住后，问道：“你怎么领大家往外走哇？”

他却回答：“不是您说，让我领着大家走‘大’圆场嘛！”

此话弄得看功师父哭笑不得，当然，刘连荣也免不了一顿打。但是，又有一件事对刘连荣先生有所触动。那是一次大家演出完之后，排大队回科班的路上，正赶上刘连荣的父亲由于连饿带累，实在拉不动人力车了，倒在路边，身体蜷缩在一起。他看见之后急忙将父亲搀扶到车上，边哭边拉起车把父亲送回了家。第二天，叶春善先生跟萧长华先生就到刘连荣家进行了“家访”，并放下了钱。科班不仅管孩子们的吃喝住，演出时还给开

“小份”，也就是微乎其微的一点演出费，以此鼓励学生。可自从刘连荣家发生此事之后，待他再演出时科班就有意多给他加一点“小份”。

后来，叶先生跟萧先生“家访”的事和多加“小份”的行为，被刘连荣知道了，心里非常感激，在此后的练功、学戏、演出中，他格外用功、用心，更加刻苦了。他后来几十年傍着梅兰芳先生演出，艺术上得到了提高，终于成为一名花脸大家。在他晚年的时候，我们经常到家里去看望他。刘连荣先生待人接物非常和蔼可亲，根本无法与当年那个淘气的样子联系起来，真是难以想象。

封杰：您出科后搭入了哪些戏班？

张庆良：1945年，由于社会局势的不稳定导致富连成科班无法经营下去，无奈解散了。我们这些尚未出科的师兄弟中，有的人转到了荣春社，而我转到了鸣春社。这是因为我父亲跟李万春的父亲李永利老先生交往深厚的缘故。当时，李老先生说：“让孩子到这边来吧，在这唱戏，不算这儿的学生。”

这样，我搭班唱戏到了鸣春社。每天唱完戏后，拿着车钱回家。像《红鬃烈马》、《大·探·二》、《捉放曹》、《黄金台》、《碰碑》、《上天台》、《四郎探母》、《天水关》等戏，我在实践中得到了锻炼。陪我唱戏的都是鸣春社的弟子，有于鸣奎、汪鸣臣、于鸣进、常鸣贵、崔鸣仙、陶鸣芳等人。一次演出《红鬃烈马》，我饰演薛平贵，前面《武家坡》唱“八月十五”时嗓子还痛快着，不想当演至“进窑”时唱到“提起当年泪不干”嗓子就开始呲花了。检场的人连忙给我送上一杯水，好润润嗓子。之后的《大登殿》我勉强地唱了下来。

第二天，我父亲让我从此在家休养，利用这段时间多学戏。我每天的课程是上午到张春彦先生家学戏，中午回家吃饭，下午到刘盛通先生家学戏，晚上到剧场看戏。同时，我再找郎富润先生吊嗓子。一年后，我感觉

前排左起：张庆良、金振明、常鸣晋
后排左起：张春来、周荣宝

嗓子恢复得可以了，就跟董慧宝合作演出了一期，除演出一些生旦对儿戏之外，还在她演出之前垫演一些生行戏。不久，这个戏班解散了。通过这次演出，我也觉得嗓子还需要再养些日子才好。

这时，我在西单的同春园饭庄举办了拜刘盛通先生为师仪式。不过，我虽然拜了刘先生为师，但在学习上我还向其他老师请教。

封杰：我听说，您还搭过马连良先生的剧团。

张庆良：新中国成立后，我先搭入了新兴京剧团。团员有李盛藻、尚和玉、江世声、安舒元、宋德珠等人，经常演一些《水泊梁山》、《封神榜》、《八仙得道》等彩头戏。两年后，我跟曹艺斌、张鸣禄、刘鸣才、郝鸣超、常长生、贾寿春、赵丽秋等人成立了一心京剧团，演出了很多传统戏。

当时我主要负责文戏的演出安排，武戏由张春来负责。由于演戏太大，有时遇到特殊情况实在不好安排。像一晚上演出《安天会》、《十八罗汉斗悟空》、《走麦城》这些大戏，连排序都非常伤脑筋，而且人员是全梁上坝。曹艺斌就在张鸣禄演出的《十八罗汉斗悟空》中饰演过老君，张鸣禄也在曹艺斌演出的《走麦城》中饰演关平。时间不长，这个戏班也解散了，我听从黄元庆师哥的引荐进了马连良剧团。

我是1953年进去的，而真正成立马剧团是在1954年。这期间主要在考核演员的演出质量。那时我常常带着一个小包袱到剧场，跟着马连良先生演出，但只是一些零碎的小活儿，像《四进士》中的书吏，《群·借·华》中的徐盛等。用马四立先生的话说，这是见角的活，不容易。

马连良先生非常重视舞台效果，讲究“三白”。像我穿的靴子每天都要保持洁白，护领一定要保持平整。他给我指点过《四进士》中书吏装扮毛朋时上轿的表演动作，是先出门，斜身走两步，转身再上轿，很有生活。《借东风》中的徐盛在拔宝剑时他要求演出身份来。所以说，马连良先生的表演最擅于表现人物内心情感。

三年后，我又到了徐东明、徐东来的明来京剧团。1958年，京剧的演出市场出现了危机，迫于生活的压力，我跟赵荣鹏、耿荣先到邯郸参加了艺术学校。后来，成立了邯郸京剧团。直到1982年才又回到了北京。

封杰：您对于处于变声期的演员，建议他们应该注意哪些地方呢？

张庆良：关于演员倒仓，我认为在初期阶段最好不要紧着唱，千万不可累得很苦了再休息。恢复阶段要逐渐往上找调门，掌握好气息的运用，同时注意吐字、发音、归韵、共鸣等科学的练习方法。每个演员的恢复期时间不一样，大家可以利用此阶段多学习一些戏，掌握一些技巧，来丰富自身的表演。

我们的前辈对于这方面早就有了很好的方法，那就是要好好运用气息。

封杰：谢谢您！看来京剧许多精美的表演和宝贵的经验应全面继承下来。

宝岛裘韵　元正独尊

——京剧名宿陈元正访谈录

2009年的霜叶红似二月花——京剧老寿星演唱会上，一位来自台湾的花脸演员演唱了一段裘派唱段，受到欢迎。由于他的名字正好与富连成科班的排字巧合，而被认为是富社弟子。为此，我于10月27日与陈元正先生进行了长谈。

封杰：陈老师，您好！由于您的名字与富连成科班的排字巧合，大家都认为您是富社弟子。

陈元正：我出生时是正月初一，故而取名元正。如果早些时候被送进富连成科班学戏的话，正好是“元”字辈。现在有的观众认为我是出科富连成科班的，其实不然。不过在台湾的几位富连成科班毕业的弟子，像哈元章就称我为“师弟”！

我是1949年初到的台湾。由于京剧在宝岛的市场很好，我就和十几个酷爱京剧的同学组织起了京剧团，每月都要演出二十场左右，很受观众的欢迎。我在军中服役期间，服从命令从金门调回台湾后，正式“下海”参加了海光京剧团，成为一名京剧演员。老生名家胡少安先生担任团长，我任副团长。

大陆在“文化大革命”时期创演了许多样板戏，但在香港并不受欢迎。这样，香港大亨邵逸夫先生请我们来港演出三天传统戏，有徐露、严兰静、李金棠、郭小庄等演员。海光剧团属于军队编制，我的军职是中校，按照规定不许到香港演出。但我为了能够参加赴港演出团，只好提前申办了退休，那年我只有四十六岁。

《曹操与杨修》，李宝春饰杨修，陈元正饰曹操

封杰：您提到了胡少安先生，请您简单谈谈。

陈元正：胡少安先生的艺术造诣相当高，在上海天蟾舞台演出时，他和叶盛章、叶盛兰、张云溪、李世芳、张春华等人并挂“十大头牌”。后来他主要傍顾正秋演出，并随之到了台湾。在台湾，胡少安先生有“台湾四大须生”之称。我们在一起合作了《将相和》、《赵氏孤儿》、《大·探·二》、《杨家将》、《捉放曹》等戏。

胡少安先生对待艺术兢兢业业，对待同行关心呵护，他从来不摆名角的架子。记得有一次，我们演出《失·空·斩》，他的脚疾犯了，走路十分艰难，我就建议回戏。胡少安先生坚决不肯，说道：“我穿上靴子，锣鼓一响，到了舞台上，什么病都没有了！”而且，他常常告诫我：“作为演员如果不敬业，不如趁早改行，浪费观众的时间和金钱是最不道德的事情。”

胡少安先生不仅演戏精湛，就是说戏、排戏也堪称一流。像海光剧团排演《春秋笔》就是凭着胡少安先生非凡的记忆力在很短的时间内恢复演出的。《赵氏孤儿》是大陆20世纪50年代由马连良、裘盛戎、谭富英、张君秋等先生创演的新戏，我们无缘看见。但是，我们通过香港的朋友购买到了他们当年的演出录音。胡少安先生凭借录音就琢磨出了身段和场次，同时把程婴的内心刻画得淋漓尽致。经过反复研究，编排出了属于我们风格的《赵氏孤儿》，并于1962年3月在空军介寿堂上演，一经演出立刻赢得了大家的喜爱。而且，大家对剧中我按照裘盛戎先生风格饰演的魏绛，尤其是裘派唱腔的韵味更是非常欢喜。从此也奠定了我专攻裘派艺术的道路。

封杰：我听说您的家境在上海非常殷实，那么您是怎么喜爱上的京剧裘派艺术呢?

陈元正：我自小就受家庭的影响喜欢上了京剧——我爷爷喜唱花脸，我父亲喜唱老生。我十三岁登台唱戏，专学金派。直到1946年在上海听了裘盛戎先生的戏后，才决定改攻裘派。那时的裘盛戎正搭周信芳先生的移风社在黄金大戏院演出，不过他与周信芳、李玉茹挂并牌，也就是他们姓名的字一样大。而且，此时的裘盛戎是越唱越好。

我看裘盛戎的第一出戏是《双李逵》，裘盛戎饰演李鬼，裘世戎饰演李逵。之后，我又看了裘盛戎先生的《刘唐下书》、《御果园》、《探阴山》、《打严嵩》、《战宛城》、《二进宫》等戏。我从前听金少山先生的唱腔，感觉古朴而执功执令，全凭他一条黄钟大吕的嗓子。听裘盛戎的唱腔觉得融进了老生和老旦的韵味，润色得恰到好处。记得我曾听过金少山和裘盛戎合作演出的《白良关》广播，这时金先生的嗓子已经出现了沙哑音，有塌中的迹象。而裘盛戎已经如日中天。

封杰：那么就请您详细地说说有关裘盛戎先生的演剧风格。

陈元正：京剧演员的分量有多重，往台上一站，行内人就知道你是否可以成角。裘盛戎先生不仅唱腔受听，就是他的身段、武功也是相当的精彩。像他演出《骆马湖》中的李佩，每一个动作、身段都赢得观众的喝彩，这方面单听裘盛戎留下的录音是无法理解出来的。

《铡美案》，陈元正饰包拯

那时我经常到后台看他扮戏和画脸谱，他说：“你喜欢戏，好哇！”并让我有空常来看戏。此时的裘盛戎先生在演出戏码上打出了“裘门本派”以招揽观众。首先在唱腔上，裘盛戎继承了他父亲裘桂仙老先生的唱法和声音。裘盛戎先生只是根据当时观众的欣赏习惯又在唱腔的起承转合方面做了细腻的加工与润色。裘老先生演出的《姚期》还属于雏形，从“威震草桥”开始，演到“万花厅”止，后面再接唱《上天台》。经过裘盛戎先生不断地演出和修改，最终完善了这出戏，并成为裘派的经典剧目，流传至今。裘盛戎先生在铜锤、架子和武花行当方面是无一不能，样样精彩。他非常注重演人物，他饰演的徐彦昭和周信芳饰演的杨波、李玉茹饰演的李艳妃，三人共同出演的《二进宫》，徐彦昭属于铜锤唱。架子戏包括《逍遥津》、《战宛城》的曹操，虽是同一个人物，但每出戏的表演各有不同。例如，《战宛城》的曹操，裘盛戎先生先是与邹氏挑逗，那种做派犹如内心的真情流露。再后对张绣的狠他都表露得惟妙惟肖，令人叫绝。尤其是他在“马踏青苗”一场的表演，身段的漂和脚底下的溜是后人无法比拟的。这些精彩的表演都需要扎实的基本功。

另一个“白脸抹”的严嵩，裘盛戎先生演出了人物狡诈、阴险的特性。他出场的[导板]“昔日有个王莽臣”转[流水]板唱得韵味浓厚。街头被邹应龙打骂，又演得幽默、滑稽。尤其是与周信芳先生合作使《打严嵩》这出戏表演得珠联璧合，是异常精彩、诱人。

他的武花戏，我刚才说过他在《骆马湖》中饰演的李佩。当时我觉得非常惊奇，只见裘盛戎先生从两张桌上台漫翻下，干净漂亮。从前没有看过裘盛戎先生戏的观众根本不可能想到他是唱铜锤的。

那时我在上海看戏时，花脸有很多好演员。如王泉奎、郭元汾、金少臣属于黄钟大吕的嗓子，可惜并不适合我。而且在表演上还是早期京剧的古拙质朴的艺术风格。那时还有位花脸演员，也是“裘门本派”。他就是裘世戎，他虽然嗓子不如哥哥裘盛戎，但论起掌握本家的演戏风格和会戏的程度，裘世戎略胜裘盛戎。

封杰：您在上海时还看过裘盛戎先生哪些戏？

陈元正：裘盛戎先生和周信芳先生合演过《刘唐下书》。当周先生饰演的宋江和裘盛戎先生饰演的刘唐在大街上相遇时，他们的表演，逼真、自然。二人进酒楼上楼梯时，只见“刘唐”走矮子，以显示防备被官兵发现。

他演出《连环套》的走边非常漂亮，人物精神盎然。总之，我通过多次观看裘盛戎先生演出，发现他在出场时，人物的迈步是迈大步，收小步。另外，当年的上海有份剧评报《罗宾汉》曾撰文捧裘盛戎先生。

封杰：裘盛戎先生有几出戏，如《海瑞罢官》、《雪花飘》、《杜鹃山》都是在1949年后创演的，不知您是否演出过？

陈元正：《海瑞罢官》这出戏我在台湾演出过，是马连良先生的公子马崇恩帮助我排出来的。戏中裘盛戎先生饰演的徐阶有段唱腔非常优美，唱出了人物内心的思想，演出了人物的情感。

《赵氏孤儿》中裘盛戎先生饰演的魏绛，在第一场中有出现，再出场时已是戏进行一半了，很容易掉入冷盆。然而，裘盛戎先生却通过表演和一段［二黄汉调］把戏唱热了。这也令我想起当年上海大亨杜月笙在六十大寿的堂会中，看过的由孟小冬、裘盛戎、赵培鑫、魏莲芳合演《搜孤救孤》的情景，那时的裘盛戎先生饰演屠岸贾。

他演出的现代戏《雪花飘》和《杜鹃山》，虽然我没有演出过，但从资料中我觉得裘盛戎先生刻画的人物深刻、感人。

封杰：您经历过看戏、学戏、演戏，直到教戏。那么，您对海峡两岸的京剧发展持怎样的观点。

陈元正：我曾经办了一个“小海光”科班，培养出了王海波、魏海敏、刘海燕等学生。开学的头两期我付出了很多心血，像大家熟悉的王海波就是在我看到她演出《青石山》中的关老爷唱［唢呐］唱腔后，觉得她改成花脸可能艺术上更有前途，便建议她改攻铜锤。此后我教了她《大·探·二》、《姚期》、《铡美案》等戏。经过几年的演出后，我又写信给方荣翔先生推荐王海波拜他为师。

《孙膑与庞涓》，陈元正饰庞涓

我的儿子陈翰文在台湾也唱铜锤花脸，并且拜在裘盛戎先生的得意弟子李长春门下，成为裘派第三代传人。我认为，裘盛戎先生的艺术有70%在李长春身上。如今正是通过他的传授使裘派艺术得以光大，这也正是李长春将从裘师身上学来的艺术还与裘门，为裘门尽忠尽孝的一种表现。

封杰：您对现今京剧的继承和演出有何想法?

陈元正：青年演员首先要继承好前辈艺术家们创立的表演风格，不要轻易地改动，更不要弄成“非驴非马”的东西出来，那是对艺术极端不负责任。有些演员擅自改动前辈京剧大师的经典剧目，或在新创的剧目中打出的牌子名曰“京剧”，可实际演出来的连话剧都不如，京剧的格调和元素越来越少。

现在很多演员只通过录像带来学习，不能演出戏的内涵和深度。我们在台湾由于条件所限不能跟那些艺术大师当面求教，不想现在大陆的青年演员也是通过这种形式来学习。而且现在的教与学的观念也发生了变化，这样是不可能学到真功夫的。

封杰：看来，两岸都应该搞好京剧工作。好，谢谢您！希望您有空常回大陆来看看。

高门嫡传　武韵文声

——京剧名宿高韵笙访谈录

今年是高派创始人高庆奎先生逝世七十周年，他以渊博见长，既长于老生戏，又能演老旦戏和花脸戏。其演唱气足神完，念白铿锵有力，做工深刻细致。2012年9月3日，我采访了高庆奎的六公子高韵笙先生。

封杰：高老师，您好！您出身梨园世家，请您谈谈家庭情况。

高韵笙：我们家从我祖父高士杰算起，到我们这辈人是三代从事京剧事业。我父亲高庆奎，我叔叔高联奎。叔叔从前唱老生，由于嗓子倒仓没有过来，便改为拉京胡，主要是傍着我父亲。

我们家祖籍是在山西省榆次县，我祖父就是从那走出来到北京演戏的。他是丑行，经常陪着谭鑫培先生演出，很得谭老板的赏识。由于我祖父与谭老板的关系，当我父亲学艺之后也到谭老板的班社演出，尤其是在我父亲倒仓阶段，仍陪着谭老板演出一些零碎活。嗓子稍微恢复些，谭老板就让我父亲演出二路活。嗓子出来后，谭老板又让我父亲在倒第三演出《上天台》等戏。这时期，我父亲在艺术风格上受到了谭老先生的影响。

我父亲早年还得到了贾洪林、李鑫甫先生的帮助。贾洪林先生对我父亲在表演方面给予了传授。之后又得到孙菊仙先生的培养和提携，孙先生在《逍遥津》中饰演汉献帝，就让我父亲饰演穆顺。这时期，我父亲向孙先生磕头拜师，学习了许多孙派的演出特色，为他日后形成的高派吸收了很多艺术营养。他以后自己演出《逍遥津》就有贾洪林先生给他说的表演人物的悲愤、懦弱的心理活动，孙菊仙先生给他传授的唱腔方面的运用特色，加之我父亲根据自身的条件来演绎这个历史人物。还有就是我父亲曾在刘鸿升先生的班社唱二路老生，陪着刘老先生在《斩黄袍》中饰演高怀德。这些潜移默化熏陶的东西都被我父亲所吸纳，最终成为高派的艺术元素。

我父亲在嗓子最佳状态到上海演出，曾与金少山演出《断密涧》，我父亲饰演王伯党，金少山饰演李密。全本《秦琼》我父亲饰演秦琼，金少山饰演单雄信。我父亲还在金少山演出的《遇皇后·打龙袍》中反串李后。我父亲还跟周信芳、林树森、黄桂秋等先生合作演出了很多戏。我父亲最大的优点是爱学，通过博采众长，化为己用。当从上海回来后，我父亲又开始跟杨小楼、尚小云先生合作，像杨小楼先生演出《巴骆和》中的骆宏勋，我父亲反串骆母。尚小云跟杨小楼演出的《楚汉争》我父亲饰演韩信。之后，又跟马连良先生合作演出了全部《三国志》，马连良先生饰演诸葛亮，我父亲饰演鲁肃。其中有场“关羽请令”的戏，我父亲是演完鲁肃之后再赶关羽。

《煤山恨》，高庆奎饰崇祯，高韵笙饰太子

封杰：您跟高先生同台演出过吗？

高韵笙：我六岁那年，我父亲领着我上台演了《逍遥津》

中的一个太子。以前是我二哥盛麟的专利，他跟胡少安分饰二位太子。后来二哥年龄渐大又入了富连成科班学艺，这个角色便由我接替了。虽然我那时很小，但我父亲演唱的几个“欺寡人”的感染力还是深深震撼了我，听得我在台上随之流泪。

我小时候主要是跟着我父亲演娃娃生，由我叔叔给我说戏，像《三娘教子》中的薛倚哥，《汾河湾》中的薛丁山等。我还在我父亲演出的《煤山恨》中饰演太子，我父亲饰演崇祯。最后“崇祯自尽”一场，我父亲有个甩发表演，只见他将“头发”甩到前面平铺到脸上，效果很好。我父亲为了练好这个技巧，他是天天在家戴上水纱、甩发照着镜子练习，直到练得甩发往上立起来开花落到脸前，这才把这出《煤山恨》现于舞台。

我曾在家听我叔叔给我父亲吊嗓子，我父亲下午三点钟睡好午觉后，吊吊嗓子，是为了感觉一下嗓子的状况，定定调门。我父亲跟言菊朋、马连良等先生都是艺术上的知音，彼此时常往来交流。马连良先生创演新戏《串龙珠》就把我父亲等人请到剧场看戏，之后再请大家提出修改意见。我父亲对这几位的艺术和人品很敬佩，并从中也吸纳了一些营养。我父亲的高派不是高调门就是高派，他的做派戏同样精彩。像演出《浔阳楼》，当演至宋江杀阎惜姣时有个三“变脸”来表现人物的内心活动。还是这出戏，我父亲在后台搭架子：“列位，少陪了！”他是只张嘴不发音，台下鸦雀无声，没有一句倒彩。观众看了出“哑剧”的《浔阳楼》，我父亲是竭尽全力演了一个“做派”的宋江。从此后，我父亲“收山”再也不演出了。

封杰：您兄弟几人从事了京剧？您又是怎么学的京剧？

高韵笙：我大哥高晋昌，没有进入梨园行，他毕业于中国大学。二哥高晋林入富连成科班后改艺名盛麟，艺宗武生。三哥高晋琪入富连成科班后改名为世泰，从萧长华先生学习丑行。五哥高晋康入富连成科班后改为世寿，宗文武老生 。我是老六，名叫高晋元。这其中排行没有“四哥”，

《南天门》，高庆奎饰曹福，金碧艳饰曹玉莲

主要是避讳我祖父的号，四哥改称五哥。

我八岁的时候，我父亲受焦菊隐、金仲荪先生邀请到中华戏曲专科学校给关德咸、李和曾、王和霖、赵金年说戏。他在说戏的同时随手也就把我带了进去，并改艺名为“永麟”。由于我太小，每天就知道玩。钱富川先生看见我满院子跑，说：“你不能老玩呀！来来，到我这儿来！”这样我跟着钱先生学起了武生。先是练习基本功，再由钱先生给我说开蒙戏《石秀探庄》，之后又学了《蜈蚣岭》、《白水滩》、《武文华》、《淮安府》。不久，我就演了这几出戏。

中华戏曲专科学校属于国立学校。日军侵略中国后，学校经费短缺只好宣布解散。我跟“永”字科的几个师兄弟合计后通过孙盛文先生的引荐考入了富连成科班。考试当天是王连平先生的主考官，萧长华、叶龙章先生在座，我考试的剧目是《武文华》。我原先是按“元”字取名，但这科人员已满，就把我们几个并入了“韵”字科。萧长华先生重新给我取了艺名，改为韵笙。

进入富连成科班后，我遇到了刘喜益、王连平、茹富兰先生和从前在中华戏校教学的钱富川先生，从他们身上我获益颇丰。刘喜益先生是位戏包袱，他给我说了《哪吒闹海》、《宝莲灯》、《太湖山》、《嘉兴府》。王连平先生给我说了《夜奔》、《三箭定天山》、《独木关》和“八大拿”的戏。茹富兰先生给我说了《战濮阳》、《八大锤》等武小生戏。

封杰：他们这几位被尊为戏包袱的老先生说戏的时候有什么令您记忆犹新的事情？

高韵笙：他们在说戏之前先是把这出戏的剧情梗概说给我们听，以便我们学习和演出中对人物有所了解。像茹富兰先生说《长坂坡》的赵云出场，一般都是“老百姓”在[长锤]中先出来，等到赵云要出来时鼓师打[撕边]上。茹富兰先生说：“这种方式不合适，赵云是仆，刘备是主。虽然这出戏赵云是主演，但只能等到赵云听说曹操要来了，赵云立刻整‘军装’，勒马肚带准备迎战。这时舞台上才能突出赵云。”钱富川先生在给我说“黄天霸”的戏时，说：“黄天霸有三部曲！第一是《恶虎村》时，黄天霸只是个年轻的都头，要演出他幼稚，好冲动的秉性；第二是《骆马湖》时，黄天霸救施世纶，要演出他成熟，学会用心机的变化；第三是《连环套》时，黄天霸与窦尔墩斗智，要演出他沉着，终成大器。”听这些位先生们讲故事如同上了一堂历史课，受益匪浅，为我日后演出刻画人物奠定了基础。

我虽然同许多位武生前辈学过戏，但真正拜师的是王连平先生，那是1952年在东北戏校。我拜师后，王先生给我说了《反西凉》、《诈历城》、《战马超》、《战渭南》等戏。王先生是位戏包袱，真正的京剧教育家。

所以说，富连成科班不仅培养出了许多好的演员，更培养出了许多好的教师。新中国成立之初，全国各地的京剧院团、戏校都有从富连成科班毕业的弟子。叶春善、叶龙章两位社长和萧长华等几位教师在培养演员方面都有一套规律，即使学生不能做演员了他们也不放弃，而是朝鼓师、琴师、教师方面培养，哪怕是将来做个“执排”他们都尽心栽培。

封杰：您什么时候参加的军队剧团？

高韵笙：1945年底，我十六岁出科了。我就跟着五哥世寿和几位富连成科班、鸣春社科班毕业的弟子一起到东北长春参加了国民党新一军剧团。1948 年，长春解放，我就参加了解放军东北军区政治部胜利京剧团。1952 年，我参加了第二届慰问朝鲜志愿军慰问团，团长是贺龙。由于我演出的《水帘洞》给当时领队的副团长陈沂留下很深的印象。到了 1954 年，中国人民解放军总政治部京剧团成立后要经常到部队慰问演出，《水帘洞》很受官兵们欢迎。为了保证演出场次和质量，当时已担任总政文化部部长的陈沂想到了我。这样我奉命调往北京。1955 年，整编并入中国京剧院，成立四团。直到 1958 年，我们“老四团”的全体演职员和家属又奉调到宁夏。

封杰：请您谈谈您的二哥高盛麟先生，好吗?

高韵笙：我父亲的一条高、脆、亮的好嗓子传给了我二哥。1945 年，我二哥在上海演出。这年夏天出奇的热，周信芳先生对我二哥说：“这期你来演吧！”这样，我二哥跟赵桐珊、苗胜春等先生合作。第一天演出《战太平》，我二哥饰演的花云很受观众欢迎。大家觉得很奇怪，只知道他的武生戏很过硬。没承想他的老生戏也很精彩。原来，我二哥在富连成科班时跟王喜秀先生学过。之后，我二哥又演出了《哭秦庭》、《辕门斩子》、《打棍出箱》等戏。1950 年，我二哥戒掉了不良嗜好，又恢复了往日的英姿，上海《申报》立刻登出了“高盛麟，原来是猫现在是虎”的消息。这一下，观众看戏的心情更加踊跃了。

我二哥与杨盛春、李盛斌有“武生三杰”之称。我二哥在富连成科班的时候，他虽然学的是武生，但他很爱演勾脸戏和摔打戏。像科班安排演出《挑滑车》原定他演高宠，可他对先生说：“您别派我高宠，我来黑风利得了！”

等到我二哥从富连成出科后，我父亲又带着他演出，都演一些半文半武的戏。如《战宛城》我父亲饰演张绣，我二哥饰演典韦。《翠屏山》我父亲饰演的石秀在“吵家”一场唱[娃娃调]，后面的“杀山”再由我二哥接演。

我二哥还有一个绝活，是锞子地蹦。他穿着箭衣，戴着大帽，穿着厚底，只见他是起身，后背还没落地的时候先撩起箭衣，手再推腿，做得很俏皮。他每到一个地方演出，必先到舞台上走走，看看它的大小、坡度，因为京剧舞台有个灵活性，这些都是一个好演员必备的素养。而且，他在演出之前一定要检查当晚演出剧目所必备的一切道具、盔头、服饰等，以保证演出成功。

《铁莲花》，高庆奎饰刘子忠，高盛麟饰定生

封杰：前面您提到高庆奎先生曾到中华戏校任教，那您谈谈他教学方面的情况。

高韵笙：我父亲教学方面采取的是因人设戏，像给王和霖、侯玉兰说《南天门》、《打渔杀家》，给关德咸说《三国》戏，给李和曾说“三斩一碰”和《逍遥津》等。他在教关德咸、李和曾的《白帝城》时，唱[导板]“白盔白甲白旗号”时，他这个“刘备”是微微点头出场，始终是在人物之中。

据说，我父亲没有进过科班，是贾洪林、李鑫甫先生的手把徒弟。他是红花绿叶的角色都演，而且是文武昆乱不挡。我父亲最早宗谭鑫培的艺术，后来他觉得条件更适合学习刘鸿升的风格，就改学刘派了，并且拜刘先生为师。由于我父亲的嗓子塌中导致他很早就离开了舞台，继承方面直接受他恩惠的有白家麟、李盛藻、李和曾、于世文。

由于我父亲自身的艺术经历就是博采众长而形成了高派，所以他对待弟子们同样不过于苛刻。像他在中华戏曲学校授课时就对王和霖、李和曾说过：“你们不要只学我一个人，每个人的情况不同，要根据自己条件发展，遇到好的老师同样要虚心请教！”这才有了多年后，李和曾拜师周信芳先生的梨园佳话。

继承高派必须要具备先决条件，其次是表演的基本功。我父亲创立的高派艺术之所以到目前传人比较少，就是因为他对演员的嗓子所具备的高音、立音要求极严。

封杰：谢谢您，翔实介绍了高派艺术及高氏家族继承京剧的贡献。

菁蘅芬芳 情趣人生

——京剧名宿王君青访谈录

在陕西省提起京剧界的“王家大户”可谓家喻户晓，如今年逾古稀的王君青、王筠蘅、王熙萍、王君笙仍坚持在大西北，为京剧的传播贡献着力量。2011年12月21日，我采访了王君青先生。

封杰：王老师，您好！您的家庭与京剧有关联吗？

王君青：我家祖籍是山东省安丘县，世代以务农为本。直到我爷爷才带着我父亲和我伯父步行走到了青岛，从此我们就落脚在了青岛。

我父亲和我伯父找到工作后，家境逐渐有所好转，我们这代人就出生在青岛市的甘肃路101号。这栋洋式“蝴蝶楼”是转着圈设计的，四个方向的房子连接在一起，据说，袁世凯的五姨太曾在此居住过好长一段时间。我父亲“子承父业”做了一个手工业者，有时也到码头上去做工。由于我父亲跟外国人接触多了，还学会了几句英语和日本语。

王君青便装照

我八岁那年，正赶上发生“七七事变”日军侵略中国，青岛市面上也乱了。清晨，我正在睡觉就被母亲揪起来让快穿衣服并递给我一碗小米地瓜粥，说道："赶快吃，我们要出远门了！"母亲边说边用一条长围巾将我年仅一岁的小弟弟背在背上。我父亲背起一个大包袱，领起我三岁的大弟弟就往外走。我们无处可去，只好投奔居住胶州，曾经是邻居的刘大爷。第一天，我们走了六十里路程。天上是日本飞机来回飞行，乱扔炸弹，地面上逃荒的人来回乱跑。由于母亲是小脚走起路来非常艰难，为了避免日本兵和土匪的骚扰，只好用锅底将面部涂黑，再戴上一顶帽子，俨然一副男人的装扮。途中，父母无奈要将小弟弟丢在路旁认由行人抱走，也好有个生存的机会。可当把小弟弟放在地上时，他号啕大哭，我跟大弟弟也喊着"要小弟弟！"这样，父母又抱起小弟弟一同逃难。

封杰：逃荒到了胶州后的生活是否有所缓解。

王君青：我们赶到胶州不久，日本兵也来了。一个月后，我们又返回了青岛。我父亲虽然是农民，可他非常尊重有文化的人。他说："祖辈上没有文化，这代人一定要学文化。"他把我跟大弟弟送入黄台路小学，可我念到五年级时父亲得了不治之病"干血痨"而离开了我们。

母亲只好依靠给人家浆洗、缝补衣裳来维系我们的生活。即使这样，我母亲还照顾了一位得了重病的邻居奶奶的生活。后来，她的儿子杜大爷来看她时，得知情况后对我母亲说："我认识个京剧共和社的朋友，他为了培养儿子想成立一个小科班，现在正招收十岁左右的孩子，学徒八年，管住管吃。"我母亲一听"管住管吃"又可学本事就有些心动了。母亲后来听说，学戏也称"打戏"又改变了最初的想法。我见母亲因心疼儿子要打消主意，便对大弟弟说："如果咱娘累死了，咱们也就全成孤儿了。"

我跟大弟弟决定学戏来减轻母亲的辛劳，我们姐弟在外公的陪同下坐上了闷罐车，只听火车外面有人在喊我们姐弟的名字。原来是母亲在追着火车喊我们，想到要八年不能见面，我们全哭了。哭着哭着，我们睡着了……

《贵妃醉酒》，王君青饰杨玉环

封杰：走进科班就要承受艰难的学艺生活，您跟您弟弟一定受了不少的苦。

王君青：我们祖孙找到中华大戏院见到了杜大娘，她扶起跪在地上的我，说："别怕吃苦，好好学本事，挣了钱好养你娘和弟弟！"第二天，杜大爷带着我们姐弟俩到科班去见了师父刘德舜、师娘杨福来。我这位师娘唱女老生，为人非常厚道善良，在我学艺的八年里师娘从来没有打过我一下。

师父、师娘首先"相中"了我弟弟，确定他学武生。对于当时已长得高高个子的我，师父、师娘并没有完全看好。他们就让别人先给我化了妆，再笑一笑。一看我扮出来比较喜兴，又让我喊"咦，啊"觉得还行就同意我留下来学青衣。然后，拿出一张牛皮纸写“字据”。我外公含着泪签字，我们姐弟俩打“手印”却是非常高兴。因为这里“管住管吃”又可以学戏，直到多年后才知道这张牛皮纸上写的是“打死勿论”等内容的卖身契约。

我入了科班后，师父将我们几个学戏的孩子按“筱”字起名。我原来的名字是王淑琴，后改为筱筠菁。大弟弟的名字王鸿泰改成筱筠蘅。师父给我们发了一身粗布的练功服，每天早晨五点钟起床练习基本功，一直练到中午才停下来吃“五色”的窝头。

我先学的是一些零碎活，第一次上台演出是在《宝莲灯》中饰演秋儿。直到师父请来了邢兰芳先生教我第一出戏《贺后骂殿》起才唱了正戏，我弟弟饰演皇帝。我弟弟虽是武生开蒙，但老生照样学。由于他扮出戏来特别像财神，大家送他“小财神”雅号。在我学了《武家坡》、《宇宙锋》之后，我师父又请来了艺名“白牡丹”的马起云先生继续教我《朱痕记》、《春秋配》、《贩马记》、《坐宫》等戏。而我弟弟跟周又宸先生学《击鼓骂曹》、《上天台》等戏。

师父、师娘对我们学戏要求得很严，每次演出都看。如果我们演出中出现了失误，他们也很少惩罚。不过，我们自觉，像我们演出时出错，下得台后必自己体罚，师娘看见说：“行了，知道错就算了！”一次我演出“王八出”，从《花园》开始到《大登殿》止，演完之后自我感觉很好。不想负责衣箱的师父说：“你刚才上楼走了几步？”我一听坏了，上下楼忘数层数了！师父说：“你上了八层，下了七层，你家楼梯这样呀？”还有一次，师父请来了一位角演出《九更天》，我饰演女儿。虽然演出一切都很圆满，可我见到师娘仍不敢抬头看她。正在我心里沾沾自喜时，不料，师娘说：“你在台上的[哭头]是怎么唱的！”

我回答：“我哀求父亲别杀我时，起唱前有个抖袖。”

师娘说：“你都是快要死的人了，还捋袖子呀！”

我在科班的几年里，学戏、演出从来没有对过。有问题师父、师娘都指出来好及时纠正。我对他们始终保持着崇敬的心情，终生感激他们对我的培养。

封杰：我听说，您在得到“解放”后却没有离开师父。

王君青：抗战胜利后有些国民党士兵和三青团进剧场看戏不花钱，而且两方还“械斗”起来，导致演出无法进行。观众和同行全跑了，我也下了台。可戏园子老板说：“谁让您下来的，上去！”没办法我只好再次上台看着他们楼上、楼下的打，当我唱出“老薛保……”一听连乐队的人都不见了，我赶紧跑了。

这样演出受了影响，收入拍了“巴掌”，每日入不敷出。有些人参加了国民党剧团，有些人带着年轻的女儿到茶楼清唱。而我们的师父、师娘却保全了我们，师娘卖了一对金镯子换来最廉价的粮食来维持我们的生活。每天是照常的练功、学戏、排戏。所以说，我的人生是清白的。

后来，八路军解放了我们，让回到自己家。但我们家是外行，只好哀求办事员说：“我们不能离开师父家，那样我们会无法生活。”待我们回到家向师父说明情况后，师父掰了半个馒头递给我。当我吃到嘴里感到又甜、又香、又滑，真想在嘴里多含一会儿！

封杰：您跟弟弟在科班生活的几年中一定非常想念您的母亲。

王君青：我娘几年没有看见我们，实在太想了，她就想出一个办法。她把挣来的钱买了江米到五月节包许多粽子并煮好鸡蛋，清晨五点钟出家门，走了十五里路赶到师父家。师父特例准许我们母子三人见面，因为当初在签订“字据”时明文写着：学戏期间不准见面！

师娘特许我们送我娘出门，这是我学戏两年来第一次走出大门。我们边走边劝我娘说：“您花一毛钱坐车走吧！”

我娘说：“我慢慢走，累了就歇会儿，省下钱来给你小弟弟买个咸鸡蛋。”

娘走后不久的一天中午，我看见弟弟躲在一处暗暗落泪，我问道："你怎么啦？"

弟弟哭着说："姐，我倒仓了，今后再也不能唱主角，不过我可以学拉京胡、抄总讲、抱本子排戏，同样可以养咱娘！"这年我的大弟弟只有十四岁。真是祸不单行，在一次给观众送开水的时候，大弟弟将一壶滚开的水整个浇在了左腿上，疼得他号啕大哭。当时我正在台上演出，听到弟弟在哭，以为是被狗咬着了。演完后，我忙跑到他身边一看，烫得他的腿直起泡，我们俩是抱头痛哭。师父乞求祖师爷保佑，将一把香灰糊在弟弟腿上。到了晚上，为了防止感染把左腿吊在床上睡觉。深夜，弟弟是又疼又饿，可我也没有办法，我们姐弟俩只好相视而泣……

封杰：那您正式登台是在什么时候？

王君青：有一次，科班安排演出《凤还巢》，饰演程雪娥的师姐生病无法登台，大家非常焦虑。此时，我端着一杯茶走到负责演出的刘大叔面前说："大叔，您喝茶！"

刘大叔看我一眼，问道："小琴，《凤还巢》学了吗？"

我低声答道："学了！"

刘大叔接着问："会了吗？"

我又回答："会了！"

刘大叔眼前一亮，紧问一句："上台唱，你敢吗？"

我也壮着胆子，说道："您让我唱，我就敢！"

刘大叔高兴地对大家说："行了，行了，有角了！"大家连忙给我扮戏，我对琴师李庄图先生说："您托着我点，我可是小老斗！"李先生给我吊了吊嗓子，说："不错，有嗓子！"演出后，得到观众和大家的认可、夸奖。这样，我从这天开始就正式唱起大轴了。

后来，我为了拓宽戏路子，又学起了花旦戏。并利用从上海请来的刘淑筠、刘淑芳到我们这里演出的机会，向他们学习了武旦戏和程派戏。记得，刘淑筠先生演出《锁麟囊》中的薛湘灵，出场时的大气、娇嗔的表情，幽咽委婉的唱腔，加之他穿的雪青、淡绿、果绿、淡粉的服饰深深吸引住了我。我找到会拉程派的董继贤先生提出学习程派戏，用了七天时间我就学会了《锁麟囊》的全部唱腔。

《红娘》，王君青饰红娘

那时，我们学习京剧没有界限，任何流派的戏我们都要学，以适合演出市场的需要。

封杰：看来，这位董继贤先生对您的艺术发展起到了很大的作用。

王君青：这位董继贤先生后来跟着我搭班唱戏，他对我的艺术发展的确有很大帮助。我有时演出场次多了就有些懈怠，董先生仍清早来找我吊嗓子，说："都几点了，快起来吊嗓子！"

我说："先生，我晚上还要演出《玉堂春》呢！"

董先生严厉地说："那是晚上，这是早晨，快起来吊《祭塔》！"

有时演出我觉得嗓子不舒服就对董先生说："今天嗓子不舒服，您到后面降降调门。"董先生满口答应"好！"可演出完，董先生说："怎么样？感觉挺好吧！"

我说："是的，唱得挺舒服！"

董先生笑着说："哼，我根本没降！"接着又说："这时气氛和情绪都到了高潮，你就不会觉得不舒服了！"

封杰：那您出科后，搭班唱戏的情况又怎样呢？

王君青：1959 年，徐州的徐老板找到我师父去演出，师父指着我们说："我这几个徒弟该出科了，就让他们去吧！"我们出科后为了便于观众识别名字，我改叫王君青，弟弟改为王筠蘅。

之后，我们又到各地去搭班巡演，所挣的钱全部寄到苏州去做最上等的服装，几年下来我总共积累戏服多达上百套。1958 年，支援大西北文化建设，我参加了陕西省京剧院。可由于当地安置的房子太小，使我这十几箱的服装无处可放。后来，我认识到是共产党拯救了我们，使我们在旧社会时时遭受"骚扰"的女演员获得了新生。我毅然写下"将扎根西北，与剧团为家"的誓言，并将价值几百万元的服装无偿地捐献给了国家。

封杰：我听说，您在拜师尚小云先生之前曾向多位老师求教。

王君青：我为了学到真功夫，于 1952 年向何佩华先生行了拜师礼。不仅何先生教我荀派戏，荀慧生先生的琴师朗富润先生也给我说戏。

后来，我们加入建华京剧团到天津演出《大・探・二》、《玉堂春》和"王八出"等戏。演出中，我听说崔熹云先生在台下听戏，我忙对别人说："转告崔先生，演出完先别走！"我来不及卸妆就赶到崔先生身边说："先生，我是小老斗，您给说说吧！"

崔先生很慈祥地说："你就好比'红烧肉'好吃，但还要加点味精！"

"好，我拜您为师！"之后，我每天到崔先生家学习《红梅阁》、《乾坤福寿镜》等戏。而且，崔先生还陪着我演出了《红梅阁》中"游湖"一场的吕娘。我听他唱"姐妹双双把水看"觉得崔先生吐字非常清晰，以后我也着重在这方面下功夫。再演《乾坤福寿镜》时，我更觉崔先生的功力很深厚。当我饰演的胡氏，崔先生饰演的寿春在跑圆场时，他在外圈，我在里圈。先跑三圈唱，再跑三圈唱，我只觉得崔先生的脚底下非常溜，步步紧逼。这年我二十五岁，崔先生已经是四十多岁的人了。

从此，我开始跟崔先生学习圆场、乌龙绞柱和各种水袖等功夫，这也为我于1961年拜师尚小云先生，专攻尚派戏奠定了基础。我能得到尚派戏精髓，除有尚先生传授之外，更多地受益于我的爱人王万琪。因为他是鼓师，尚先生演出之前都要找万琪到家中告诉他“打”戏的关键。

我虽然跟尚先生学的戏比较少，但他的孝道给我留下了很深的印象。尚先生的母亲个子不高，遇到老太太生气，尚先生就跪下来让老太太打。还有就是他对艺术的严谨，有一次我们到延安演出《双阳公主》。当时尚先生在台上正表演着，只听后台“哐当”一声，尚先生掭了头回到了化装间。尚先生说道：“这种演出质量能对得起观众吗？”过了好一会儿，才有人走进去对尚先生说：“观众还等着呢！”

“好，勒头！”尚先生消火了。

封杰：“四大名旦”创立的流派到如今只有尚派艺术的传人最少，您怎么看？

王君青：我看尚先生的戏有《汉明妃》、《林四娘》、《千里驹》、《墨黛》、《乾坤福寿镜》（一赶二）等。现在舞台上只见尚派几出片断戏《失子惊疯》、《昭君出塞》，并不能代表尚派艺术的全貌。

尚小云先生在陕西的十七年真正工作只有七年，但他希望把京剧艺术播撒在大西北的夙愿得到了实现。当年他将大量珍贵的文物捐献给国家，体现出了他跟党走的忠心。“文化大革命”后恢复了传统戏，许多青年演员找尚长麟师弟学习尚派戏，可惜由于长麟师弟的早逝使尚派艺术没能兴旺起来，实在是无法弥补的遗憾。

封杰：感谢您接受采访，祝您身体健康的同时也希望您多多传授尚派艺术。

盛世元韵 文武全能

——京剧名宿张韵斌访谈录

在裘盛戎先生的众弟子中，他可能并不是站中间的，但他在跟从裘先生的学艺和演出中领略到了许多真谛。尤其是他作为傍角的硬二路花脸演员，是主演们不可或缺的大将。2013 年 1 月 10 日，我采访了张韵斌先生。

封杰：张老师，您好！多年来，我一直非常想跟您多了解些您的艺术经历。

张韵斌：我并不是梨园出身，父亲只是依靠做些小买卖来维持生活。艰苦的生活，导致我们在几年内不断搬家。即使家庭再苦，我父亲还是把我送进私塾读书。后来由于我叔叔喜欢京剧，他先打算将我送到中华戏曲专科学校，但我没能考上。之后，他又把我送进了富连成科班。

进入科班后，由于不是内行家庭出身，又不懂得这里的规矩，每天只好跟着小“世”字科的几位师兄和刚刚入科的同学练基本功。学戏第一天先将我安排在旦行组，我觉得浑身不舒服。教戏老师也看出来了，我不适合学，便把我拨到萧连芳先生处去学小生。可我只待了几天，又把我划到了刘盛通先生身边学习老生。但是没过几天，我刚刚学会几句《黄金台》的唱词，又觉得我不合适学老生。如此“发配”一圈，最后我是回到了原处继续练功。这时，萧长华师爷已将我原来的名字张志璞，改成了张韵斌。

封杰：那么，您唱花脸行当是从何时开始确定的呢？

张韵斌：我改变“命运”是在富连成科班受到一场火灾以后，演出无法进行，大家只好到东北一带去演出。王连平先生给我们排了一出《长坂坡》，派我饰演许褚。当时的演出效果不错，观众比较喜欢。回到北京后，王连平先生就建议说："这孩子条件不错，就让他学花脸吧！"从此定了我的"乾坤"，便开始跟着谭世英先生学戏。同时学习《李七长亭》的有钳韵宏、夏韵龙、孙元坡等人，不过那时他们已经先于我学会了"李七"，我只学了将爷。之后，才开始学习《五台山》、《渭水河》。那时，我们的师父是叶龙章先生。不过更多主事的是叶盛章三叔，他每天晚上十一点多来到科班，只在大门口咳嗽两声大家就不敢大声喧哗了。叶三叔从来不打人，每次来只是让我们打武戏，完后洗澡睡觉。当我刚刚学会《大·探·二》，马上准备公演时，富连成科班却宣布解散了。

富连成报散后，我只好回到家与翟韵奎一起跟着大人学做买卖，也就是卖鸡蛋。我清早起来先到万寿山后面进货，将鸡蛋放在自行车两边的篮子里，再骑到西单。此刻，翟韵奎已将摊位布置好。卸完货，他开始卖，我再回家吃饭。不想，国民党抓壮丁，翟韵奎听说中了签，他就跑到了唐山，参加了国民党部队的九十二军。这时，我跟张鸣禄、张文轩、张元贞也怕中签，就到张家口加入了"剿总"戏曲学校，收留了一些要饭的流浪儿童，一边教他们学戏，一边带着他们演出。一年

《花田错》，张韵斌饰周通

后，解放军解放了张家口，我们就搭火车准备回家。可是车行到半途，火车轨道被扒了不能继续前行，我们就在当地演出。直到可以通行了，我们才回到北京。

我们先驻扎在东四，有一次，我们到护国寺庆王府演出，之后军方给我们开会，说："北平已经和平解放，明天部队将撤到城外。"我提出回家跟父母报个信。到家后，家里人将我藏了起来，待他们来找我时，我已然"逃"出城到门头沟唱戏去了。之后，我们又到天津唱了一个月才敢回到北京。

吴富友先生将我介绍到天桥的小小剧团参加演出，不久尚小云先生成立剧团演出《墨黛》，我起初只是替演，不承想得到了尚先生的赏识，从此留在了尚剧团工作。之后，尚先生又排演出了一台新戏，但没能通过，不准演出。他一气之下带着人到天津演出去了，而我也参加姜铁麟、梁慧超、马鸿麟、班世超等人组织的"武生大会"到天津演出。之后，我跟张鸣禄、钮连贵、钮承华、钮荣亮等人又转战济南、青岛、南京、上海等地演出。这段时间，我经常是搭班、散班，再搭班，再散班。不过，每次刚回到北京，车票就已然准备好送到家中，我只好再次启程出发。后来我参加了新宁实验京剧团。这个团属于小班，归尚长春、尚长麟领班。大班是由尚小云先生领衔的尚小云剧团，起先我归入了大班。可是，由于小班行当不齐，尚先生将我借调到小班演出。这样，我就随着小班到全国各地进行巡演。当演至南昌时，尚小云先生刚刚在戏院演完一期，又续了三天。正好与我们约定的另一家戏院演出时间发生冲撞，他就要求我们停演。尚长春、尚长麟虽然同意了，但戏院方面已经将票卖了出去，就没有同意。他们兄弟无奈只好演出，这就形成了父子打对台的局面。尚小云先生一怒之下就与他们兄弟脱离了关系，带着剧团到天津演出去了。这时的尚长春接到牡丹江方面的演出邀请，他就带着我们十八个人奔了牡丹江。在演至佳木斯时，当地文化部门挽留尚长春加入国营剧团。同时，找我们谈话欲留住我们，但一者我们都想家，再者东北实在太冷了，大家感觉受不了，尤其是我又有哮喘的病，就没有同意。这样，我们就回到了北京，而尚长春从此就扎根在了佳木斯剧团。

我刚回到家，李元春就找到了我，让我随他去天津演出。演出完毕后，我跟李洪涛准备参加中国京剧院时，正赶上他们出国，约定回来后再商议此事。这期间，由谭富英、裘盛戎先生领衔的太平京剧社希望我加入，不久他们又与马连良先生合作成立了北京京剧团。

可是，时间不长，马连良先生与张君秋加入了北京市京剧团，这边是谭富英先生、裘盛戎先生与赵燕侠合作。

封杰：我听说，你们在排演《红岩》时还到重庆渣滓洞去体验生活。

张韵斌：那时的我们已经开始排演现代戏，像《智擒惯匪座山雕》我饰演大麻子。之后，我们又排出了《红岩》而且特意到重庆渣滓洞去体验生活，真正体会了一次提审、上刑的感受。“狱匪们”先将赵燕侠、刘秀荣、马永安、马长礼等人审讯之后，最后一个是我。他们审问道：“你是干什么的？”

我回答：“我只会唱戏，挣钱养家。”

他们见我“不老实”，就严厉地吼道：“给他上老虎凳！”

他们把我压到老虎凳上，坐在上面膝盖下面放了一根棍子，两脚绑在凳子上，继续问道：“你是招？还是不招？”可我没有别的词，只好又重复了一遍，他们见我嘴还挺硬，又喝到：“给他加一块砖！”直到加了三块砖，实在太疼了，他们才把我放了下来。不过没完，又把我装在一辆车上拉到荒郊野外“枪决”了，他们才回去。枪声一响，“狱友们”听说我“牺牲”了，可就不干了，组织大家开追悼会。我一个人留在漆黑的郊外，非常害怕，很艰难地走回了监狱。大家一见我“活”着，立刻将我抱了起来，别提多亲热了！

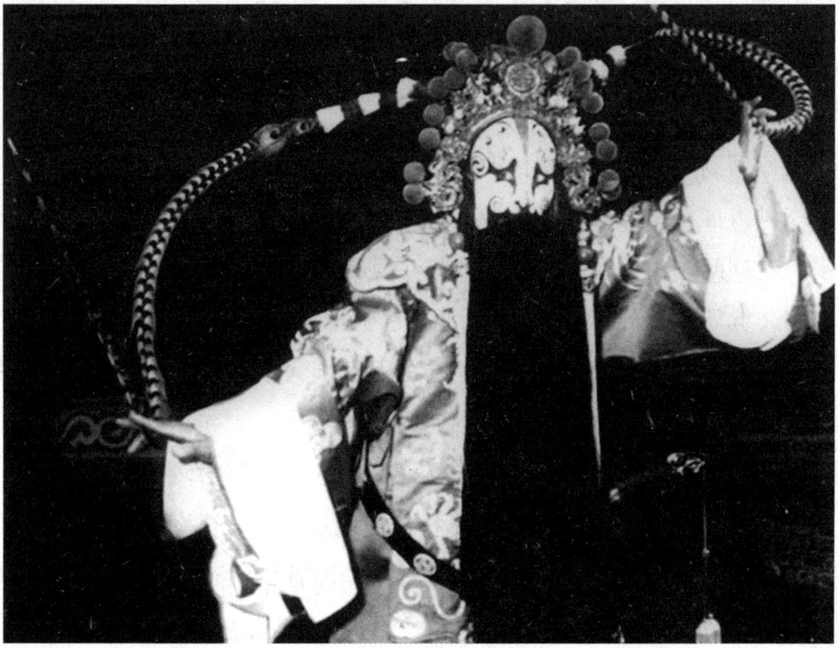

《赵氏孤儿》，张韵斌饰屠岸贾

我们也遇过一次险，差点命丧悬崖。我跟周和桐、马长礼几个人贴完大字报后，来到山下的小河。山里漆黑一片，伸手不见五指，我们是一个拉着一个。当我们走着走着，感觉有点不对，马长礼说："咱们打开手电筒瞅瞅吧！"这一看不要紧，离我们只有两步就是山涧。我们不约而同"哎哟"一声，真是"险呀！"

体验生活之后，我们回到北京继续排练，这时将我原来的"龙光华"角色换成了"华子良"。每天在排练场，我就是疯疯癫癫地跑圈，整个一个"疯老头"的影子。可当准备正式公演时，却被告知停演。原因是，此戏涉嫌为刘少奇翻案。好，大家白白受罪了！

我们只好再次恢复《智擒惯匪座山雕》，我饰演座山雕。演出中，上海派人来学习。我们给人家说戏，对方再回去提高，反过来再给我们说戏。

这时的于会泳调来为《沙家浜》加工唱腔，可他跟“郭建光”“刁德一”合作不愉快，每次只是通过别人传话。不久，他也回上海了。不过，于会泳创腔的《海港》和《龙江颂》得到了赏识，他又“奉命”回到北京给二队创作《杜鹃山》。这下，原本“有酒有肉”的一队，与“有风有雨”的二队，在重视程度上形成鲜明的反差。

封杰：您是怎样拜师裘盛戎先生的呢？

张韵斌：我跟裘盛戎先生结识是在加入太平京剧社的时候，他饰演《砸銮驾》的包拯，我饰演王朝。他饰演《白良关》的尉迟敬德，我饰演尉迟宝林。他演出《姚期》，我饰演姚刚。原来这些角色都是由李德奎先生演出，我加入之后就“转让”给我了。

裘盛戎先生对我非常喜欢，1963 年我们到香港演出，是我“保驾护航”。我住在裘先生房间的隔壁，如果有人要求见裘先生，必须先要通过我，再告知裘先生。出行见客，也必是我跟随陪同。当时有种“绿炮台”的香烟非常有名，有人送给他，他不吸就转给了我，他喜欢吸“爵士”牌香烟。

说到我拜裘盛戎先生为师，这里还有故事。有一次，我和郝庆海陪着裘先生到晋阳饭庄吃饭。席间，他对大家说：“今天说件事啊，我收俩徒弟！”

大家都很诧异，忙问：“您收谁呀？”

裘先生答道：“张韵斌、郝庆海！”

此刻，我们哥俩都蒙了。这是裘先生为我们家庭拮据所考虑，怕我们两人摆不起“拜师宴”。

还有一次，也是在拜师之后。裘盛戎先生应广播电台之邀录制《白良关》，他让郝庆海饰演的“小黑”。事后，他请汪本贞先生、郝庆海和我吃饭。他对我说：“这出戏演出时是你，录音时我让郝庆海来的‘小黑’，所以请你吃饭！”

在拍摄京剧电影《群英会》和《秦香莲》时，我还为裘盛戎先生做了两次“替身”。每次都是我先将裘先生饰演的黄盖和包拯，所要走的位置、身段，事先按照导演和灯光师的要求走好。等到裘先生来时，我在详细地示范给他看。

封杰：请您说说裘盛戎先生的表演特色，好吗？

张韵斌：裘盛戎先生在创演了几出历史剧之后，又尝试着演出了《年年有余》、《雪花飘》等现代戏。不过，此时的我已经离开了他，没有看到。但是，我曾听于会泳说：“我创的这几出新戏的唱腔，只有你师父将我所需要达到的思想和意境表现出来了！”

现在裘派传人只是重视了他的唱，却完全忽略了他身上的潇洒。像他在上海陪着金少山先生演出《白良关》的尉迟宝林，只是一个出场的掏翎子动作，台底下就喝彩声不绝。他演出的《盗御马》中的窦尔墩，“下山”一场的身段功架非常优美，他吸收盖叫天先生的身段化为已用。如窦尔墩唱“跟随了他在暗地里埋藏”，只见裘先生跨腿亮相，在锣经声中摆造型是怎么都好看。

我虽然没有跟裘盛戎先生完整地学习，但他的弟弟裘世戎先生却真真地给我说了一出《醉韦》，后来演了两场就收了。

继承裘盛戎先生的表演艺术不能只在唱腔韵味方面下功夫，他的做派非常精彩，是个文武全才的表演艺术家。即使继承裘派唱腔也应该全面的了解，最早裘先生的唱腔也是属于老派风格——是直来直去，古朴苍劲。

裘先生的人缘很好。有一次，他到天津演出《探阴山》时，当包拯唱到“小鬼卒，大鬼判，压定了屈死的亡魂，项戴铁链，悲惨惨，惨悲悲呀！”的高腔时，嗓子哑了，台下顿时起了倒好声。裘先生转身对我说：“走，下去！”当我们刚走到台帘边，傍着他多年的跟包就将一把小茶壶递到了裘先生的手里。我也配合着先上台走太极图形，待几圈后，只见裘先生示意，我说道：“有请相爷！”此刻裘先生稳健地再次走上台，张嘴唱“山洼内因何有”台下就好声起来了，接着唱“这一鬼孤单”时，掌声和喝彩声更是不绝于耳。演完后，观众都涌到大门口，等着裘先生。大家见到裘先生走出剧场大门时，喊道：“裘团长，明天《姚期》看好吧您呢！”裘先生连连道：“抱歉，抱歉！”等到第二天，我原想裘盛戎先生会休息两天，可他依旧照常演出《姚期》，而且唱得满宫满调，台下是可堂的喝彩声。

《定军山》，张韵斌饰夏侯渊

还有一次，是在吉祥戏院演出《文昭关》、《鱼肠剑》，由陈少霖先生饰演伍子胥、裘盛戎先生饰演姬僚、张洪祥先生饰演专诸。他来到后台就感觉嗓子不舒服，坐在化妆桌前勾脸，扮好戏后就一言不发了。当姬僚唱那段著名的唱段“列国之中干戈厚”时，裘先生是唱得很平常，只不过是逢高必起，观众同样是好声不断。这些“补救”有琴师的一定功劳。裘先生的琴师汪本贞先生幼年间是裘桂仙老先生的弟子，不论是在演唱，还是在音乐伴奏方面都对裘派风格了如指掌。当然我这里说的裘派是裘桂仙先生的老裘派，然而他在与裘盛戎合作的几十年中对于裘盛戎先生创立的新裘派起到了辅助作用。严格地说，汪本贞先生和裘盛戎先生是裘派艺术共同的缔造者。

封杰：谢谢您，使我对裘盛戎先生和裘派艺术有了新的认识。

松鹤延年 鹏程万里

——京剧名宿刘松鹏访谈录

“南派包公”李如春先生的艺术随着时间的流逝，人们渐渐地也随之遗忘，但他在京剧界的名望和实力不能忘却。2011年8月15日，我采访了刘松鹏先生。

封杰：刘老师，您好！您的家庭从什么时候开始入的京剧行。

刘松鹏：我家先前不是京剧行，从事京剧是从我父亲刘仙臣开始的，他是手把徒弟，唱花脸。我父亲在南京演出很长时间，由于剧场遭到一场大火导致大家无法继续生活，他就带着我祖父、母亲和姐姐到了上海，搭入更新舞台、大舞台等处演出。后来，我父亲又跟随郑法祥先生到日本演出。

我小的时候，我父亲到戏院演出总带着我去看戏，时间久了我也受到了熏陶。稍微长大点，就跟着师叔、师大爷练习云手、起霸等基本功。再大一点，我父亲就开始教我《探阴山》、《草桥关》、《御果园》等戏。在我八岁的时候，我父亲在永安公司演出，他就把我带到台上演出。观众们看我这个“小客串”演出的《草桥关》、《御果园》、《探阴山》，觉得非常好玩。有时我还在大人演出的《三娘教子》中饰演薛倚哥。到了日军入侵上海后，我们家境受到了很大影响。我父亲就把我送进了上海戏曲学校“正”字科学艺，学习了一段时间后，学校让我父亲来写字。他看见里面写着：生死由命，打死勿论。我父亲犹豫了，就把我接回了家。

可我回到家，又增加了生活负担。无奈，我父亲只好又把我送进了中华国剧学校。考进去后，学校先将我原来的名字刘冬林，按排字改为刘松鹏。由于我是家学花脸，学校就让我继续主攻花脸。主要跟随李克昌、王洪奎、慈瑞全先生学习。其中的慈瑞全先生教花脸和二花脸都是非常地道，而且为人非常和善。王洪奎先生是南方人，但学的却是北方的戏。我跟他学过《刺王僚》中的专诸。我还跟比我年长几岁的罗荣贵学习，那时他刚从北京荣春社出科，随他父亲罗文奎先生到我们学校，他是一边学戏一边教戏一边演出。所以，罗先生让我称他为“师哥”。我这位师哥不仅教戏认真，而且管教起来也很严格。有一次，他教我演《群英会》中的曹操，只一个出场从晚上八点多钟开始，他是边说，我是边做。遇到我做的不对的地方，他抬手就是一藤杆子。他要求曹操的出场是“端肩、凝眉”，可我开始做不出来，他就打，他是越打，我是越做不上来，后来我跟他较上劲了。就这样，我俩是反反复复，一直到第二天早晨天亮，我“服软”了才算结束。

《盗御马》，刘松鹏饰窦尔墩

由于我属于带艺入科，具有一定基础，先生说戏比较方便，我又学得很快，不久就安排我在黄金大戏院演出《法门寺》，我饰演刘瑾、周松亮饰演贾桂、李松泉饰演赵廉。还有我演出的《霸王别姬》，有汪松霞、刘松华两位“虞姬”陪着我这个“霸王”泪洒分别。

我们科班请来了多位北京的名角，像富连成科班出身的王盛海、王盛意先生。尤其是王盛意先生教的玩笑戏，今天的舞台上已经失传了，如《浪子哭灵》、《打钢刀》等。

封杰：您出科后，搭入了哪些班社？

刘松鹏：我在科班的时候演出了《连环套》、《取洛阳》、《霸王别姬》等花脸戏，受到欢迎。不想，我出科正赶上嗓子倒仓，只好到杭州、宁波等地去搭班唱戏。

1952年，中国大戏院有位唱花脸的演员陆钢芳不幸辞世。我父亲就找到戏院说："我儿子可以接这个坑。"经他们同意，我父亲赶紧通知我尽快回上海。但他们有个条件，就是要考试，方能加入。我接到消息后，回到上海在刘云兰演出的《白蛇传》中饰演法海。初战成功后，他们为我安排了《取洛阳》、《龙潭鲍骆》等戏。在中国大戏院做基本演员的六年间，我跟李克昌先生系统地又把从前学过的戏进行了再加工。

1958年，江西的领导找到上海文化局希望派好演员去支持。这样，就派出李如春、洪云艳等名演员和我们一起全体"连锅端"，除演员之外，还有服装、道具全部上了庐山京剧团。

我跟爱人李君华也到了江西，她是旦行演员，担任副团长职位，团长是她的父亲李如春先生。

封杰：这么说，李如春先生是您的岳父。那您谈谈李先生？

刘松鹏：我岳父从艺始自他的父亲李长胜先生，属于老腔老调的花脸唱法，只有腔、只有音，却听不到字。我岳父最早跟他父亲学戏，学成后搭入了永安公司。演出之余，他就到对面的大舞台看李桂春先生演出的包公戏。这为他今后饰演包公在唱法、劲头、扮相等方面奠定了基础。时隔不久，我岳父就把李桂春先生演过的戏在永安公司上演了。他年轻的时候戏路子非常宽和杂，成名后他归了正确方向，艺术上有了很大进步和发展。我岳父的戏好，人缘更好。他只演麒派戏、包公戏和关公戏，他演戏非常卖力，演出来的人物生动感人。

我自小就看他演出的《岳飞》、《追韩信》等戏，主要是宗麒派。像他演出的全本《岳飞》后面还带《疯僧扫秦》，人物的造型非常别致。他是周信芳先生的入室弟子，他演出的麒派戏非常受观众欢迎。但他跟周先生的几个早期弟子一样，虽然拜师了，只是属于挂名徒弟。我岳父真正走的是艺名“小达子”的李桂春先生的路子，他的包公戏最红。他饰演的包公揉紫红脸。

我岳父在新中国成立之初，曾组织了“李如春演出小组”，带领的成员有老旦朱正琴、小生李定璋、花脸王义通、丑行李迎白等人，他们到无锡、武汉、大连、抚顺、沈阳等地演出。他要求鼓师、琴师要随着他，起到托腔保调的作用。有时我岳父演出唱到高潮时，琴师会跟着他的劲头随之站立起来拉，才能达到应有的效果。我们刚到江西不久，中国共产党的八届八中全会在庐山召开。我岳父跟高盛麟合演了《古城会》，是高盛麟饰演关羽、我岳父饰演张飞。他们是棋逢对手，相互帮衬，各有绝技。他们演出越火爆，毛主席、朱德委员长、周恩来总理看得越兴奋。

《打銮驾》，李如春饰包拯

1959 年底，我岳父应邀

到北京的人民大会堂、政协礼堂和中南海的怀仁堂汇报演出了麒派戏和包公戏。1963 年，我岳父身体有病回到上海医治，我为了照顾他，辞掉了剧团的工作，随着回到了上海。不久，我就进入一家制袜工厂做了一名工人。那时，我岳父的户籍关系没有离开上海，而我跟我爱人早在当初去江西时都迁了去。“文化大革命”期间，造反派到上海抄家，之后把我岳父又抓回江西。待我岳父平反离开江西省庐山京剧团之后，再次回到了上海。可惜他曾经使用过的行头等物都在“运动”之中被四分五裂，只好将就着演了几场戏。

封杰：请您简单谈谈南派《探阴山》的演法。

刘松鹏：过去上海非常讲究唱[五音连弹]，像《龙凤呈祥》中，国太在甘露寺相亲与刘备、乔玄轮流每人演唱一句就是连弹。《探阴山》中的[连弹]，他饰演包公，我陪我岳父饰演判官。

那时我岳父在天蟾舞台演出包公戏，年轻的裘盛戎天天坐在台下看，后来他将有些艺术元素化用到了自己今后的创作之中。像他演出的《铡美案》中“见国太”一场“对唱”的表演就完全宗我岳父的表演风格。还有《探阴山》中包公与柳金蝉的“对唱”也是我岳父的表演特色。这种表演形式显得火爆、热烈，人物感情真切。

封杰：您爱人学戏、演出的情况您能说说吗?

刘松鹏：我爱人李君华自幼由父亲请师父给她说戏，学习了许多青衣和花旦戏。长大后，主要是跟着父亲到处演出，除陪着父亲在《打銮驾》中饰演庞妃，《秦香莲》中饰演秦香莲之外，还演出一些《红娘》、《贵妃醉酒》、《生死恨》等戏。我们只在《霸王别姬》和《宇宙锋》之中合作过，多数时间，我们是在我岳父演的戏中饰演角色。

封杰：您认为花脸的正宗演法是什么样的?

刘松鹏：我从事京剧花脸行当后，非常重视对这个行当的演员观赏和学习，给我印象最深的有刘连荣、苏连汉、刘奎官先生。最早我在杭州搭班演出的时候，看到一位好花脸，就是苏连汉先生，他那是标准的花脸。大家对刘连荣先生陪着梅兰芳先生演出《霸王别姬》中的项羽非常熟悉。我除看过他的“霸王”之外，还看过他演出《取洛阳》中的马武，《宇宙锋》中的赵高。年轻时，我在中国大戏院演出时曾跟刘连荣先生提出拜师的愿望。刘先生说：“拜师就不用了，只要你肯学，我就教你！”刘连荣先生一生不曾收弟子，但他并不保守，是有问必答，乐于传人。

《霸王别姬》，李君华饰虞姬

早年南方的花脸以粗犷、豪放为主，后来渐渐往文的方面有所发展。前辈花脸演员每人都有绝活，刘奎官先生演出《艳阳楼》中的高登，出场的派头、气势就让观众感觉他的奸相、流气。他演出的《通天犀》不论扮相还是做派，都使人觉得他就是“山大王”。

封杰：您觉得怎样才是正确的艺术风貌。

刘松鹏：过去的前辈都互相交流学习，大家唱的是行当，而如今演员们唱的是流派。每个行当有每一个行当的规矩和表演方式，里面包含着丰富的程式和特色。现今只演流派，必然会限制艺术的发展和演员的创作力。

像目前“十净九裘”的局面就无法使后来的净行演员再有更多的创作空间，观众只要求他“像”就可以了，而金少山先生的表演艺术却无人问津，他的表演才是真正的花脸的正路子。所以说，金少山、苏连汉、刘连荣、刘奎官他们都是正统的花脸。

封杰：谢谢您，使我知道了正宗花脸的艺术风貌。

鹏程展翅　元韵高曲

——京剧名宿刘元鹏访谈录

他自幼喜好马派，专攻余派，深谙杨派。当过演员，做过导演，熟知京剧规律。2012年9月4日，我采访了刘元鹏先生。

封杰：刘老师，您好！您的家庭是从何时开始从事京剧的？

刘元鹏：我家最早是外行人，从我父亲开始才从事了京剧。因为我父亲从小喜欢京剧，又好武生，我祖父便给他请来丁永利先生说戏。当我父亲跟丁先生学了一段时间后，大家觉得行，便帮着“下海”演出。我父亲刘雪亭是杨派武生，二叔刘浩亭弹月琴，三叔刘世亭自幼入富连成科班，学习武二花、武丑。

我学习京剧主要受家庭熏陶，那时我父亲和我叔叔天天听杨小楼、梅兰芳、余叔岩、马连良先生的唱片，耳濡目染使我也跟着会唱了几段。我在六岁的时候，已经登台亮相了。在吉祥戏院跟唱老生的王仲亭先生演出的《汾河湾》中饰演薛丁山，属于娃娃生。等我长到七岁便由我父亲领着走进了富连成大门，萧长华先生见到我很高兴，将我原来的名字志仁，改成元鹏。

封杰：我听说，进富连成科班学艺是要考试的？

刘元鹏：没错，但我是免试入学。我六岁那年，我三叔结婚，富连成科班的社长叶龙章先生到我家贺喜。席中，大人们为了在喜庆中活跃活跃气氛，就让我唱了一段《甘露寺》中的“劝千岁”，我二叔给我拉的京胡。唱完后，大人们非常高兴，各个夸我！叶龙章社长说：“这小孩不错，有板有眼的，明年到富连成学戏吧！”同时还收我做了他的干儿子。

《甘露寺》，刘元鹏饰乔玄

进入科班后，我先跟王喜秀先生学习了《百寿图》。之后，我又跟雷喜福先生学习了《天水关》、《群英会》、《南天门》。八岁时，我多次以“小客串”的身份被接走演出。曾在马连良先生演出的《清风亭》中饰演张继保，《三娘教子》中饰演薛倚哥。在谭富英先生演出的《桑园寄子》中分别饰演过邓元或邓方。在周信芳先生演出的《桑园寄子》中饰演过邓元。在李盛藻先生演出的《铁莲花》中饰演定生。在徐东明先生演出的《宝莲灯》中饰演沉香。入科两年后，我正式登台演出了《上天台》中的刘秀，《贺后骂殿》中的赵光义，《金马门》中的李白，等等。

而我在学戏过程中，受益最大的是跟刘盛通先生学习。当时在科班学戏的时候，科班都有一套标准的教戏方法。可这位刘先生思想并不保守，在很多戏中将余叔岩先生的唱念特色，以及马连良先生和谭富英先生出科后经过重新“下挂”，再学习和提高而形成的流派风格融入到了他教戏的剧目中来，再教给学生。刘盛通先生的教戏方法，为我后来专攻余派老生奠定了基础。我学戏中还有位先生对我的帮助和提高起了很大作用，他就是李盛泉先生。虽然李先生是唱老旦的，但他对老生戏同样是熟记于心，尤其是《辕门斩子》、《斩黄袍》、《四郎探母》等戏，李先生都有他自己一套非常精到的地方。1942年，富连成科班到上海演出，我在最后一天演出的《四郎探母》很受观众欢迎。我这个“四郎延辉”就是李盛泉先生亲授的。

封杰：我听说，您在科班一次“外借”演出中，马连良先生对您说的话让您终生铭记。

刘元鹏：我自小就喜欢唱马派戏，后来有幸跟马连良先生同台演出。一次，我陪马先生在新新大戏院演出《清风亭》之后，马先生抚摸着我的头，说：“宝贝，宝贝，好好学戏、吊嗓子，别贪玩，自己要背戏。要记着，要养家肥己！”后来在“文化大革命”中，非让我挖掘思想根源，逼得我实在没辙了，只好把马先生“教导”我的话说了出来。他们认为我挖得还算比较深，才放了我。不过，马连良先生还有一句话我没有说，就是“现在别贪玩。如果现在贪玩，长大了什么也玩不成了。你现在不贪玩，长大了成了家出了名，爱怎么玩就怎么玩。你看我现在！”

封杰：叶龙章先生作为富连成科班的第二任社长，今人对他的了解已经很少了，您能简单说说吗？

刘元鹏：我到科班的时候，首任社长叶春善先生已经仙逝。继任者是他的长子叶龙章先生，他虽然出身在京剧家庭，但他自幼攻读诗书，对京剧是外行。可是他接任社长之后仍然延续着原来的富连成之风气。专业方面他都仰仗着萧长华、王连平等留任的教师，担当着重任。

我这位义父对我学艺和生活都非常关照。有一年，富连成科班出外到沈阳演出。日本侵略者只允许中国人吃高粱米，不准吃大米白面。一旦发现违反规定擅自偷吃者，格杀勿论！我们这些孩子每天吃高粱米，吃得直闹肚子，无法坚持演出。我义父就悄悄地塞我几个钱教我到外面买个烧饼充饥。

封杰：您专攻余派，可向哪些老师请教过呢？

刘元鹏：我出科后不久，嗓子倒仓了。我就利用这个嗓子恢复期继续向刘盛通先生学戏。后来我父亲把刘先生请到家里，做了一桌子好菜宴请刘先生。我正式向刘先生磕头，就算是拜了师。这是 1945 年的事情。

我还向余派名票赵贯一先生请教学习了《洪羊洞》。这位赵先生在银行任襄理职务，是余叔岩先生收的唯一票友徒弟。他说，杨延昭在梦境中想起了父亲，唱到“猛抬头只见故父令公，曾记得在两狼山父把命送，哪有个人死后又能重逢”，就这段 [散板] 含蓄中内藏着几个嗖音。

“病房”一场，杨延昭看见了八贤王后，唱到“睁开了昏花眼”做惊愕状，甩髯口再转身，扶住桌子唱“抬头只见放箭之人，我和你一无仇，二无怨恨，你，你，你，不该放雕翎射我前心”，这段唱要求垛着唱，让观众感觉杨延昭此刻精神恍惚，顷刻大限临近。

封杰：您不仅对余派喜好，对杨派艺术同样深有研究。

刘元鹏：余派唱腔是高亮、挺拔，讲究立音。杨派是杨宝森先生在继承余派唱腔的基础之上，又结合自身的嗓音条件而创立出来的宽深、浑厚的唱腔艺术，它是余派的再发展。他的代表作《文昭关》的唱腔，不仅变化了余派唱法，还吸收了王又宸、王凤卿的风格，全都化为己用。尤其是他在刻画人物内心世界方面下了很大功夫，真正是耐人寻味。

我非常崇拜杨宝森先生的艺术，1955 年，我们西南军区政治部京剧院随贺龙首长进入北京。当我们走到北京周边时，剧团先驻扎在涿州，我看到报纸上登载“今晚中和戏院，杨宝森演双出《盗宗卷》和《搜孤救孤》”的消息后，我和王和霖商定去看戏。我们向剧团领导请了假，赶到剧场，看到杨宝森先生饰演的张苍出场，只一句唱“正在家中把宴摆，陈平有帖请我来”听似简单的唱腔，可全是一股内劲，既有力度又有厚度，唱出了问号。顿时全场是可堂的好！

杨宝森先生并不是以腔取胜，而是以字、气、味夺人心魄。像他演出

《四进士》，张元奎饰顾读，刘元鹏饰毛朋，汪野航饰田伦，王和霖饰宋士杰

的《杨家将》中杨继业的“碰碑”不是悲惨，而是悲壮。

封杰：您是怎么参军的，又是怎么到的宁夏？

刘元鹏：1948 年底，北平被解放军围了城，生活很艰难。第二年的 1 月 31 日，北平城和平解放。到了 4 月份，我看报纸上登着“西北戏曲学校招生”就去报了名。这个学校请梁花侬负责找人，先后找来了李洪春、朱盛富、李盛斌、孙盛文等人，阵容很强硬。我之所以去这个学校就是因为它“管吃大米白面”。

一个月后，我们这个剧团就在吉祥戏院、长安大戏院等地开始了演出。我们采取“一对一”的教学方法，像李洪春先生教我《大名府》、《扫松下书》、《九江口》等戏。演到 7 月份，我们还演出了《天河配》，我饰演牛郎、梁先庆饰演织女。8月底，我们接到调令，经过组织的严格“筛选”后，确定下来的人正式加入了解放军京剧团。当天，贺龙首长亲自讲话：“欢迎你们参加军队剧团，今后你们要安心工作，更多地为战士们服务！另外，我们的生活还很艰苦，大家要有信心，慢慢会有所改善！”我们开拔到了西安后，真吃上了大米白面。可时间不久，贺龙同志又调往了西南，新中国成立，重庆解放，我们随之前往重庆。我发现在一家银行的后院屋里存放了许多京剧唱片，当属余叔岩先生的最多。我如获至宝，每天放到留声机上播放。为了学会余派唱腔中“叹杨家投宋主”的“喏厄”一个小装饰音，我是来回听这种云遮月的效果，只听得唱片都磨坏了。1955年，我们剧团并入中国人民解放军总政治部京剧团，到了北京。后来整编到了中国京剧院，成立了四团。1958年，我们全团又调往了宁夏。

封杰：您在“老戏新演”方面作过哪些修改。

刘元鹏：我们尝试着将剧中不合理的地方适当地作了修改或调试。像李鸣盛演出的《打渔杀家》中“讨税”一场，教师爷领着一帮人前来找萧恩催讨渔税银子，在院外敲门后，萧恩出来见对方蛮横无礼便回屋放下衣帽，准备“迎战”。这时萧恩唱到“衣帽留在家中，打个样儿让你见识见识”转身打了个飞脚，我就向李鸣盛提出建议。当萧恩唱完后出门，领着教师爷四个人在[急急风]中走圆场，分开三人，抓住教师爷打嘴巴，唱[导板]“听一言不由我七窍冒火”环境变了，剧情也就合理了，气氛也会有所提高。

《四郎探母》中“坐宫”一场，当杨延辉随铁镜公主来到院中，铁镜公主观察对方神情以猜测心事时，杨延辉有个扶椅子的动作。对这个表演动作大家众说纷纭，理解不同。甚至有人认为那把“椅子”是一座假山石。我就删改掉，只保留了杨延辉遥望天空，思念老母的表演动作和神态。

我在创排新戏《人鬼鉴》中对“判儿”作了全新的设计、安排。过去一般的演法是倒着出场，转身再吐火。我们的思路是在透明的纱幕后，放白烟，只见“判儿”缓缓地从半空中飘落，踢腿吐火，再随着锣鼓点跳判儿。新戏还需有新腔，我在导演新戏的同时也承担了唱腔任务，这样戏的风格才能统一和谐。还是这出《人鬼鉴》为了表现一个纨绔子弟调戏人妻时，我设计了一段比较新颖，半念半唱形式，又略微带点言派唱腔特色的“手捧茶碗仔细瞧，对面坐个女多娇”。后来，我们到北京演出后开座谈会时，有人对这段唱提出了意见，说道：“把言派唱腔搁在一个坏人身上不好！”当场就有人反驳道：“我看未必，关键是看它设计的合适不合适，只要用的巧妙、恰当，符合这个人物的表现轨迹就行！”

封杰：您对青年演员继承流派持怎样的看法？

刘元鹏：孟小冬完全继承了余叔岩先生的艺术，像大家听得最多的是她在上海庆祝杜月笙六十大寿演出的《搜孤救孤》录音。可以说，她学余是惟妙惟肖，入木三分。但艺术的发展更需要像杨宝森先生这样的演员来往前推。因为一切事物只有不断发展、创新才有生命力。

现在的青年演员论条件都不错，但演出总觉得太轻，没有分量。杨派在现今的舞台是主导地位，但要想唱好杨派，必须先从学习余派入手。学好余派，即使杨派唱腔中再有难唱的腔，你都能得心应手。也只有这样，才能达到事半功倍的艺术效果。不要越唱，“戏”越少。这里的“戏”说的是表演，也就是刻画人物。只有小地方细腻了，不流于形式，观众才会感兴趣。

封杰：您将一生中弥足珍贵的艺术经验传授给了后继者，谢谢您！

南国红生　仁义春秋

——京剧名宿李春仁访谈录

2012年8月13日、14日在昆明西南大戏院举办了“李春仁从艺七十二周年专场演出”，两场《古城会》、《汉津口》让观众领略到红生戏的魅力。10月1日，我采访了李春仁先生。

封杰：李老师，您好！我知道您不是科班出身。

李春仁：是的，我们家祖居在山东，世代以务农为本。我叔叔喜好京剧，既会演唱也会拉京胡。后来，我叔叔跟魏春信、许世城、赵明宽等人到国民党第八军一〇三师的游击十五纵队俱乐部教戏。我叔叔也把我带进了“剧宣队”，学老生。当时，我只有十岁。

我的开蒙戏是《黄金台》。之后，我又学了《辕门斩子》和《汤怀自刎》。我们是边学戏边演出，两年后我正式登台亮相。刚开始，我们只在周边地区随着部队抗日演出。之后，部队开拔往南方进军到了广州。1949年，解放军解放了广州，我们这支“剧宣队”随全师官兵一同起义，后被编入解放军四野一二八师部队。

1949年，我们又被整编为二野四兵团政治部文工团下属的京剧队。我们一路南下到广西、贵州等地，随部队行军、演出。1950年初，我们到了昆明。受陈赓司令员的指令，与1948年在河南洛阳收编的京剧队合并成立了二野四兵团政治部京剧团。1954年，我们京剧团还负责接待李少春、袁世海、叶盛章到昆明演出。1957年，我们转入了地方。这时，程砚秋先生到云南慰问解放军，我们既是被慰问者，又是底班演员，陪着程先生演出了《锁麟囊》、《荒山泪》。

封杰：初次接触李少春、程砚秋先生有何感受？

李春仁：李少春、袁世海、叶盛章演出了《闹天宫》、《雁荡山》、《秋江》、《三盗九龙杯》等戏。当时的部队领导提出，一定要招待好他们，有求必应。

程砚秋先生演出《荒山泪》，我饰演高忠。演出前，我看见程先生化好装从楼上走下来显得非常高大。他看见我说："你演高忠呀，好好演！"

可到了台上，程先生的唱、念、做一下就把我吸引住了。后来，我陪着刘美娟去拜访程砚秋先生。我们见了面，程先生非常随和地对刘美娟说："你学程派呀，好，但要用自己的嗓音条件来唱！"他细致地讲解了程派演唱发声的位置和要求，还告诫我们平常时间要多看戏，来丰富自己的阅历。

封杰：既然与北京来的名演员有所接触，那么后来您到北京深造了吗？

李春仁：1954年，部队领导为了培养我们几个年轻演员，特意将我们送到北京学戏。这时期，我通过郑亦秋先生引荐拜李洪春先生为师，并建议我主攻红生戏。

我跟李洪春先生正式学戏时，先给我说了一出《截江夺斗》作为靠把基础戏；第二出是《镇潭州》；之后，又把我从前学过的《定

《水淹七军》，李春仁饰关羽

军山》、《战太平》、《辕门斩子》、《秦琼表功》等戏细致的捋了一遍。后来，他又把我介绍给了杨菊芬先生，学习了余派的《武家坡》。

1963年，我再次到北京，跟李洪春先生系统学习、加工《斩颜良》、《诛文丑》、《灞桥挑袍》、《华容道》等戏之外，我又跟李世霖先生学习了《三击掌》。同时，我也拜访了李少春先生。他详细地给我分析了他新近排演《白毛女》中杨白劳的表演风格。如杨白劳进黄世仁的家应是胆怯、拘谨，处处加以小心。当杨白劳喊出“我告他去！”的表演动作，是向前进，再后退，他说这是采用了电影“推进拉出”的表现手法。他点明了我演戏须塑造人物内心，艺术是可以相互借鉴的道理。

由于我学习京剧时没有进入正规科班，又长期跑“帘外”，基本功不是太扎实。所以跟各位老师学戏之前总是让我先练习走台步，注意腰劲。

封杰：李洪春先生的“关羽”有所发展、丰富、提高。

李春仁：过去有人对几位专演“老爷戏”的演员，进行了点评。像李先生就是“疯老爷”，这个“疯”字表明李洪春的关羽表演丰富，与众不同。

李洪春先生在教我《华容道》时，说：“现在演这出戏已经简化了，从前不是这样！”

他说，“讨令”一场比较简单，“挡曹”一场比较突出。现在由于时间过长，或“曹操”强势而导致“关羽”演出有所修改和删减。原来是当关羽看见曹操苦苦哀求他时心情比较复杂，左右扫视见十八名战将跪在尘埃，唱：“曹孟德苦哀告泪流满面，倒叫我关云长无有话言。我要擒住奸曹操，请功受赏在眼前。我要放了曹孟德，定斩我头挂高竿，背地只把军师怨，左思右想某两为难。”当张辽哀求“二君侯！”关羽猛惊颤抖接唱：“张辽一旁将我喊，某岂能忘那当日的言。罢，罢，罢，我把良心现，叫声孟德听我言，关某今日放你回朝转，千万不可再犯中原。一字蛇阵忙排展，认得此阵你就快加鞭。”待曹操与十八将离开后，周仓报“曹操，逃走！”关羽转身，缓和地道出："交令！"接唱[快板]："某当初曾许云阳达报，今日里放奸曹自犯律条。关平周将回营报，就说关某放走奸曹。大丈夫生而何欢，死而何足道，知恩报德反算英豪。汗马功劳齐抛掉，准备军师他不饶。"这样人物内心的矛盾充实，艺术形象更饱满了。

"回令"一场更为精彩。诸葛亮见关羽进帐，言道："将军，回来了！"

关羽答道："放走了！"

诸葛亮再道："杀几个上将，也是好的。"

关羽又答："曹操已被我放走了！"

诸葛亮又说："劫了粮草也是好的。"这时的诸葛亮是在戏耍关羽，表演要风趣。直到刘备求情才赦免了关羽之过。

封杰：那您又是怎么拜的李吉来先生？

李春仁：我们回到昆明后，向领导做了汇报演出。正巧这时，有"小三麻子"之称的李吉来先生到我们这里教学指导。领导又安排我拜李吉来先生为师，学习红生戏《古城会》、《水淹七军》和《白马坡》。

李吉来先生在表现关羽时多用功架，属于传统的表演方式。唱腔是老腔老调，属于徽调的腔体。《水淹七军》关羽的出场，亮各种造型后，上"山"观望，周仓"哇呀呀"随[撕边]两人摆造型亮相。关羽唱[高拨子]："离却了九经八宝连环帐，又听得曹营人马闹嚷嚷，他的军威浩。忆昔当年走范阳，只为不平把熊虎伤，过五关来斩六将，古城擂鼓三通斩蔡阳。(白）久战。久战疆场无敌将，何惧庞德小儿郎。(白）关平、周将。叫关平和周将土山上。原来庞德小儿郎，手下儿郎千百对，刀枪剑戟对成双。关平周将垒山上，上得山来看端详，左边高来右边低。岂容番兵把虎欺，观罢阵式回故里，自有妙计把他擒。"听来古朴、苍劲。

诸如此类的一些徽调唱法如今已然失传，或已随着时代的发展和人们欣赏水平的提高而发生声腔变化。

《华容道》，孙云昆饰周仓，李春仁饰关羽，董瑞昆饰关平

封杰：刘奎官先生是云南京剧院首任院长，您能够谈谈他的艺术风格吗？

李春仁：你不知道吧，刘奎官院长是我学红生戏的第三任师父！1959年，适值新中国成立十周年。当时的艺术界大兴拜师，课徒传艺之风。我们领导又安排我向刘奎官先生行了拜师大礼。

他对我的要求非常严格，说了一出演绎关羽在曹营十二年的全部《汉寿亭侯》，包括《屯土山》、《约三事》、《斩颜良》、《诛文丑》、《封金挂印》、《灞桥挑袍》、《古城会》。刘先生是把我从前跟李洪春、李吉来与他自己教我的戏串联起来。接着，他给我说了一出《走麦城》。戏中的关羽，刘奎官先生设计了几种不同的马趟子，各个不同，非常精彩。演员表演起来是一种享受，观众看着是一种愉悦。

封杰：那就请您“传授”一下刘奎官先生表演的《走麦城》中的关羽。

李春仁：刘奎官先生在说《走麦城》之前，先介绍从前程永龙饰演关羽是按照庙里的塑像扮戏，一举一动都宛若泥胎。他说道：“我如果遵从这种演法，我的‘三绝’就无有用武之地。”有一次，刘先生到山西关羽的家乡演出，偶得一本传抄的《关羽小传》，他如获至宝。因为书中并没有写关羽不睁眼，而是说他的眼睫毛太浓，看似不睁眼。加之，关羽性格傲慢，经常不爱理人，眼睛似睁非睁。至于关羽不抬腿、不睁眼，只是被后来人神化了。

从此，刘奎官先生依据人物的性格、情感和姿态深入钻研，再结合自己的艺术风格来塑造关羽，将他最擅长的腿功、眼神和“哇呀”全用到了关圣人身上。第一场，诸葛瑾来跟关羽商议儿女婚约时，提到当年刘备过江迎亲之事，关羽睁大眼睛，喝道：“大胆！”当诸葛瑾前来规劝时，关羽念道：“玉可碎而不能改其白，竹可焚而不能改其节。”再次表明了关羽在情况紧急的时刻不顾众将安危，为维护自己的“一世英名”而一意孤行。

出城后，在情感方面，刘先生首先按照《三国演义》中描绘的情景为关羽设计了“三望城”表演，一个比一个真切、感人，最后实在没有办法，见大势已去，无奈的发出“哎！”的悲壮之声。形象和神态方面，刘先生设计成鬓发往上一揪，把“眼窝”用两指一搓，再随紧张的锣经，浑身颤抖缓缓回身，到面部基本转向观众，突然用力长身、瞪眼，使观众忽然感到关羽“变形”了。“倒蹉步”表现关羽行走在漫天大雪、崎岖的山路上。“圆场”表现关羽左冲右突难以突围。在关羽闻听马童、赵累等部将已然战死沙场，激奋地说：“死得好！”瞪目，大刀绕腕交与左手，右脚踢关平“倒扎虎”，在[撕边]中亮相。同时，两眼瞪着关平，全身颤抖，半天无语后挤出一句：“不要害怕，随为父，杀，杀，杀！”刘先生巧妙地将“哇呀”糅入其中，前两个“杀”有气无字，第三个“杀”字刘先生用他特有的[嘎调]般的“哇呀呀”来刻画关羽此时此刻内心又悔、又恨、又急、又羞之情，听来有种气势。

《走麦城》，李春仁饰关羽

封杰：您认为怎样才能演好关羽这个特殊角色？

李春仁：关羽是特殊的行当，既不是老生，又不是武生，更不是花脸，但它又都具备了老生的儒雅，武生的勇猛，花脸的粗犷这三个行当的表演范畴。

虽然关羽的唱、念、打不多，但又出出戏里离不开。还有，关键是关羽身边离不开好的关平、周仓和二路老生的配合。鼓师要时刻盯着关羽的言行举止，要随着他的移动变化紧密相随，打出气氛、打出气势。关羽戏有三十多出，而我只学演了十多出。如今的舞台上虽然有时露演几出关羽戏，但已没有这个行当特定的人物特色。

演员不要死学流派，应是“拿来主义”！我们要将四功五法掌握住，并学会灵活运用，一切为塑造人物出发。演出中遵循着前辈艺术家们为我们总结的“无技不惊人，无理不服人，无情不动人”的道理。正像李洪春先生所言，什么是表演？就是装龙像龙，装虎像虎。听似简单易懂，但能够达到其内涵却要花费很大的心血，甚至要竭尽一生的精力。这简简单单的八个字，用今天的语言就是——刻画人物！

封杰：四功五法是手段，表现人物才是目的。谢谢您接受采访。

王门嫡传　痴迷盖派

——京剧名宿小三王桂卿访谈录

盖叫天先生的艺术被冠以“英名盖世三岔口，杰作惊天十字坡”。其精湛艺术风格虽仍在流传后世，但传承者甚少。2011年7月17日，我采访了小三王桂卿先生。

封杰：王老师，您好！我知道您出身京剧世家。

小三王桂卿：是的。我家祖辈与父辈都是京剧演员。到了我们这代我们哥三个又都学了京剧。我大哥是小王桂卿、二哥是小二王桂卿，我自然顺着取名小三王桂卿。这些都是我们的艺名，我真实的名字是王卫华。

《审头刺汤》，小三王桂卿饰汤勤（九岁）

我六岁开始练功、学戏，为了练出真功，大人把我腿上绑上竹签练习小翻。每天晚上吊着一条腿睡觉，清晨三点钟起床，然后再去共舞台扎上靠，练习快枪。七点钟，看功的师父来帮我练翻跟头。之后，我再练习出手。十二点钟，我再去黄金大戏院由唱花脸的王寿奎先生给我吊嗓子。下午回家睡觉。到晚上七点钟我再到共舞台陪着我大哥打下把。其实我第一次上台是在四岁的时候，在《西游记》中的“刘全进瓜”一场演一个小女孩，我大哥饰演小男孩。后来，我就陪着我父亲演《西游记》中的小猴子。我十岁在《四郎探母》中饰演杨四郎，大哥饰演佘太君，二哥饰演杨六郎。《追韩信》中我饰演萧何，大哥饰演刘邦，二哥饰演韩信。稍微大点，我就开始陪着我大哥演出《八大锤》，他饰演陆文龙，我饰演王佐；《连环套》，他饰演黄天霸，我饰演窦尔墩；《打严嵩》，他饰演严嵩，我饰演严侠；《空城计》，他饰演诸葛亮，我饰演司马懿；《四平山》，他饰演李元霸，我先饰演秦母，后赶秦琼。

十七岁，我嗓子倒仓了。第二年，我就转攻武生，加之我从前有武功的底子，开始练习出手等功夫。这时，我相继跟随刘五立、金立元学习。而且，我特别痴迷郭玉昆的戏和表演功夫。我们那时候，学戏很难，都是“偷学”。我亲眼看见高盛麟和裘盛戎每天站在剧场的二楼最后一排，口叼一根茄丽克牌香烟，无论是会的戏与不会的戏，还是演出的质量好与不好，他们二位是每天必到。虽然，我们家跟盖家是亲戚，但我父亲学习盖派也是靠的“偷学”。我父亲看着我们练功非常严厉。等我两个哥哥嗓子倒仓，演出就全靠我了。像后来，再演出猴戏就全归我。而我的猴戏学自张翼鹏舅舅。

封杰：那么，您是怎么学习的盖派艺术？

小三王桂卿：我们家与盖叫天先生是姻亲，我的姨姥姥嫁给了盖先生，我称他为“姨姥爷”！

我在很小的时候，就听京剧界内外行称盖叫天的表演是“卖膏药的”。记得，在我七八岁的时候，我大舅曾带着我看了一场很特别的节目。前面都是武术表演，最后是盖叫天先生的《武松打店》。但我真正接触盖派艺术，是在上海浙江大戏院看了盖叫天先生拍摄的京剧舞台艺术片而有所触动，剧场连放四场，我是场场不落。说实话，只凭看是不可能学会的。后来，一次偶然的机会我在大舞台看了一场高盛麟演出的《洗浮山》。高盛麟虽然宗杨小楼的艺术，但其表演风格中又糅入了周信芳先生的麒派和盖叫天先生的盖派。他饰演的贺天保，出场唱："乔装改扮来打探"再念白："贺天保跟随大人……看城楼之上高挂人头，待我探山便了！"这时锣鼓起"大台哐才"走盖派马趟子。接下来的开打，高盛麟用得全是盖派的表演动作。我觉得高盛麟的表演中既有传统的特色，又有新鲜的风格。所以，我找到领导特意写了一封介绍信到武汉去向高盛麟请教。

高盛麟喜欢盖派艺术还有一段小插曲。听我大哥小王桂卿回忆，当年高盛麟曾对他说道："当初，我跟茹元俊闲暇无事，说'走，看耍猴的去'。后来，通过多次看盖先生的戏，逐渐感觉出他的不同，而一步一步地模仿、学习盖派！"

后来，我为了学习盖派的身段、云手特意仿效盖先生买了一面一人过高的大镜子，每天对照着练习。可我总找不对窍门，非常巧的是此时小盖叫天到上海演出。我又找到领导请假，每天跟随小盖叫天学戏、看戏。后来，他回到杭州，我又找领导申请，到杭州几天继续跟小盖叫天学习《史文恭》、《洗浮山》、《恶虎村》、《三岔口》等戏，以及盖家独创的三鞭绝活。所以说，我能够学习到盖派艺术的精髓应该多多感谢小盖叫天三舅。

封杰：我听说，您有出《洗浮山》得到多位大家的传授。

小三王桂卿：我住在高塔公寓，有时小盖叫天三舅就到我的住处给我说戏。我大哥小王桂卿去淮海大厦跟周信芳先生学习《斩经堂》。

我的《洗浮山》先是高盛麟教完我之后，小盖叫天三舅又给我进行加工。后来，盖叫天先生得到了消息，当我在天蟾舞台演出《洗浮山》的时候，盖叫天先生特意来看。不过，前面的两出戏他都没有看。直到我饰演的贺天保出场，盖叫天先生才走进来。别人看见他来了，告诉我说："盖老来啦，坐在第五排！"我一听这消息，心里特别紧张。我第一场穿薄底，唱“哪怕那墙高万丈……”时，盖派应该是亮相而我是扳朝天蹬。之后是走边、马趟子、“双刀花”开打，直到中抓。这时我改穿厚底，虎跳漫子、甩发，演出很火爆，观众非常欢迎。演出完后，有人带过信来：“盖老让卸完装，吃好夜宵到家去趟！”我连忙卸好装，没敢懈怠就急忙赶到盖叫天先生的住处请教。

封杰：您见到盖叫天先生后给您说戏了吗？

小三王桂卿：这是我第一次跟盖叫天先生见面，不过，他对我的家世和学习情况了如指掌。他见到我说：“不错，蛮好，没回铃！”在盖爷爷一番鼓励之后，他又提出：“你在台上扳腿干什么？卖艺呀？”我只是默默无语，盖爷爷接着说：“你翻得挺溜，你都被抓打伤了，你还有劲翻呀？”我知道错误后赶紧站了起来，盖爷爷见我有些醒悟，又耐心道：“舞台上可以翻，但要分清时间、人物，不能瞎翻！”这就是盖爷爷经常讲的一句话，也是盖派非常讲究的特色“没事找事，但要有道理！”等我第二次上演《洗浮山》就把这些动作删除掉，完全按照小盖叫天三舅教我的盖派艺术风格表演。

《四郎探母》，小三王桂卿饰杨延辉（十岁）

封杰：您能详细说说

盖派《洗浮山》的特点吗？

小三王桂卿：我跟高盛麟和小盖叫天三舅学过《洗浮山》之后，经周信芳院长的特批，我又到杭州跟盖爷爷学习、加工《洗浮山》。

清早，我来到盖爷爷居住的燕南寄庐。只见院中有个女生在练习《劈山救母》中的云帚走边表演动作，是一个字一个身段，非常严谨、规范。盖爷爷从屋里走出来说："这么早就来了！"

我说："爷爷早！"

盖爷爷说："你学什么呀？"

我说："我跟您学《洗浮山》！"

盖爷爷说："那马鞭、褶子……"

我没等盖爷爷说完，就连忙脱去外衣露出里面掖着的大带、系好的褶子，然后打开一个小包袱，取出髯口、厚底、水、食物等东西。盖爷爷一看："哦，全准备好了！"

我开始走身段，一遍之后，我看盖爷爷没有说话。我又重复一遍，盖爷爷还是没有说话。我接着走了第三遍，完后。盖爷爷说："好了，走边吧！"我走了几遍走边后，接着，又让来了一段双刀花。最后，盖爷爷说："行了，回去吧。明天晚点来！"

第二天七点钟，我到了盖爷爷家，看着他吃完四个荷包蛋，又喝了一大杯牛奶，然后，盘着腿像"打禅"一般坐在堂屋。这时，盖奶奶说道："孩子从上海来，你给说说，又是亲戚！"他先说完走边和马趟子之后，开始说戏。他说："这是死人唱戏！"例如，贺天保唱[石榴花]："俺只见红日西坠月无光，昏沉沉云雾柳成行。且听得庄中人烟闹嚷嚷，马嘶尘滚风声狂。急慌忙勒马提缰，急慌忙催马拎缰，披星戴月阳关上，只听得梆儿响亮，奔羊肠。"这时，有个望月的身段很美。然后，他就口含一条手巾来代替髯口，给我示范表演动作，并告诉我腰里的劲头。他一边示范，我一边观察他的眼神，这时我才懂得盖爷爷常讲的“拳似流星，眼似电，腰如蛇，脚如钻”的道理。

后来，盖爷爷建议我把表演马趟子时唱的“昏沉沉云雾柳成行”改成“遮柳行”。还有“走边”时唱的“俺本是侠义豪强”改成“要学那”。所以，在以后的演出中我都按照盖爷爷说的改正过来。那时，盖爷爷经常参加一些活动。如他到瑞金大戏院讲表演艺术，他带着我去听课。有时，他还带着我出去吃饭，总是盖奶奶付账。1964 年，全国大搞现代戏创造演出，我也回到剧团，从此跟盖爷爷分开了。

封杰：盖派艺术的特点应该是什么呢？

小三王桂卿：一般武生讲究的是手眼身法步，唱念做打。而盖派讲究的是手眼身法步，肩肘腕胯膝。他还讲究一戳、一站、一动、一静、一招、一式和蛇腰、拉胯。像他演出的《白水滩》中扭身的阴阳面表演姿势就非常漂亮、讲究。有一次，盖爷爷在上海中国大戏院演出《武松打虎》，我守候在他身边。我观察他是先穿好服装，再化妆。然后是勒头，再画眉毛，用他的话讲：“这是画龙点睛！”可演出之前，由于装虎形的演员表演不像是一只斑斓猛虎，盖爷爷就示范给大家看，他的四肢动作非常和谐。虽然观众看不见虎形内的演员表演神情，可盖爷爷随着四肢舞动表演出来的神态令人折服。而他饰演的武松，更是迷人。

盖爷爷为了演好《三岔口》中“摸黑”的表演，特意在晚上“实战”练习行走，采取“一听、二看、三摸”。还有，他为了表现武松的一种醉态，注意观察生活。我听李秋森讲，盖先生在杭州的街头看见一位农民喝酒，由于饮酒过量，行动起来东倒西歪，盖先生就随着他走，并仔细观察他的一举一动和神态。后来，他把这些生活中的动作全部化用到舞台表演之中。

盖爷爷设计的走边与众不同，形式多种多样。如，一种是撩大带，扔髯口，转身；再捋髯口，骗腿，再转身，后亮相。再如，拿大带，转身，扔髯口，捋髯口，转身，两抬腿，亮相，走[水底鱼]，跨腿，骗腿，亮住。

盖派艺术讲究、追求的是一个“美”字，学起来很难。如果学不好的话，身上会很僵。我喜欢盖派，热爱盖派，而我不是盖派，因为我没学到盖派的表演精华。盖爷爷曾对我说：“你不要学我，再好你也是老二！”还有，对于盖派艺术表演诀窍和内涵，盖爷爷不轻易示人。他能够让你站在旁边看他练功、说戏，就已经是莫大的荣光。要想学好盖派艺术，必须要认识它、喜爱它，经过一番艰辛的努力方可进入盖派大门。

封杰：您再说说盖派猴戏吧！

小三王桂卿：盖爷爷的猴戏我没有看见过，但是我听我父亲讲，盖爷爷的《闹天宫》中孙悟空与四大金刚、哪吒开打，舞剑、阳伞后，他抢过琵琶和圈，是一边耍圈，一边弹[夜深沉]，哪吒唱：“马猴头你太张狂……”

《西游记》，小三王桂卿饰孙悟空

张翼鹏的猴最精彩，李万春等许多人都在学他。最早，张翼鹏的猴也是一种“死猴”。后来，经过无数次的舞台磨砺和观察生活中的猴子习性，逐渐变成了“活猴”！孙悟空在《闹天宫》中与众灵神开打时的舞旗、圈、锤都符合情理。就像李万春演出《十八罗汉收大鹏》是与庙宇中的罗汉相符合，真实。我父亲跟郭玉昆、王少楼等人都反对在台上摆一圈武器由“孙悟空”挨个挑起，再由“神将”接住，这是有技无艺。京剧要振兴，应从难出发，要讲究不要将就。像我大哥小王桂卿演出《四平山》的李元霸耍的锤，是金杆大锤，从来没有用布缠起来，防止滑落。大家都知道，我大哥耍的四根鞭很出名，他为了舞好这四根鞭，每天练习三百遍。即使这样，我大哥还说：“我的四根鞭顶不了盖爷爷的两根鞭！”因为盖家的耍鞭是有章法的，从来不是为了接鞭而接鞭。这种表演，张翼鹏、张二鹏、小盖叫天都继承了下来。可惜，现在盖家鞭已然失传了！

封杰：您觉得怎样才能做好一名武生演员？

小三王桂卿：作为一名武生演员，最好学一些武术，有助于表演。我们王家和盖家在武术方面都有一定的基础，有些化用到了京剧表演动作之中。目前，后人在继承前人艺术的时候不要擅自改动，那是他们一生心血的结晶。后人如果有新的艺术创作思想可以另做一出戏发展，甚至超越他们！

虽然，盖爷爷演出人物属于“短打武生”，可他演出来的气势却是分量集中，属于大武生。像他手拿褶子，穿箭衣都跟别人不同，身法要好，看着有“样”！盖爷爷艺术用“行云流水，连绵不断”来形容最为准确。他的表演是刚柔相济、大小结合、松紧相随，最讲究“精气神”。同时，他的两只眼睛如同闪电一般放射着光芒。他说：“我拉开山膀，两只眼睛就像钉子一样钉在那里！”盖爷爷的这些绝技有一部分记录保留在他留下来的舞台艺术片里。

我追随盖叫天先生一生，对于盖派艺术我总结出了十个字：新、美、文、重、帅、脆、透、精、妙、绝。

封杰：您用心血总结出来的十个字非常精辟，使我更多地了解到盖派艺术的精华。谢谢您！

八十岁的“萧太后”

——京剧名宿毕正琳访谈录

2010年是台湾京剧艺术家毕正琳老师八十大寿，12月26日，由其家人、学生联合演出了《四郎探母》，以示庆祝。毕正琳老师饰演的萧太后，观众完全被她精湛技艺所征服。28日，我采访了毕正琳先生。

封杰：毕老师，您好！上海戏曲学校“正”字科涌现了许多成功的学生。由于您生活在台湾，大家对您的艺术生涯非常渴望了解。

毕正琳：我出生在北京，但由于幼年就随家人到了上海。所以，北京家的住所地址我不知道。我们家不是京剧世家，只是因为我家的一位亲戚喜好京剧，是他替我报的名。当时，我已经是小学四年级的学生了，虽然看过京剧，但我对它并不全知、全懂。

毕正琳便装照

在考试当天的考场上，老师让我喊喊嗓子我都不知道如何做，只是随意地喊了一声。老师走过来将我的眉毛往上吊了吊，点点头就算是过关了。当我接到上海戏曲学校的录取通知书时，全家人都感到很诧异。这时，我家这位亲戚才说是他帮助报的名。我是上海戏曲学校第二期的学生，学校原定按“正大光明”给学生们排名。这时像顾正秋、关正明、张正芳等同学已经入学，有的同学由于条件所限被淘汰了。学校为增补后备，招了一批新学员。我入学后，学校将我原来的名字毕如琳，改成正琳。

封杰：您入学后，被分配到哪个行当呢？

毕正琳：起初，我被分配到武旦组，每天早晨由老师看着在一楼练翻跟头、踢腿、耗腿、拿顶等基本功。然后再到二楼练跷功、圆场、喊嗓子、排戏等事情。像拿顶，我只练习了一次就不再练了。因为我总觉得手撑着地，头朝下不舒服。老师就让我到二楼找梁连柱先生学习跷功和圆场。这位梁连柱先生虽然是花脸行出身，但他教给我们的一些旦行功夫非常过硬。这样，我开始了“偷懒”，每天早晨一到学校我就直接跑到二楼绑好跷练习。后来，我才发现，敢情练跷比拿顶更艰苦。因为梁连柱先生让我们绑着跷站在一条非常窄的板凳上，中间还有些凸，只要稍微有点晃悠就会从上面掉下来。

刚开始站跷时，总会有些站立不稳，小腿发酸渐渐地有点弯曲，这时梁连柱先生就会拿着刀坯子走过来朝着腿肚子打，我们赶快绷直了。可时间久了，腿更加无力又会弯曲，梁先生就再打。当然，如果从凳子上掉下的话，必会招来梁连柱先生一顿打。练完站跷后，梁先生让我们下来，休息一会儿。所谓的休息，就是在地面上来回走动，这是为了把血液循环开，不会落病。接着，我们又开始练习跑圆场。

封杰：跑圆场，是否会好一些？

毕正琳：我们练功的二楼有个舞台用于排戏，我们就在它后面的大空场练圆场。空场地面上铺着瓷砖，非常滑，我们谁也不敢在上面走。只有慢慢地走过去，这时梁连柱先生又走了过来，我们连忙跑动起来。梁先生要求我们必须做到无论脚下是台毯还是木板，一定要按同一个节奏跑动。由于练得太累了，我们就跑到舞台后面躲藏一会儿，这个地方梁老师看不见，我们可以少跑一圈。可也奇怪，每当我跑到这里准备休息一会儿时，总会被梁连柱先生发现。他就拿着刀坯子走过来，连同与我一起“休息”的同学也会挨打。每当我跑圆场时，梁先生总会跟在我身边说：“脚步太大，压住。肩膀不要动，稳住！”而且是边说边打。

封杰：看来，梁连住先生对您是“疼爱有加”。

毕正琳：正是由于梁连柱先生的严格要求才使我的跷功非常过硬。由此，梁先生开始连续教了我《金山寺》、《扈家庄》和《虹霓关》三出戏。

虽然梁连柱先生是花脸演员可他教出来的戏非常细致，只是我们看他教授的身段有些怪怪的，不过他给我们说得很仔细。由于《金山寺》和《扈家庄》是载歌载舞的戏，他就要求我们必须做到字、腔与身段完全的统一，这样才美。

在上海戏曲学校的时候，梁连柱先生对我格外“疼爱”，只专心地打我，其他的同学受此“恩惠”的比较少。当时我对梁先生有些怨恨，心想：“为什么只打我一个人？”后来，我所会的功夫越来越硬，所学的戏越来越多。直到我渐渐地在舞台上一出一出戏的实践，越来越受到观众的欢迎，并取得了小小的成绩后，越发对这位恩师感激不尽。

封杰：您在学校的时候，除专攻武旦还学习文戏吗?

毕正琳：由于我嗓子很好，还学习了一些唱功戏。文戏开蒙老师是出科北京斌庆社的周斌秋先生，我向他学唱梅派戏。周先生认为我的嗓子有点发闷，就将我推荐给了吴富琴先生，随他学演《六月雪》、《武家坡》等程派戏。花旦戏我向陈月梅先生学习。我的《马上缘》是向一位六十多岁的陈桐云老先生学会的，但我只学了唱腔，身段还未来得及学，这位老先生就过世了。

封杰：毕业后，您开始了搭班唱戏的生活。

毕正琳：我从这时起渐渐地侧重了唱文戏，不过，每天早晨我仍到中国大戏院与张美娟、苏盛轼、王元玺先生练功。同时，我跟阎世善先生的下手吴玉铃老师练习打把子。后来经他介绍，我到张君秋先生家陪着他练打把子。

十九岁时，我应俞素秋的邀请到昆山唱了一期，效果很好。后来，我们又到了苏州。不久，我应袁世海先生的大哥袁斌侯先生邀请，参加演出李少春、袁世海先生新创的《野猪林》，让我在其中饰演林娘子。在双方谈公事时，我坚决不要钱。我想，以我的条件能够与这么著名的演员合作是我的荣幸，高攀都来不及，怎好谈公事。可就在这时，香港来人与我谈演出事宜。那时的香港还没有回归，我们能到香港属于“出国”。这样，我失去了与李少春、袁世海先生合作的机会。不过，我还是到天蟾舞台观看了他们的演出。

《虹霓关》，毕正琳饰东方氏

1950年，我到了香港，有幸与京剧大师马连良先生合作演出。马连良先生在九龙的中央戏院演出《失·空·斩》，我在前面垫戏《青石山》，在《四进士》中饰演杨素贞。当时我心里别提多高兴了！由于之前我和张君秋先生有过交往，所以在香港普庆戏院的这次演出，我们在一起合演了《白蛇传》，张君秋先生饰演白素贞，我饰演小青。在《十三妹》中，张君秋先生饰演何玉凤、我饰演张金凤。还有一次，为了向灾区募捐，我们在娱乐戏院举办义演，我在陪杨宝森先生演出的《大登殿》中饰演代战公主，李丽华饰演王宝钏。在杨宝森先生演出的《四郎探母》中饰演四夫人。每当遇到这种情况我更加感激和怀念梁连柱先生。正是由于他的教授才使得我能够与马连良大师和“四小名旦”之一的张君秋先生同台合作。

我自组班社后，为了营业，有时一个晚上我演双出。前面我先演武戏《金山寺》，后面再唱全部《四郎探母》。而且我的这出戏是“一赶二”，前面饰演铁镜公主，中间饰演杨宗保，后面再赶回铁镜公主。

1954年，我和章遏云、俞素秋、朱琴心、金素琴、俞占元等人来到了台湾，我们演出了《虹霓关》、《十三妹》等戏。后来，我参加了龙吟京剧团。几年后，我脱离了京剧舞台。直到我们“正”字科的几位同学举办纪念上海戏曲学校创始人关鸿宾先生逝世演出活动，我才逐渐恢复了京剧生涯。

封杰：我看您的萧太后很有特色，是否借鉴了赵桐珊先生的表演艺术。

毕正琳：是的。我演出的萧太后的确有赵桐珊先生的东西。我在学校的时候就看过赵桐珊先生的不少戏，尤其是他在《四郎探母》中饰演的萧太后，那是他的专利。北京来上海演出的剧团，只要演这出戏都不用带二旦来，这个角色永远是赵桐珊先生莫属，上海观众就认他这个“萧太后”！

其实若论扮相，赵桐珊先生没有“四大名旦”那样的扮相，唱腔方面也没有什么特殊性。然而，他的一举一动都会让观众感到与众不同，是他独有的一种表演方式。像他演出《四郎探母》的萧太后下场的几步走，一步三晃头，让头上的珠子来回摆动，但又不能让珠子乱动。这就需要经验和技巧。说他是老生的步法吧，其实也不是；说他是老态吧，实质也不是。

由于萧太后当时的年龄应在四五十岁，并不是一个老太太。赵桐珊先生走出来的是老生中加入了一些青衣的身段，既显得美又透着稳重。

过去的老演员身上都有诀窍，属于一招鲜吃遍天。唱腔方面大家也是在各自找寻属于自己的特长尽情发挥。像张君秋在当时年轻、英俊，扮相漂亮，嗓子又好，他发挥了自己的优长，最终形成了张派。

封杰：不知现在的台湾年轻人还喜爱京剧这门传统艺术吗？

毕正琳：戏，这个东西只有花费大功夫才能掌握好。现在的青年人"玩"得与我们这代人截然不同，我们是绞尽脑汁去学习、去表现，而他们只会学习前人留下的现成东西，缺乏创造力。

京剧在台湾曾经红火过很长一段时间，可现在并不景气。我虽然已经八十岁了，还在为京剧的传播尽我的职责。只要年轻人真心喜欢学，我都会尽我所能、倾囊相授，甚至自掏腰包，我都乐此不疲。

封杰：谢谢您，祝您健康长寿！

学自明师 辽东程韵

——京剧名宿吕东明访谈录

2012年的霜叶红于二月花——京剧老寿星演唱会上，来自沈阳的吕东明演唱了《荒山泪》中“听谯楼二更鼓声声送听”唱段，顿时艺惊四座。10月22日，我采访了吕东明先生。

封杰：吕老师，您好！您的家庭是唱京剧出身的吗？

吕东明：不是。但我母亲是唱河北梆子的演员，她是河北保定人，六岁时入沈阳一个小科班学习河北梆子，艺工老生。她表演的朝天蹬可以三起三落，非常受欢迎。等到她出科后，演出没有几年，河北梆子已经开始不景气了，只好与评剧、京剧一起演出。母亲后来嫁给了我父亲并改去高姓，随夫姓取艺名吕云鲜。我父亲主要是帮着我母亲联系演出事宜。

我从小每天随着父母到戏园子，被安排在侧幕条边看他们演出。那时候，多是些京剧、评剧、梆子混合演出，名曰“三下锅”，观众看得非常亢奋。有时，他们演出《秦香莲》等戏，需要有个小孩的活，大人就问我：“你敢不敢上？”

我毫无胆怯地说：“敢！”这样，大人连忙给我穿服装，临时教我。什么时候跪，什么时候哭，我都记得很清楚。

我到了十二岁才开始学习京剧，练功师父是李顺德先生。后来又跟刘朱友先生。刘先生虽然是唱老生出身，但他给我说的却是旦行戏。不久，我就在大人的安排下在黑龙江的双城堡，第一次登台演出了《探窑》，我饰演王宝钏，由一位大人陪着我演出，她饰演王夫人。

我可能天生就是唱戏的，在跟先生学戏的过程中没有一次因为唱、念而挨打。不过，一根棍子倒是常常戳在旁边。有时，我由于贪玩，台词没有背下来，先生就会拿起棍子往地下一戳，发出“咚”的声音，吓得一激灵的我倒是马上脱口而出。师父反倒哈哈大笑，我也免遭了一顿打。

后来，我还曾跟花砚君先生学习了《玉堂春》。这是她的艺名，真名我不知道。当时，她在东北非常火，名气很大。她教的戏很地道，不过，这出《玉堂春》是老本子，表演属于官中活。尽管如此，花砚君先生却为我打下了一个非常好的基础。而且，她对我在念白中的有些带有东北音的地方进行了纠正，使我终身受益。

封杰：那么，您搭班唱戏的经历怎样呢？

吕东明：我唱戏后搭入了秦友梅领衔演出的剧团，由她演出的《锁麟囊》是我第一次听到程腔。我立刻就被吸引住，着了迷。没多久，哈尔滨就解放了。东北军区政治部接收了我们剧团，改名文协艺术平剧工作团，当时新中国还没有成立。有时，我们正在演出，得到了解放军又解放了某个城市的捷报后，舞台上立刻戳出一块牌子昭示大家，这一下剧场内就沸腾了起来。

《锁麟囊》，吕东明饰薛湘灵

沈阳解放后，我们收拾好全部家当坐上火车出发。不过，沿途还有国民党的残余队伍或土匪骚扰，我们只能行行停停，一点一点地前进。从哈尔滨到沈阳的路程，我们走了七八天才到。我们到达后，先成立了东北京剧团，不久改为沈阳京剧团。之后将当地五个剧团合并为沈阳戏曲研究院，院长是晏甬先生。主要演员有秦友梅、焦麟昆、张世麟、赵荣琛等人。院里有两堂乐队，轮流为梅派、程派伴奏演出。我们常常演出，我主要承担二路活，有时我还要临时钻锅。有一次，由小生改为导演的徐菊华先生正在排新戏，他对我说："你看着点，以后这个活就是你的了！"

我稍有胆怯地说："她那是老旦呀，我怎么唱！"

徐先生说："等你唱时，我给你改成青衣腔。"

封杰：沈阳京剧院应该是新中国成立后较早承担出国文化交流任务的剧团。

吕东明：我第一次出国演出是抗美援朝慰问志愿军，我们在广场上演出时，只要听到有人喊话"敌机来啦！"我们就赶快收拾好服装、道具隐蔽起来。有的志愿军战士由于给我们站岗放哨，看不到我们的演出，我就跟琴师到他身边专门给他一个人演唱。我们到下一个战地慰问演出之前，先将东西捆绑好放在卡车上。趁着夜色通过封锁线，我们坐在车上有人不间断地拍手，时刻提醒大家千万别睡觉，如遇到紧急情况好立马下车隐蔽。之所以这样做，是因为前段时间出现过危险情况。有一次，我们亲眼看见刚刚离开时间不久，敌人的飞机就来轰炸了，原来的演出地被炸得是一片火海。

在朝鲜我跟女老生演员尹月樵演出了《打渔杀家》，之后战士们要求看《贺后骂殿》，可是我们没有带这出戏中所需要的服装。为了满足大家的愿望只好临时将就。像贺后应该穿黄披或黑披，而我穿的是白色的道袍。

第二次出国是到原来的民主德国，我跟杨元勋演出了"船舞"和自己单独表演的一段舞剑。出国前，周恩来总理检查了所有演出剧目，还对我演出的节目说道："这两个节目可以带出去！"一个月后，我们回国被安排在北京整顿。这时，叶盛兰、杜近芳、张春华等人加盟进来排演新节目。有叶盛兰跟杜近芳合演的《断桥》，张春华跟刘兰合演的《秋江》，王鸣仲的《闹天宫》。而我跟徐菊华是二组《秋江》的组合。不久，我们就又被派到西欧演出。这次是我第三次出国。

封杰：您在怎样情况下迷上程派艺术？

吕东明：新中国成立初期，程砚秋先生曾经到沈阳演出《锁麟囊》。这是我第一次聆听正宗的程派，当时只是觉得好听，还处于朦胧阶段。程先生演出的剧场是家木结构的老戏园子，为了保证程先生的安全，演出前公安部门要做安保工作。我没有票，就先找到专门给剧团做服装的史师父，让他把我藏在桌案下面。等到观众进了剧场我再混进去。可我没有座位只好爬到三四层放佛龛的夹层，弄得满身都是灰。看完戏后，从剧场到宿舍的五站地路程，我模仿着程先生的表演，学唱着他的演唱，心里异常兴奋。抗美援朝，程先生跟田汉、洪琛一起参加志愿军慰问团再次到了沈阳。程先生为大家演唱了一段《锁麟囊》。

这时的我只能算是程派迷，直到赵荣琛先生到了沈阳，我才真正入了程派的殿堂。赵荣琛先生在大连演出之后，我们剧院将他接了过来。赵先生是听从程砚秋先生的建议，才组织演出小组到全国进行巡演。我跟赵先生初次见面是在剧院里，之后相继看了他上演的几出传统戏和新创演的《黄帝与妓女》、《婉娘与紫燕》、《风雪破窑记》等戏。而我接触程派主要得益于赵荣琛先生每次排戏、演出，我都可以近距离的观赏、学习。尤其是赵先生不演出跟乐队在一起说戏时，我就搬把小板凳坐在门外听，有时他们空拉我能听出是哪出戏。时间长了，他们见我每次坐在门外就让我进屋听。所以说，赵先生跟乐队老师合的每一个腔，表演的每一个动作我全看在眼里，记在心间。从这时起，我更崇拜程派了。

从此后，我天天跟着赵荣琛先生，先以《贺后骂殿》开蒙。在教戏过程中，赵先生说："女孩子不要刻意模仿程腔，程先生非常反对。他要求顺其自然，不要憋嗓子追求发音。有亮音很好，只要不出格就行！"

1955年，由于当时的政治环境，不提倡拜师，属于"四旧"。我虽然跟赵先生学了几出戏，但没有举行过拜师仪式，只是我、王美筠、刘华林跟赵荣琛先生在一起合照了一张相片。在我们跟赵先生的心里已经属于师徒关系了，只是不敢明示。

直到"文化大革命"之后，逐渐恢复了传统戏，我才又找到赵先生加工《荒山泪》、《锁麟囊》等程派戏。这次跟赵先生学戏主要是在念白方面下功夫。像《锁麟囊》中薛湘灵出场前的闷帘一句："啊，梅香！"要让观众听得好像是在远处，后面的"花儿要鸳鸯戏水的，转来，一个要飞，一个要游，不要小也不要特大啊！鸳鸯要五色，彩羽透清波，莫绣鞋尖处，提防走路磨。无用的丫头！快些搀我来呀！"每一句，每一个字都要念出意境和劲头。

王美筠、刘华林、吕东明与赵荣琛合影

另外，在唱腔方面赵先生特别强调气口，他说："气口有明有暗，像《六月雪》的'未开言思往事心中惆怅'之间的气息及顿处不要生硬，须唱出弹性。"赵先生指出气口一般没有固定的，要酌情而定。只要演员唱着舒服，加之，琴师的配合，使观众听得悦耳就可以。而像《锁麟囊》中"春秋亭"一场薛湘灵唱的[二六]"救他饥渴胜琼瑶"的"饥渴"与"胜"字就是一个明气口，但不要唱拙了。

赵先生在教《荒山泪》时再次强调唱、念方面要字音清晰，不要咬死，就好似母猫叼着小猫一样是轻轻地含着，只是略微用些力，又不会掉下来。梅兰芳先生在一篇文章中关于唱念方面写道："咬字就像手里攥着一只小鸟。"后来，我通过实践深深感悟到前人所说的话用意深远，这里面讲的劲头只有长时间的练习才能掌握住。我理解梅先生讲的那句话，手里的小鸟如果用劲的话，小鸟就会攥死；如若轻轻地攥着，小鸟就会趁机飞走！这全在劲头的拿捏。

封杰：我听说，为了您改学程派，乐队老师还曾发生过"战争"，是吗？

吕东明：我从西欧演出回来听说赵荣琛先生离开了沈阳，我还大哭了一场。不过，傍过他的丑行演员王昆，老生行演员关大友留了下来。剧院为了培养青年演员，规划了几个人发展方向。可到了我，却发生了一个插曲。原来两堂乐队的老师都争着要我参加。梅派乐队贴出告示"吕东明如果学程派，她的嗓子就完了！"而程派乐队贴出告示"吕东明学习程派有发展！"不想，此事惊动了文化局领导，就让院领导特意找到我，说："你愿意学梅派还是程派？"由于我平日里经常听赵荣琛先生的演唱，自己又很喜欢，加之程派乐队的老师追我又非常急，而且告诉我："学程派并不一定就会坏嗓子，只要用法正确，绝对没有问题！"这样，我答应了学习程派，每天跟着琴师徐文谟，京二胡张硕在一起反复磨习程腔。

吕东明给范金秋说戏

我们先排了《荒山泪》，这是我第一次看赵荣琛先生的戏，也是奠定我痴迷程派的戏。

“文化大革命”开始我被下放到了“五七干校”，传统戏不敢唱。后来，他们演出《智取威虎山》将我从干校调上来参加演出，饰演李母。说是反串的活，实质上是让我改行。当唱到“北风凉”时，有句高腔我达不到就采取小嗓演唱。许多老同事见到台上的“李母”都止不住潸然泪下，是可惜，是可怜，是可悲。

封杰：现在学习程派出现了一种“怪音”，您怎么看待。

吕东明：我认为，学习流派不必死学，而要像赵荣琛先生学习，由于他文化底蕴深厚没有完全照搬程砚秋先生的演唱，而是更赋予穿透力。他每次上台前，都会找找共鸣音。还有张君秋先生，他演出的《楚宫恨》唱腔可以说是完全将程砚秋先生的唱腔化用了过来，只是以他的理解和表演重新诠释和表现。

青年演员在继承程派唱腔的同时，也应该加强身段方面的学习与训练。由于程先生身材高大，饰演的女性就要有所收敛。我们在学习的时候就要掌握分寸，不要夹着膀子，尽量放着点。程派的身段更讲究腰里的劲头。像《武家坡》中王宝钏的进窑，程派是右脚在左脚里面，存身的同时往里转。

封杰：希望青年演员能够真正领悟程派艺术的真谛。谢谢您！

茂密如林 舒展梧桐

——京剧名宿舒茂林访谈录

他一生只为绿叶，将红花映衬的耀眼夺目。他历经坐科、参军、课徒、传子，为京剧做着贡献，却始终默默无闻。2012年9月3日，我采访了舒茂林先生。

封杰：舒老师，您好！我知道您的家庭跟京剧没有关系。

舒茂林：我家是满族，但到我这代时家境已经衰落。我七岁的时候，因为看了一场京剧《泗州城》觉得戏中孙悟空的翻高很好玩，便回家模仿，从高处往下翻导致头部摔伤，落了个大疤瘌。不过，我并不灰心，从此坚定要学京剧，天天喊着、磨着家长非学京剧不可。

我们家虽然没有从事京剧的人，但我的姑母嫁给了小生名家程继先先生。第二年，我姑父程继先到天津演出。我二姐给我姑父写信的时候，我让二姐在信中问声，我可否到天津稽古社去学戏。当时，我父母认为我太小反对我学戏，而我也只是认为好玩。不想，我姑父当了真，亲自找到稽古社社长商谈我的事情。对方看是程先生介绍的人当时就同意了。我们家接到消息后就给我准备行囊，大人带着我坐火车到了天津，先在惠中旅馆住了两天后，才由我姑父领着我到了天华景的稽古社科班。

科班的师父看看我，说："程先生，行，留下来吧！"

我姑父对我说："你想学戏呀，好，就在这儿学吧！"

我浑然不知，说道："好吧！"就这样，我入了科班。

封杰：您进了科班，学的是什么行当？

舒茂林：我进了科班后，先将原来的名字改成了舒承元。可是，教戏的王先生先派了我在《太平桥》中饰演娘娘。刚开始，我不懂得娘娘是个什么角色。等到先生一教我扭捏的样子，我哭了，说道："我不学女的！"

我转身离开了王先生。如果按科班的规矩这种行为是要挨打的。可王先生没有这么做，而是把我推荐到花脸组。我学的第一出花脸戏是由叶德凤老先生说的《探阴山》，只这出戏我就足足学了整整一年。我们科班有个好制度，每年放假一个月，我回到北京后特到姑父家道谢。姑父问我："你学什么戏啦？"

我说："我学会《探阴山》了！"

姑父又说："好，你唱唱，我听听！"

我张嘴就唱，待唱完后，我姑父说："还行，去玩去吧！"

我回到天津后继续练功，别人踢腿、撕腿疼得直哭，而我跟没事人似的。我这个举动被副社长娄廷玉先生看见，他就把我推荐给了李兰亭先生。跟随李先生学习武生要狠下功夫。因为李先生要求非常严格，当时跟他学戏的有李大春、李元春、郭景春、杨生华、郑承凤和我等人。李先生教戏有个条件，只教十个人，多一个不教。可我跟李兰亭先生身边只练功，不学戏。因为他要求我们必须把他独有的功夫掌握住并运用自如，方可往下进行学戏。

《闹天宫》，张正武饰孙悟空，舒茂林饰二郎神

我一边跟李兰亭先生练功，一边到娄廷玉先生处学戏。第一出是《翠屏山》。之后是《骆马湖》、《连环套》、《殷家堡》等武生、花脸并重的戏。在我第一次演出《翠屏山》的时候，尚和玉先生看了后说："这孩子不错！"当他知道程继先是我姑父时，更兴奋地说道："那我给说出《芦花荡》！"

尚和玉先生给我说的这出《芦花荡》要求腿功、眼神和身段必须要好，做到和谐统一。他对我说："你练，要老实着练，不要偷着功练！"尚先生给我说完后，立刻让我上台演出了。

给我说戏的还有刘喜益、韩富信先生，他们说戏的时候特别强调眼神的运用，和身段动作的协调及规范。另外还有几位比较年轻的老师教我们，但教完就离开了科班，名字已经忘却了。

封杰：您能简单地介绍一下天津的稽古社科班吗？

舒茂林：我们科班在教戏方面要求很严，不仅每天要练功、学戏，就是到了晚上演出，如果当天没有演出的就留在科班继续练功；如果有演出，演完开场戏之后立刻回到科班继续练脚步、云手等，有专门的师父看功。这样一直练到整晚戏演出完了，大家全回到科班才能吃饭。等我们吃完饭，再睡觉。第二天清晨五点钟我们又起来练功了。

科班对我们这些孩子在伙食方面是每天早晨吃烧饼和油条，中午吃白菜丸子和米饭，下午吃肉丝炒菜和馒头，夜宵喝粥和咸菜。学戏方面不讲究"打"，只会当我们在学戏中打瞌睡时用小木棍轻轻地敲打两下。不过，我却因为被冤枉而遭到一顿打。那是我们在学戏之中有个休息空闲时间，梁承菊由于贪玩把玻璃打碎了，碎片落到了下面的商户，影响了人家做买卖。商户找到科班，老师问到梁承菊时他指着刚刚从李兰亭先生处学戏出门的我，说："有他！"之后，他又"指出"了几个人。老师"问明"情况后，每人打了四板。老师对梁承菊打了五板，理由是他告密。

我们科班对待我们还有个特殊待遇，就是社长高勃海先生的父亲，我们称之“爷爷”，在每年年底他都会对学戏认真，演出效果好的孩子每人发一个红纸袋，里面放着不等数的小份，也就是“奖金”。而且在春节的时候，科班还会放七天假让孩子放松放松，既不学戏也不练功，不许出门，只能在楼上玩。我们感觉特别幸福和兴奋。

在我十一岁的时候，由于日军的侵略，市面上开始混乱，吃得也很差。外面的人都在吃混合面，而我们科班还在吃大米白面。为了防备日本兵发现，我们就把粮食藏在天棚上。后来有人告密，日本人搜查出来对高先生进行了重罚。从此后，科班实在支撑不住，无奈只好宣布解散了。

封杰：那您出科后，做什么呢？

舒茂林：出科后，我回到北京，在家中闲待了一段时间。这时我跟钱富川先生学习了一出《夜奔》，用了足足一年时间。钱先生是抠得非常细致：他要求“林冲”的出场，舞台大点要走七步，中台或小台要走五步或三步，身段一定要走出来，再亮住。手、眼、身、法、步一定要和唱、念和谐统一。如“按龙泉血泪洒征袍，恨天涯一身流落，专心投水浒，回首望天涯，我急走忙逃，顾不得忠和孝，良夜迢迢……”的撇三腿，如今已经失传了。

可巧此刻，童家班正在招生组织演出，雷喜福、苏连汉等先生都在那里教戏。

我进入童家班主要是为了陪着童祥苓演出，我们合作演出的第一出戏是《阳平关》，童祥苓饰演黄忠，我饰演赵云。一年后，我辞班回家了。这时，国民党为了抵抗解放军到处抓劳工，我就被抓到西直门外挖战壕。不久，北平城和平解放了。我闲置在家的时候，又是钱富川先生将我介绍到了西北戏校。从此，我就算是参加了解放军剧团。

我们随着部队慰问演出，直到新中国成立。1949 年 2 月，我们落户到了重庆。一年后，我们这支经过战争洗礼的剧团又分成三拨人马开赴北京、昆明、贵州。我们到了北京参加了中国人民解放军总政治部京剧团。后来，我们改编并入了中国京剧院，成立四团。直到我们全团人马支援大西北文化建设才离开北京，集体落在了宁夏。不过，当时周恩来总理曾对接我们到宁夏的领导说："到时候给我送回来！"

封杰：您看过程继先先生的戏吗？

舒茂林：我姑父程继先的戏我看过《得意缘》和《奇双会》。那时我还太小，对姑父的戏也不懂，只知道他很会做戏。可惜没有赶上我姑父给我说戏，他就仙逝了。那时我还在科班，后来我听家人说："你姑父临终前说，遗憾我没能给茂林说出戏！"

封杰：我听您说的经历中，在科班时主要学的是武生戏，可出科后从事的却是花脸行当。

舒茂林：的确是这样。当我在科班的时候，学的最多的是武生戏，娄廷玉先生还给我说过一出《长坂坡》，后来在演出中我演了其中"掩井"一场。几年后，我们在重庆驻扎时，赵春锦先生又针对这出戏给为我进行了加工。我在科班的时候，学习了许多武生戏。可出科后，我就想以花脸戏为主了。这主要是因为经济原因决定的。那时的武生挑班需要置办许多东西，如道具、服装。而我觉得花脸是傍角，一切都需要挑班的人置办。从此我就开始跟苏连汉先生学起花脸戏。

陈玉英摄于西藏布达拉宫前

封杰：我知道您的爱人跟您

是同行。

舒茂林：我爱人陈玉英，她是河北人，从小喜欢京剧。后来在亲戚徐鸣策的帮助下跟随律佩芳先生学戏。曾在珠市口的开明戏院演出过《五花洞》，杜近芳饰演假潘金莲，我爱人饰演真潘金莲。

她十一岁的时候在上海，由于她舅舅的关系，戏院在李砚秀跟金少山合作演出的《霸王别姬》之前，特意给她安排演出了一场《宇宙锋》。她饰演的赵艳容是由任志秋先生给化的妆。后来，还是通过徐鸣策的介绍，她到驻地北京西苑的四维戏校第三分校报名学戏，考试的剧目是《女起解》。她被录取后改名陈维秋。他们除了每天练功，学戏之外，还常常演出。像他们到天津中国大戏院演出的《武则天》，是由李紫贵先生导演，解维莲饰演武则天，我爱人饰演皇后。1948 年期间，国民党军队节节溃败，四维剧团传说也要跟随军队撤离到台湾。她母亲听说后就找到剧团要人，讲家中有急事必须返回。

她回到家后，又听说西北戏校在招生就去了，报考面试时，她唱了一段《武家坡》中的［慢板］。她被录取后，主要跟随梁花侬先生学戏。后来，梁先生带领一部分人去了新疆。她们剩下的人就到了西安，参加了我们剧团，算是参军了。这时起，她又随着李蓉芳学戏。她不仅演梅派戏，还演程派戏。她的程派戏是跟程砚秋先生的早期弟子陈丽芳先生学会的。陈先生在教戏时非常严格，像《龙凤呈祥》中的孙尚香辞别国太时，他就要求我爱人上步、推剑、转身、下拜动作必须在节奏中。还有“江边”一场，孙尚香是压着鸾带上，与现今端着上场不同。

我们那个时期，经常给贺龙、邓小平同志演出，他们非常平易近人，丝毫没有官架子。我们曾两次到西藏去慰问筑路工人，是他们打通了西藏与外界的联系。当时，不仅自然环境恶劣，政治环境也非常危险。时常有坏分子骚扰我们，首长时刻要求我们提高警惕。

《盗仙草》，舒茂林饰鹤仙，陈玉英饰白素贞，李韵章饰鹿仙

我和我爱人虽在一个剧团工作几十年，但我们只在《北京四十天》中一起合作过，她饰演红娘子，我饰演刘宗敏。

封杰：您觉得如何学戏才能演好，记牢呢？

舒茂林：我那时学习花脸戏，除了《大保国》、《二进宫》等几出戏是跟苏连汉先生学过外，其余的戏都是偷学，也就是我们行内常讲的“捋叶子”。还有，我们那时的花脸唱腔讲究字正腔圆，韵味质朴。

我参加军队剧团后，由于总演一些《恶虎村》、《乾元山》等戏，导致我从前只学过，未演过的戏就忘了。所以，要想把戏学精，演好，牢记一生就必须要通过舞台实践才行。

封杰：您总说您的经历简单，但您却让我看见了一个真实的老演员对名利的淡薄。谢谢您！

擎天支柱 名贯宁夏

——京剧名宿王天柱访谈录

精湛的技艺赢得了国内外观众的赞赏，坎坷的经历令熟悉他的人为之心酸。然而，如今年逾八旬的他仍对共产党的恩情没齿不忘。2012年9月4日，我采访了王天柱先生。

封杰：王老师，您好！您的家庭跟京剧有关联吗？

王天柱：我家的祖籍是山东，从父亲王汉臣开始从事戏剧行业。不过他最早是唱河北梆子老生的，母亲王兰芳是唱河北梆子旦角的。不过那时的梆子戏已经式微，为了生计他们又学了日益盛行的京剧。有时他们“跑帘外”就一边唱河北梆子一边唱京剧，也就是“两下锅”。

我是家中的独生子，自小就跟随父母到各处演出。我七岁的时候，我父亲给我开蒙练习压腿、踢腿、撕腿、下腰等基本功。有时，戏里缺个小孩的角色，大人就给我扮好了上台演出。

封杰：多年后，您拜盖玉亭先生为师了。

王天柱：是的。我是1948年拜在了盖玉亭先生的门下，一直跟随到他老人家在银川逝世。我们师徒感情很深，亲如一家人。我师父盖玉亭先生专攻武生，属于南北通“吃”的演员。后来落在了东北一带，非常有名，艺压众人，享有“盖三省”美誉。他创造出了带三个环的大刀，只刀头就有一米长。由于表演飘逸精彩，人送雅号“大刀盖玉亭”。他给我传授了《广泰庄》、《怀都关》等戏。他曾对我说：“我第一次到上海演出《怀都关》，我身穿改良靠，手持大刀勒马抬起一条腿连转三圈再立住不动，变前弓后箭颤大刀，微震头盔。这时台底下是可堂的好声。”他还擅长创造和设计，他编排的新档子观众特别喜欢，这一下就把天蟾舞台前后台的人全震了，我师父也就红了！他在《古城会》中饰演的关羽跟别人的“关羽”不同。尤其是他的马趟子快而飘。当关羽见到分别十二年的刘备时，只一声微颤而凄婉地“大哥”就能念出观众的眼泪，因为观众从中听出了关羽十二年来对大哥的思念，以及过五关斩六将的艰难。怎能不为“关羽”喝彩。再看他持扇子的手也在微微颤动，随即关羽双膝跪倒在刘备面前。观众看到一个忠厚赤诚的“活关羽”发自内心的为之鼓掌叫好！

封杰：那您是在怎样的情况下参加了解放军剧团？

王天柱：当我们演至徐州的宿县时，许世友领导的部队里有个九纵队京剧团，政委听说我们在宿县演出就派一辆卡车来找我师父，说：“你带着孩子们参加军队，你愿意吗？”我师父非常爽快地答应了。这样，我随着师父加入了解放军剧团。两个月后，我们参加了淮海战役，跟随部队前进，离前沿阵地只有十华里。战士们上战场前和取得胜利后，我们都给他们演出。晚上我们点上汽灯，如果遇到有国民党的飞机轰炸，战士就吹军号给我们报信。我们赶紧把汽灯放下来藏在事先挖好的坑里，再用湿麻袋盖上。等飞机飞过去后我们再继续演出。在慰问解放军战士的时候，都演出一些积极向上，具有教育意义的剧目，如《四进士》、《武松》和老爷戏。那时，我常常演出《盘肠战》，站在桌子上连翻几个小翻加一个锞子。有一次，由于我的手都冻僵了，在摔锞子时没有撑好摔在了桌子上，昏死过去。我师父连忙用大皮袄将我包裹好抱回了宿舍。第二天，我才苏醒过来。剧团领导马少波、王子辉特意来看望我，并说道：“好些了吗？晚上演出还行吗？”

我回答：“没问题，能演！”

他们又说：“你不怕疼呀？”

我说：“不怕，没事！”这时，我想的是前线的战士们正在出生入死，用生命在拼搏。可比起他们来，我这点伤算得了什么！

之后，我们跟着部队坐木船过了长江，解放了南京。我们继续为军队演出一直演到杭州，成立了浙江军区京剧团。

封杰：到了杭州，您一定拜访了盖叫天先生，向其请教。

王天柱：在杭州的时候，我们经常到盖叫天先生家去请教。他对我们讲，你们看我非常有名吧。可在旧社会我们艺人常常要受经励科的欺诈，生活得不到保障。他带着我们来到他家的后门，推开后，说："你们瞧，我有十几亩地能够养活自己！"他又说："解放军就是不一样，我院子都是战士们帮我打扫的，花也是他们浇的水！"

为抗美援朝捐献飞机大炮，盖叫天先生带着儿子小盖叫天演出了《恶虎村》、《洗浮山》、《武松》。之后，我们再到家，他老人家就给我们传授了一些技艺。盖老的飞脚、旋子、扫堂腿非常灵活，他教我们是很严格的。好比，打飞脚，他要求我们先立好一根一米七高的杆子，两条腿打飞脚的高度要超过杆子。只这飞脚盖老就分四种，一种是左腿起、右腿随；一种是原

《红色卫星闹天宫》，班世超饰红色卫星女，王天柱饰红色卫星男

地起、原地落；一种是躺身起，仍是原地起原地落；一种是一腿起，一腿别在后。这些飞脚都有诀窍，是武生必须掌握的。但是要想在舞台上运用灵活，得到喝彩，必须要狠练才行，否则达不到效果。我在演出《四杰村》的时候，先是四十个旋子接“转灯”起原地飞脚，再乌龙绞柱必得彩声。可我这四十个旋子在台下练习是五十个，到了台上我使四十个是绰绰有余。打这个旋子接云手立在台中间，纹丝不许动。我们讲究看肚子，如果是肚子动弹就说明功夫不到家，您还得山后练鞭。

封杰：您除了跟盖先生学艺，还求教于哪些老师？

王天柱：是共产党救了我，是军队教育了我。在我学艺、做人方面真是受益终生。如教我艺术的前辈除我师父盖玉亭之外，还有蔡宝华先生教我尚和玉的尚派戏。富连成科班的樊富顺先生陪着我练功。樊先生见多识广，曾陪我演出《挑滑车》中的金兀朮等角色。另外，还有李万春、李盛斌、高盛麟等先生。

我在跟李万春先生的交往和请教中也非常获益。李先生的表演艺术是融多家艺术之长，化为己用。他对我讲：“天柱，少春的表演是以文带武，我是以武带文，各有专长。”李万春先生表演的《闹天宫》中的孙悟空，他就要求演出猴王的份来，不能胡乱的出神。后来，我在多年的表演中对“孙悟空”进行了深入的揣摩和总结。我认为这个“孙悟空”是武生加猴。意思就是用武生的唱念做打等程式技巧赋予到猴的身上，再让猴有种“拟人”的表演动作，这样演出来的猴就会让观众觉得大气，猴王的神态就显出来了。

一个演员要想成功，必然经过多学、多练、多看、多演、多思的阶段。前面几个阶段大家都好理解，关键是“多思”，是一般演员所达不到的。思什么？就是要想如何通过自己的表演来体现人物，表明剧情。像盖叫天先生演出的《武松》，当武松“砸酒馆”时，只要观众看明白此刻的武松只是为了“制伏”对方就可以了。到《狮子楼》时，在化装和神态上就要突出一个“恨”字，表现出武松誓报欺兄霸嫂之仇，“必杀”西门庆的决心。过去讲“戏好学，功难练”，只学到了戏，而没有表现出人物来也就不精彩。还有前辈们常说“千描万化在于脸”，表明了“面部表情”的关键所在。李少春先生演的《野猪林》中的四场戏，每一场的表情、眼神都不一样，眉毛都带着戏！

所以，我觉得尚派讲究厚重，杨派讲究帅气，盖派讲究脆净。虽然，他们在各自的艺术领域中展现着不同的魅力，但总体来讲，他们都追求一个字：美！

封杰：那您对塑造戏中人物怎么理解？

王天柱：前辈艺术家为什么能创立各自流派，首先是他塑造的人物惟妙惟肖，感人至深。其次才是他的演唱悦耳动听，耐人寻味。我举几个例子，来说明这个问题。1950 年，谭富英先生从上海演出完毕带着几个傍着他的人到杭州，我们团作为班底陪着演出。他饰演《群英会》中的鲁肃，出场的潇洒、帅气绝没有当今舞台表演上的拧眉表情。

我在总政京剧团时受益很大。由于杨宝忠先生当时在我们剧团讲了许多杨派艺术的特色。老团长便对杨宝森先生的演唱艺术非常熟悉。有一次，李鸣盛演出《失・空・斩》之后，老团长对李鸣盛说：“你唱的是杨派吧？”

李鸣盛回答：“是的，是杨派。”

老团长又说：“我今天来看戏，不是来听杨宝森的，而是看你像不像诸葛亮！”接着又说：“杨宝森唱得好，但你要通过杨派来反映出此刻的历史背景，以及是否像一个政治家、军事家的诸葛亮。”

还有一次，我演出《卧虎沟》中“夺刀”一场。刚演完，老团长找到我说：“你没有演出人物的好打不平的心情，你是武生，但要演出侠义气势。”渐渐地我就懂得了行当和流派要为剧中人物服务，演戏要演情的道理。像《挑滑车》中的高宠，第一场他见岳飞不派他重任，竟然在岳飞元帅面前“闹帐”，为什么？就是因为他是个王爷，岳飞才不能派予大任，就怕阵前有失。现在演出一般只从起霸演起，此时接二连三的翻身把演员自己给“刨”了。因为紧接着就是唱[石榴花]“只见哪……”别小看这个简单的出场，过去老先生们讲，这个人物出场要皱眉沉思，想着为什么岳飞要我看守大纛旗？其次要体现高宠的王爷身份，他的面部表情和身段动作要带出一种爱国主义思想。

后来我们改编并入了中国京剧院成立了四团，那时我们的戏都是经过改良的，删除戏中的糟粕。像《大英杰烈》中“茶馆”一场过去的念白中有些不太文明的话，我们就进行了变动，净化了语言，突出了“自由恋爱”的主题。我们这个版本后来被云南省京剧院的关肃霜学了去，用在了她演出的《铁弓缘》之中。

《长坂坡》，王天柱饰赵云

封杰：我听说，您在“文化大革命”中受到了不公正的待遇。

王天柱：事情起因是这样的。日本侵略中国，很多人都往南方逃命。我父母带着我逃到了四川之后，为了生活，我父亲参加了国民党剧团，当教员。1946 年，共产党与国民党交战，双方伤亡都很严重。不想，二十年后在“文化大革命”之中，有人揭发“当年共产党围城的时候，王天柱在城里”。“造反派”一听立即派人到石嘴山把我“抓”了起来审讯：“你杀过共产党员没有？”

我说：“没有！”他们就用钢鞭抽，并关了我三个月的牢。而且是一条绳子足足捆了我三个月。后来，他们开大会给我定下“走资派、历史反革命、杀人犯”罪名。

我说：“革命者王天柱！”

工宣队严厉地说：“不对，你杀了一百多名共产党员！”

我力争道：“你们是毛主席派来的吗？毛主席提出要重证据，重调查研究！”

他们由于没有真凭实据，在几句“恐吓”声中只好结束了大会。事后，大家说：“天柱，你不要命了！”

我说：“就是死，我也要死的清白！”

“文化大革命”后，在宣布我平反的文件中这样写道：王天柱，出身贫苦家庭，自小参加革命，历史清白。

那段不堪回首的历史结束了，而留在手腕上的印记至今还有，手也变了形。四十年来，我每天晚上睡觉只好依靠安眠药来维持睡眠。即使这样我仍然对共产党怀有深厚的感激之情，第一是共产党解救了我；第二是解放军大学培养了我。才使我在艺术上有了进步和发展，才使我的晚年生活有了保障。

封杰：是的。我常听前辈先生们讲，过去是“不养小，不养老”。感谢您给我上了一堂生动的政治课！

紫气东升 玲珑睿智

——京剧名宿王紫苓访谈录

20 世纪 50 年代，王紫苓演出小组以分账式巡演于全国各地。由于演出效果上佳，演员收益极为可观而拓展成立了建华京剧团。2011 年 12 月 21 日，我采访了王紫苓老师。

封杰：王老师，您好！你是从什么时候开始学的京剧？

王紫苓：我出生在天津，前辈没有一个是京剧行的人。我们兄弟姊妹七个只有我从事了京剧事业，从而也将家中的名字王淑慧，改成了王紫苓。

四岁的时候，我母亲带着我到北洋戏院看了一场白玉霜演出的《苏小小》。我站在最后一排的椅子上看完了整场戏，这一下我就着了迷。回到家，我拿了一块布当作手绢，学舞台上的样子练“滑冰”。大人看见问我：“你在干什么？”

我回答：“我学‘滑冰’呢！”

这时，大人告诉我说：“那是跑圆场。”从此后，我越来越喜欢上了看戏。而且，回到家就开始模仿台上的表演动作。

封杰：那您是跟谁学的戏呢？

王紫苓：可巧，荀慧生先生有位早期弟子叫魏效荀来天津，住在我们院。他原来是辅仁大学的学生，学名魏翠痕。他帮助荀慧生先生整理了许多剧本，并代师传艺。他看见我后说：“这个孩子很有灵气，唱戏错不了！”我父母和院子里的人连忙说：“她本来就是个小戏迷，您教教她吧！”第二天，魏先生来到我家首先给我说了《女起解》。开蒙戏之后，魏先生又给我说了《玉堂春》、《五花洞》、《虹霓关》、《王宝钏》、《四郎探母》、《铁弓缘》、《拾玉镯》等戏。

我开始学戏那年，整整十岁。由于家境非常贫寒，魏先生是免费教戏。魏效荀先生说的多是荀慧生先生早年表演的风范，像《大英杰烈》中陈秀英唱“劝母亲不必泪号啕”亮出京胡声，紧接唱“号啕”；《红娘》中红娘唱“倒做了婚姻媒证”的“证”字时声音立刻止住，亮出京胡声，让胡琴“说话”，以达到一种声断意不断的艺术境界。那时的老先生有个很好的传统，只要看你是块材料，他们都心甘情愿的传授艺术，曰“替祖师爷传艺”！

封杰：听说，您学戏还有些挫折，是吗?

王紫苓：这个时候，我在冀州老家的姑妈听说我已经开始学戏，就风尘仆仆地赶来天津。她对我父母说：“咱们家的祖辈曾经做过秀才，父亲在家乡还是私塾的先生，后人怎么可以做优娼呢！”我父亲无奈只好答应不让我学戏了。

我站在旁边听完大人的交谈后，强争着对姑母说：“我不懂什么娼不娼，我就知道要学好，以后挣钱养家，弟弟妹妹可以上学。”姑母见状，也只好同意了我学戏。

我第一次“登台”是魏效荀先生带着我到由几个票友组织的小票房票戏《女起解》。这个票房条件不是很好，行头也是将就。魏先生怕我演出中出错，他穿着西服，蹬着皮鞋“傍”我饰演崇公道。再看后面的《三堂会审》中王金龙、刘秉义、潘必正头上戴的官帽更是五花八门。

而我第一次正式登台是在1945年。第一天下午演《金玉奴》，晚上演《金玉奴》；第二天下午演《女起解》，晚上演《女起解》；第三天下午演《玉堂春》，晚上演《玉堂春》。地点在天津东北角的大观楼。不过，我那时还不叫王紫苓，而叫“小客串”。师父这么做是为了保护我，为了保险。可是，我不但不迷糊反而更清楚。像我这个“金玉奴”出场“啊哈！”一声，不知是谁给了我一拳，我回头看了一眼。在演到金玉奴父女与莫稽上船时，莫稽摆出一副官威狠狠地怒视他们父女。金玉奴看了一眼莫稽，又看一眼父亲，我的眼泪“哗”地一下流了出来。等到演完后，我连忙问道：“是谁打了我一拳？”这时，不住地有人说：“嗨，这孩子真有灵气，是个角坯子！”

而且那时的大学生都来看我的演出，像“红学大家”周汝昌先生就常来看戏。几十年后，他曾撰文写下“王紫苓的表演风雅大方、美丽端庄、自然流畅”等赞美之词。

《拾玉镯》，王紫苓饰孙玉姣

封杰：您是怎样拜的荀慧生先生为师？

王紫苓：魏先生见我的确是学戏的材料，有前途，便带着我到北京拜见了荀慧生先生。可巧，荀先生当天要演出《杜十娘》，郎富润先生来给他吊嗓子。荀先生便让郎先生给我吊了一段《铁弓缘》中的“听母亲”唱段，我按照魏效荀老师的教授唱完后，荀慧生先生非常高兴，认为很地道，说道：“嗨，韵味很浓，而且还会表演。”魏先生见机对荀先生说："您要喜欢就收了吧？"

荀先生也很爽快地答应道："好，收就收了吧！"这样，我在荀先生的家向荀先生和吴春生师娘磕头，正式成为了荀派弟子。从此后，我称荀先生为"老师"！等到吃饭的时候，我们围坐一张大圆桌。我看见荀老师在喝酒，说道："先生，您喝酒多毁嗓子呀？"

荀老师说："我喝一点，你可别学我呀！"这时，来了一位催戏的师父对荀老师说："戏开始了，您该走了！"我们坐上一辆两匹马拉的四轮车，荀老师拉着我的手让我坐在他的身边。我说："我小，我坐倒坐。"荀老师非常高兴，对催戏的师父说："这小孩真懂事，这么小就知道尊敬人！"我听荀老师表扬我很是不好意思。荀老师见状又说道："你看，她天生是唱花旦的，知道笑不露齿，笑出来很媚气！"之后，荀老师学着天津人说话的语调说："你们天津人是不是最喜欢吃饽饽熬小鱼，对不对？"荀老师看我只是低头微笑不语，兴致更高了。我们三人坐在马车上是其乐融融。此情景我铭刻终生，它就发生在1945年的冬天。

封杰：那，请您说说荀派的特色。

王紫苓：这天晚上在华乐戏院看的荀慧生老师演出《杜十娘》，看着台上"杜十娘"的真切表演，动人的情感使我泪流不止，从此我更加爱上了荀派艺术。

《杜十娘》中"沉江"一场，杜十娘在抱着百宝箱跳江前，荀慧生老师要求眼神表现一种对李甲的愤恨与对自己的哀怨。《玉堂春》中"会审"一场，刘秉义一声"看拶"吓得苏三浑身打战，同时配以侧身、左手掌托住右脚的身段，唱出"大人哪"刚要起身，又一声堂威吓得苏三再次坐倒在地。《红娘》中红娘的第一次出场，是大步流星。荀先生要求含胸，以腰劲带全身。红娘领着莺莺小姐来到张珙房间，是来为他们抱打不平，并不是前来说媒拉纤。当小姐与张生进屋将红娘关在门外后，红娘唱："小姐呀，小姐你多风采，君瑞呀，君瑞你大雅才，风流不用千金买，月移花隐玉人来，今宵勾却了相思债，无限的春风抱满怀，花心拆，游蜂采，柳腰摆，露滴牡丹开，一个是半推半就惊又爱，好一似襄王神女赴阳台。不管我红娘在门儿外，这冷露湿透了我的凤头鞋。”荀先生的表演动作全在眼神和手指之间，以内心的欢悦来表示红娘此刻的心情。并没有红娘四处张望的动作，如果那样的话，红娘的动机就有些不纯了！有一次，我在天津天华景演出《红娘》，刚唱完这段只见前面几排的观众站了起来使劲鼓掌。起初，我不知何故。后来，我明白了他们是在为这段唱喝彩！同时，我也明白了只要遵照老师的要求“以情带声，以情带形”的标准来演出，绝对能够成功！

我住在留香饭店，每天荀老师给我加工《铁弓缘》、《拾玉镯》等戏。然后，让魏效荀先生给我多说说戏。荀老师告诉我：“你武功很好，今后可以按照我的路子演青衣、花旦的戏，还可以演一些反串戏，如《白水滩》、《三岔口》和小生戏！”还有一次，我演出《大英杰烈》，正逢荀老师到天津办事。等演完，荀老师走进了后台对我说：“演得不错，不愧是我的徒弟！”第二天，我来到荀先生住的和平宾馆请教。荀老师说：“舞得挺好，是杨派的范儿，但不要过于硬。”

封杰：学好戏之后，必须要“见台毯”锻炼自己的经验。

王紫苓：后来，我为了拓宽戏路，我又跟艺名“三吉仙”的王润生先生学习。他是唱丑行的，能戏颇多。我写给他做徒弟，不仅可以学戏，还可以用他家里现成的服装演出。这省却我花在制作服装上的许多费用。他教了我《胭脂虎》、《浣花溪》、《探亲家》、《背娃入府》、《玉玲珑》、《查头关》等玩笑戏，和《穆桂英》、《桑园会》、《棒打薄情郎》等戏。另外，他不但是教戏，还可以在他搭班的戏班安排我演出，增加舞台实践的机会。他为了加强我念白的功力，特意让我多演《棒打薄情郎》。尤其是最后一场，金玉奴［慢板］唱上后，面对莫稽念："莫稽呀，莫稽，当初你倒卧在我家门前，只是天降大雪你身上无衣，腹内无食，要不是我父女救了你的性命，你焉有今日呀！"最后金玉奴道出几位古人来教训莫稽道："古来也有白鹅救主，乌鸦反哺乃为仁也。马有垂江之意，犬有救主之心乃为义也。羊羔跪乳而不欺母乃为礼也。蚂蚁载窝而避水，蜘蛛罗网而取食乃为智也。鸡非晓而不鸣乃为信也。禽兽中尚有五常仁、义、礼、智、信，何况你这人乎？似你这为官不能尽忠，为子不能尽孝，不仁不义，人面兽心，反复无常，真乃衣冠禽兽之辈也！"所以，跟三吉仙先生学戏的几年里给我打下了扎实的念白功夫，而且他还给我请来了方连元先生教我《金山寺》、《虹霓关》。

封杰：这么说，您是转益多师。

王紫苓：为了加强我在武功方面的表演，我于1949年夏天，在尚小云先生的家里又拜他为师。拜师当天来了许多客人，我给每人磕三个头，都把我磕晕了！

我在跟尚先生学戏的几个月里，尚先生针对我多年演出花旦戏，身上有些软进行了指导、加工。他说："你有武功，但不等于身上就刚！"像《穆柯寨》中的穆桂英表演，尚先生要求既要有柔美，也要有刚健。后来，尚先生又说了《昭君出塞》、《虹霓关》等戏。同时，我也学到了许多学戏、演戏的规矩。

1961年，我原计划拜于连泉先生学习小派艺术，可惜这时的于先生已经关了山门，不再收徒弟了。我只好跟着崔熹云先生学习小派花旦表演。这也是我随着年龄的增长而有所感悟，像荀派表演纯情、柔美少女的角色比较多，而小派更侧重的是表演少妇。所以，我在后来的演出中既有荀派，又有小派。如演出少女我就利用荀派表演，演出少妇我就采取小派表现。不过我也有两者兼顾的角色，像表演《武松与潘金莲》中的潘金莲，我就在唱念方面吸收荀派的方法，做表方面突出小派的风格。当然，更多的是利用从老师处学来的表演技巧和塑造人物的方式，也就是内在的一种筋劲来丰富表演人物。

宋德珠先生也很喜欢我，毫不保留地教授与我。可在当初我并不理解他的艺术。有一次，宋先生看了我排练的《杨排风》之后，从台下蹿到台上，说："把棍给我！"宋先生接过棍，说："你这么演太烦琐，你一步一撤，多好！"可到了台上我依然是我行我素。1960年，宋德珠先生到天津演出。这时的我接触了多位大家之后，艺术上有所开窍，觉得必须再求深造。我就利用这次机会登门造访宋先生。当我表达了我的来意后，宋先生微笑着说："我教得了吗？"在多次学戏过程中，我越来越想学习宋派艺术。一次，因为我有个身段没有做出来，宋先生踹了我一脚。即使这样，我依然如故，认定了非学会了不可。宋先生是把前辈的艺术融化到他的表演之中，形成了"美、媚、柔、脆"的风格。宋先生说戏只一遍，剩下的就全靠自己去悟。像他说掏翎子的劲头，是往下掖，演员自

《荀灌娘》，王紫苓饰荀灌娘

然长身，既美又帅。后来，我在排演新戏《佘赛花》时，就将宋德珠先生教我的许多身段动作化用过来。

我跟宋德珠先生学习《扈家庄》之后，又跟崔熹云先生学习《阴阳河》、《战宛城》、《大劈棺》等小派戏。这段时间，我也没有间断到北京跟荀慧生老师学习《荀灌娘》、《棋盘山》、《红楼二尤》、《红娘》、《玉堂春》、《钗头凤》、《霍小玉》、《香罗带》等戏。其中有些戏是荀慧生老师手把手教会的，有些戏就是荀老师画龙点睛。

封杰：您搭班唱戏的情况又是怎样的呢？

王紫苓：1953 年，我参加了李金声组织的剧团。初次登台是在朝阳门外的群众剧场，打炮戏是《花田错》。我这个春兰刚从化妆间出来，只见众人拦住了上场门。我一声“啊哈”，众人让开我才得以上台，身后的人又立刻合拢一起。事后，李金声告诉我：“你知道吗？头一天你到我家来，问你话时，你只是简单的支吾几声，我们认为你摆谱，所以，我们想把你看化了！不承想，你这一演倒把大家唱化了！”

我连忙解释道：“我哪是摆谱呀，我那是紧张得不知道怎么回答！”

有一次，我们在华乐园演出，由我演出大轴戏《大英杰烈》。前面的几出戏都到晚上十点半了，我这个“陈秀英”才上场。李洪春先生非常气愤地说：“你们这是干什么呀！都这么晚了，这戏得唱到几点钟！”这时，张永禄先生出来说：“紫苓，你的词别减，我们马前！”就是这样，我这出《大英杰烈》还是演到了午夜十二点多钟。观众仍没有起堂，直到惊动了维持治安的警察劝说，大家才离开。

天津京剧团成立之初，由于缺少花旦演员。他们便找我商议，欢迎我加入。这样，我有时在厉慧良或张世麟演出之前垫戏，或有时我单独演出。天津的观众仍然是非常的捧我，即使演到很晚了，大家也要等到剧场门口外要求看看我的真容。为了我的安全和早些回家休息，同事们只好想出策略掩护我“潜逃”。他们让演二旦的一位演员化装成我的样子，由我母亲陪同走出大门。我再由几位武行的演员把我夹在其中，混出人群。

封杰：您觉得怎样才能继承好流派?

王紫苓：青年演员不要将戏演得千篇一律，只有演出人物、演出感情才能征服观众。切记，技巧是为人物服务的，如果只有技巧而没有人物，戏就显得无味，缺乏艺术性。荀慧生老师的戏最讲究先内而外，先里及表，时刻在人物之中，突出人物的灵魂。

还有，青年演员要多学、多看、多演，要抓紧一切机会广采博收，将老师的艺术继承下来，化为己用。只有做到了“三多”才能提高艺术。现在回想起来，我小时候在大观楼的几年时光里，所演的戏比现在的演员两辈子唱的戏还多。

封杰：现在的环境的确更需要青年演员加强自身艺术修养，谢谢您!

明星高照 紫气东来

——京剧名宿徐东来访谈录

大家提起京剧界的“明来京剧团”无不赞扬歌颂，对徐氏姐妹的表演艺术难以忘怀。2011年5月27日，我采访了徐东来先生。

封杰： 徐老师，您好！您的几个姐妹是在怎样的情况下都学了京剧？

徐东来： 我家祖籍在浙江镇海，世代以务农为本。因为我父亲学做手艺来到了天津，主要是以制做小磨年糕为生，后来与我母亲结合便定居在了静海。

那时，我们家住的地方附近有家戏园子，每天演戏。我大姐徐东明非常喜欢，天天看戏。我姥爷是个教私塾的先生，他见我大姐喜欢唱戏就拿出钱，请来师父教我大姐。她第一出学的是旦行戏，可我大姐偏爱老生戏。再一试大家觉得我大姐在老生行中会有所发展，就改学了老生。这主要是缘于我大姐看了许多孟小冬的老生戏。她第一次登台是在天津，为了培养我大姐，我们全家搬到了北京，住在大马神庙。到北京后教她学老生的第一位老师是陈秀华先生，给她说了《上天台》、《文昭关》、《打渔杀家》等戏，打下了扎实的基础。之后，又延请蔡荣贵先生教她学戏。

我们姐弟四人受大姐影响也学了京剧，成为演员。大哥徐启光，拜霍文元先生学习京胡。二姐徐东霞，拜荀慧生先生学习花旦。我先拜梅兰芳先生学习青衣，之后又拜于连泉先生为师，专攻花旦。小妹徐东祥，拜李多奎先生学习老旦。所以，人们称我们的演出团是“徐家班”。

封杰： 您先谈谈您大姐的情况，好吗？

徐东来： 我大姐为了实现自己能成为孟小冬式的女老生的梦想，也为了我们一家人的生活，她始终在努力奋斗奔波着。

我大姐原名启方，九岁投陶固笙先生门下习艺，十岁即于天津同乐茶园，以“小客串”名义出演娃娃生，时有“小神童”之誉。正式从艺后，改艺名东明，意为东方欲晓。经李丞甫举荐又拜谭派名票王庚生为师学艺，后正式搭班演出。她除先后与金友琴、胡碧兰、新艳秋、王玉蓉、张曼君等合作演出生旦对儿戏之外。由于她嗓音苍劲醇厚无雌音，而且气力充沛，特别擅演《洪羊洞》、《失·空·斩》、《阳平关》、《桑园寄子》等谭派戏。之后，我大姐又拜蔡荣贵、吴鹭涵先生为师，钻研余派演唱艺术。起初大姐挑班唱戏，名为“明社”。后来，我二姐唱戏，才改名为以大姐、二姐名字共同命名的班社——明霞社。她们的演出非常受戏迷欢迎，在庆乐戏院、三庆戏院、广和楼先后上演了《失·空·斩》、《乌盆记》、《八大锤》、《四

《三娘教子》，徐东明饰薛保，徐东来饰薛倚哥，徐东霞饰王春娥

郎探母》、《四进士》、《奇双会》、《大·探·二》、《杨家将》等戏，上座非常好。她们在当时可谓红极一时，有报纸宣传她们是“徐氏双东”。

我大姐为人颇重戏德，每遇梨园界公益之事，必积极参加义务演出，深受同行敬重。新中国成立之初，她还被选为宣武区人民代表。1951年7月26日在民主剧场，在北京的五十余名女演员通力合作为艺培戏校募捐义演，反串演出《八蜡庙》，她与杨菊秋、于秀兰分别扮演褚彪。

封杰：那好，您再谈谈您的二姐。

徐东来：我大姐对待我们非常严格。我二姐就是她一心培养出来的，而且我二姐在艺术上非常好强，她原名启秀，工青衣、花旦，亦能兼演小生。她先后曾拜赵绮霞、李凌枫先生为师，同时向刘玉芳先生问艺。她的演唱非常受欢迎，曾与马艳云、金友琴、胡碧兰被誉为天津“四大坤旦”。她拜师荀慧生先生门下之后，戏路更加宽广了。所以，“四大名旦”的戏她都能演出。我二姐曾与郭仲衡、尚和玉、奚啸伯、马最良等人合作。她经常演出的剧目有《霸王别姬》、《四郎探母》、《红线盗盒》、《红鬃烈马》、《游龙戏凤》、《龙凤阁》、《坐楼杀惜》、《樊江关》、《十三妹》、《百草山》、《摇钱树》等及《八大锤》。

我二姐在生活中非常自重，在当时的环境中，演员的社会地位非常卑微，而我二姐却从各方面提高自身艺术修养。如，她学习绘画、书法。不承想，争强好胜的二姐由于练功过于劳累，得了骨结核。不到三十岁就离开了我们。当时，我只有十四岁。

封杰：生活的重担自然转嫁到您的身上。

徐东来：我的两位姐姐很早就承担起了养家糊口的重任，他们一直供养我念书，直到我二姐去世，我才停止了中学的生活，恋恋不舍地走出春明女中的校门。

为了生活，我也粉墨登台演出京剧。这时已是新中国成立之后，社会发生了很大的变化，演员得到了新生，而这时离我二姐去世也就只有短短的几个月。是我二姐以《战蒲关》给我开蒙，教会了我唱京剧。之后的武戏我跟刘玉芳先生学习，像打小五套、快枪、枪花等功夫。以及《穆柯寨》等戏都是刘先生所授。萧盛萱先生还教授了我一套《霸王别姬》中一套舞剑，真正的梅派风格。戏中有几个亮相非常漂亮，至今我还留有深深的印象。

我演出之后，大家认为很好。我大姐就开始给我有计划、有步骤地延请教戏老师重点培养我。首先，赵绮霞先生教我花旦戏《小放牛》、《拾玉镯》等。在我演出《红娘》的时候，我并没有完全按照荀慧生先生的表演风格来演绎红娘，而是以我的理解和表演习惯诠释这个活泼可爱、乐于助人的小姑娘。有一次，我们到武汉演出，武克仁局长说："你这个红娘比荀先生的好！"这句话说得我很不好意思，因为当时荀慧生先生也在场。

我演出了一段花旦戏之后，大家认为我应该在青衣方面再有所发展，对于我的艺术生涯会更好。这样，我大姐便托徐和才先生将我领进了王瑶卿先生家，正式拜见了王大爷。其实，我们两家住对门，彼此早就熟识。我称王瑶卿先生为师爷，他最爱吃面条。

王瑶卿先生因材施教，针对我的条件对我进行了做工、唱腔适中的教学安排。他教我的《祭塔》、《玉堂春》等戏极具王派特色。像《玉堂春》中苏三演唱的[西皮二六]："自从公子南京去，我在北楼装病形。公子若是不另娶，玉堂春立志不嫁人。"还有[流水]："那一日梳妆来照镜，在楼下来了沈燕林，他在楼下夸豪富，胜比公子强十分。奴在北楼高声骂，只骂得燕林脸含羞。羞愧难当归店去，主仆二人又把巧计生。"这段唱腔的气口非常讲究。当潘必正问道："你在洪洞住了几载？"苏三唱："在洪洞住了一年整，那皮氏贱人起毒心……"当刘秉义审问："这人命关天岂能罢了不成？"苏三接着唱道："皮氏一见冲冲怒，她道我谋死亲夫君，高叫乡约和地保，拉拉扯扯就到公庭。”我尤其喜欢其中的“拉拉扯扯”的颤音极富弹跃，加之几个嗖音非常好听。《武家坡》中的王宝钏唱到：“指着西凉高声骂”一段中的“将你送到官衙内，打板子、上夹棍”的气口更是讲究，富有韵味。

刚才提到，1951 年我大姐参加的为艺培戏校募集基金义演的事情，我也参加了。我跟孙秋芳、林毓华、秦凤云、李桂云、李慧琴、梁小鸾、尚凌云、童葆苓是开场的全部《玉堂春》，而且我还在《八蜡庙》中，反串贺仁杰。我跟我大姐合演了《红鬃烈马》。1953 年，我们曾演出慰问中国人民志愿军。有时，志愿军半夜到了北京丰台火车站，我们就连忙起来准备演出。当时，我跟我爱人关韵华合演了《评雪辨踪》。

我学的这些青衣戏，后来到外地演出过程中都与我大姐合作演出了。我们的成功在一定程度上得到了我母亲的帮助，她既是我们的经纪人，又是我们的保护伞。

封杰：第一次回到家乡演出，一定记忆深刻。

徐东来：我跟大姐第一次到外地演出，随行的有王泉奎、李多奎等先生，我们在一起演出了许多戏。尤其是回到阔别多年的老家天津，在新华剧场演出格外受欢迎。

天津戏迷对京剧非常挑剔，演出稍有不慎就可能被喝倒彩。有一次，演出《大保国》、《二进宫》我饰演李艳妃，我大姐饰演杨波，朱玉良饰演徐彦昭。对于这出戏我从心里就不喜欢唱，加之天津戏迷的严格。开演前，我就非常紧张，在化装的时候，不自觉地流出了眼泪。演出中，天津老乡很是捧我，好声、掌声不绝。演出结束后，也使我这颗悬着的心归了正位。

封杰：我听说，您还跟马连良先生一起合作过，是吗？

徐东来：那是马连良先生刚刚从香港回到内地，我们在广州火车站迎接他，而且是我向马先生献的鲜花。为配合他演出，我所在的中南京剧团，

《四郎探母》，徐东来饰铁镜公主，徐东明饰杨延辉

与马连良先生演出了《四进士》、《清风亭》、《苏武牧羊》、《甘露寺》等戏。那时，我年轻，演出中总是往前站，马先生说：“你别老站在前面挡着我。”后来，张君秋也回来了，我才离开中南京剧团，结束了与马连良先生的合作。

1955年，当北京京剧团成立之初，我又跟马连良先生合作在北京饭店演出了《打渔杀家》。前辈艺术家对我非常提携，经常带着我演出。像《拾玉镯》、《法门寺》中，谭富英饰演赵廉、裘盛戎饰演刘瑾、马富禄饰演前面的刘媒婆后面的贾桂、我饰演前面的孙玉姣后面的宋巧姣。白天是我们青年演员演出，我跟谭元寿合演《刺巴杰》等戏。不久为了帮衬我大姐，我脱离了北京京剧团。从此后，大姐为了进一步提携我，为了生计，我们打出了“明来京剧团”的牌子。

封杰：那您是在怎样的情况下拜在了梅兰芳先生的门下？

徐东来：1956年，经我爱人关韵华的师父姜妙香先生和师娘冯金芙的举荐，我拜了梅兰芳先生为师。拜师后，我向跟随梅先生多年的贾世珍先生学习了《贵妃醉酒》。学成后，再请梅先生点睛。他见我每次到家学戏总是骑着自行车去，便说："你以后再来不要骑车，容易横嗓子。"

由于我的演出频繁，再加上梅兰芳先生的活动多，我没能更多地向梅先生请益。应该说，这是我终生的憾事。不过，梅先生看过我跟奚啸伯先生合作的《游龙戏凤》，当时是在中南海怀仁堂演出的。梅兰芳先生还送给我一本《生死恨》剧本，可惜我没有上演，只是经常用戏中主要唱段来吊嗓子。

封杰：明来京剧团之后的情况又怎么样呢？

徐东来：1960年，我们"明来京剧团"由私营公助改变为国营剧团，与李万春先生合并为新华京剧团，离开了北京到西藏演出。我大姐由于身体原因没有随我们同行而留在了北京，进了北京戏曲学校从事教育，为培养京剧后继人才鞠躬尽瘁。

新华京剧团是张正武任团长，我跟李庆春任副团长，李万春为艺术顾问。一年里，我跟李万春先生合演了许多戏。李万春先生的功夫深厚，表演逼真，富于生活。这三面他结合得非常好，像我们合演的《武松与潘金莲》、《野猪林》非常有特色。而我们演出的现代戏《白毛女》，李万春饰演杨白劳、李庆春饰演黄世仁、关韵华饰演大春、李砚秀饰演黄母、田喜秀饰演穆仁智、我饰演喜儿。

在西藏演出一年后，新华京剧团被内蒙古领导接走，落户到呼和浩特，成立了内蒙古京剧团。这时的我回到了北京，在休整的两年时光里，我又向小翠花（于连泉）先生学习了《花田错》、《梅玉配》、《乌龙院》等戏。他演出《花田错》中的春兰有个绝活，非常精彩。当春兰与小姐连夜为下巩赶制鞋子时，老夫人来绣楼探问情景，被春兰哄骗离去。这时的春兰有个“滚楼”的表演动作，很是精彩。虽说只是一个小小的动作，但每次表演到此，必得彩声。可惜，现在已然失传。

封杰：请您谈谈傍您一生的关韵华先生。

徐东来：我被湖南省京剧团邀去演出，不久“文化大革命”开始，我停止了京剧的演出。直到1972年退职，我才又回到北京，被安排在少年之家工作。1999年，我加入了属于北京市宣武区的风雷京剧团，与马铁汉先生合作创排了新戏《梅玉良缘》。这出戏是根据传统戏《梅玉配》改编而成，我担任导演，我爱人关韵华做了很多工作。

他是满族后人，幼年时家境丰厚，常随其父到各戏园子听戏，从而培养他成了戏迷。直到落魄后，家长将他送进了富连成科班，介绍人是李世璋先生。开始只是练功、学戏，他专攻老生，可是到了倒仓期却没能倒过来，只好跑龙套。等到了出科后，他根据自己的嗓子条件而改了小生，并拜在姜妙香先生门下，专攻姜派。他为了置办行头而节衣缩食落下了病，我母亲就经常做些营养食品给他补补身体。“文化大革命”期间，小生行当不许演出，他只好又唱回了老生，像演出《红灯记》他饰演李玉和。而且，他还在接受贫下中农再教育过程中，自学成才学会了针灸。

《奇双会》，徐东来饰李桂枝，关韵华饰赵宠

封杰：您觉得在继承花旦行当时，应该注意什么？

徐东来：花旦戏中的人物扭腰显得特别小气，小翠花先生虽然是花旦，但他不“花”，表演大方，人物感极强。荀慧生先生的表演是一种自然流露，毫无做作之感。青年演员在继承前人的艺术风格上要善于吸收融化，变化成自身的东西。通过自已对人物的认识、情节的理解和艺术的思想再表现出来。

我愿意将我几十年来所学、所见、所演的剧目传授给青年演员，这是我对京剧的回报，也是对前辈先生的报恩，更是我心里的一种慰藉。

封杰：感谢您接受采访，祝您身体健康！

云见虹霓 艳照福音

——京剧名宿洪云艳访谈录

她挑班甚早，虽学戏于南方，但遵循的却是北方演剧风格。她遵照领导安排特调到庐山专为中央首长演出，他们和蔼可敬的形象至今令她难忘。2012年12月24日，我采访了洪云艳先生。

封杰：洪老师，您好！您是怎么学的京剧？

洪云艳：说到我的身世是非常苦的，我四岁上失去了母亲，两年后，我的父亲又离我而去。我被养父洪永生收养后，随他们住在上海的太平桥。我的养父只称呼我小名，直到多年后我学艺了，才由养父给我起了大名，也就是我使用了一生的“洪云艳”。而我自家的本姓，我不知道。由于我的养父在天蟾舞台唱戏，我也随之在台前台后玩耍，有时随着京胡喊两声，正巧被傍林树森先生的程少余先生听到，便对我养父说：“这孩子有嗓子，我教她两段！”从此，我开始跟着程先生学习《草桥关》、《托兆》、《刺王僚》等戏。这期间，我是一边学戏，一边到堂会上演唱，好挣些钱贴补家用。

我养父有个同乡石荣芳，是专给金少山先生拉京胡的。他听了我的演唱很高兴，认为是可造之才。

封杰：那么，您又是怎么改攻旦行了呢？

洪云艳：这时，有位焦宝奎先生常常到上海演出，每次来都住到我家。他看见我后，非常喜欢，便收我做了干女儿。他主攻丑行，曾傍着言菊朋先生演出，而且在言先生灌制的《卖马》唱片中配演了王老好。

我唱了几年花脸戏之后，到了十一岁那年，我对焦爸爸说：“您跟我父亲说说，别让我唱花脸了。”

焦爸爸理解我的心情，便对我养父说：“老二，你别让孩子唱花脸了，她是旦角的坯子！”

焦爸爸经过我养父的同意，按照我嗓音、身材、相貌给我设计学习剧目。他先给我安排花旦戏，有《玉玲珑》、《浣花溪》、《胭脂虎》。而且，我这位焦爸爸对我要求非常严格，每天早晨天刚刚蒙蒙亮，他就叫我起床。我还在朦胧之中，就听他说：“念！”后来，他给我请来了唱梆子戏的王福卿先生教我，拜师是由上海非常有威望的老座钟王凤山先生举香。之后，我相继跟王福卿先生学习了《辛安驿》、《阴阳河》、《紫霞宫》等梆子戏。

《红娘》，洪云艳饰红娘

我跟王先生学习了一段时间后，他为了更深入地培养我，将我带到了同为出科梆子戏“张家班”的师兄弟赵桐珊先生跟前，说：“师弟，你给说说吧！”我满心欢喜，不想，赵先生却说：“她呀，给咱扬不了名，算了吧！”这一句话激励我更加发奋用功。而且，我是专门练习他们家的绝活——《辛安驿》中周凤英绑着跷，扳着一条腿走三起三落，打脚尖，走地蹦子。

赵桐珊先生经常在中国大戏院的阁楼上看我们练功。有一次，他看见我正在练习“三起三落”，生发很大兴趣。便问我师父："这是谁呀？"

我师父回答："这不就是您不愿收的那个孩子吗？人家自己练上了！"

赵先生说："让她上来，我说说！"

当我师父找到我，说明意思时，我倔着性子说："我不上去！"最后在我师父再三督促下，我只好上楼见赵桐珊先生。不想，赵先生见面就说："你这孩子，胳膊不是胳膊，腿不是腿的，以后上来，我给你说说！"

我低着头，细语道："我焦爸爸就是这么教我的！"虽然，赵先生已经允许我跟他学戏，我也很少上楼。后来接触时间久了，我跟赵桐珊先生也有了些感情，他就让我称他为"爸爸"。

封杰：您开始登台挑班唱戏是在什么时候？

洪云艳：我跟焦爸爸学戏的几年里一直闷着，始终没有露演。直到我十六岁，焦爸爸带我到无锡搭班演出。第一天是前面的《春秋配》，后面的《辛安驿》。第二天是《大英杰烈》。第三天是《穆桂英》。第四天是《法门寺》，我"一赶三"的孙玉姣、宋巧姣、刘媒婆。

这年，我与李桐森、袁汉云等人到江西接李玉茹、朱兰春、赵桐珊先生的"坑"。开始我有些犹豫，赵桐珊先生说："接，怕什么？对了，你就成了！不好，咱们还小，回去再练！"

我说："我真的不敢接！"

赵先生爽快地说："没事，爸爸保你！"这句话打消了我的顾虑，也奠定了我成功的基础。

赵先生为了保证我的演出能够成功，特意跟剧场的老板商议，演出时间往后推迟五天。我第一天是《辛安驿》，第二天是《玉堂春》，第三天是《穆桂英》。三天的打炮戏非常成功，观众很是喜欢。不想，赵先生却对我说："你别认为对了啊，这是你运气好，观众看你小才捧你，你还错着呢，还得学！"此后，赵桐珊先生就到北京传艺，加入了中国戏曲学校。

从此，我开始组织起了“洪云艳京剧团”到处巡演，成员有刘正兰、陶金泉、李庆山、叶鸣兰等人。其中的李庆山先生是特意跟梅兰芳先生商议好临时请来，如遇到梅先生有演出，再请李先生返回。之后，我又跟白云亭合作改组成立了“双云京剧团”。

封杰：加入国营剧团后，您又成为主演。

洪云艳：1958 年，江西准备成立庐山京剧团，特到上海邀请演员参加。当时，我隶属中国大戏院，是一名团员。江西来的领导表明：加盟的演员必须业务强，思想进步。

中国共产党第八届八中全会在庐山举行的时候，我被选入第一组，专门为毛泽东主席、周恩来总理、朱德委员长、刘少奇主席等中央首长演出。我一人清唱了《二进宫》中李艳妃、杨波、徐彦昭三个角色的“对啃”唱段。毛主席听完后，非常兴奋地说：“你是个多面手！”之后，周总理特点我唱了一段《贺后骂殿》中“有贺后在金殿一声高骂”。当我唱完之后，康生跟江青说：“唉，她唱的不是程派，而是王派！”

谁会想到，事隔多年后，在“文化大革命”中，竟有人抓住这件事审问我是谁指使我唱的这段，是何用意？不过，任凭他们“威逼利诱”，我只是给他们演了一出《女骂曹》中的“徐庶进曹营”——一言不发！

我们的演出任务直接由文化部下达指令，再由当时省里的领导指派下面人员具体安排。有一次，我对刘亚楼司令员说：“我想到天上玩玩！”

刘司令员说：“好哇！”没几天，我们就真飞上天。

那时，我们时刻处于紧张的“备战”状态，只要一声号令我们立刻赶到。毛主席、周总理等领导人非常平易近人，丝毫没有架子。像毛主席去游泳，我们做好准备，我也临时学起了游泳。当日，我带着救生圈下水，毛主席风趣地说：“你们瞧，《女起解》中的苏三带着枷来了！”

我对毛主席说：“主席，我想跟您照张相！”

毛主席说道："好呀！"照完合影之后，他又说道："你这个'洪'字不好，是水里的太阳，不稳。我给你改成红色的'红'好啦！"也是在"文化大革命"中，造反派中有人说："你哪配用红色的'红'！"这样我又改回了原来的姓氏。即使到了平反之后，我也没有再改为"红"字，仍旧使用着早年的"洪"姓。

封杰：您的戏有许多是王派艺术风格。

洪云艳：是的。例如，我的全本《红鬃烈马》从《彩楼配》演起，到《大登殿》为止，人称"王八出"。我是跟王瑶卿先生的早期徒弟杨邦俊先生学会的，属于标准的王派。《彩楼配》中王宝钏出场唱："梳妆打扮出绣房，辞别了双亲二老爹娘。但愿苍天如我想，彩球打中了平贵郎。"还有《花园赠金》中王宝钏唱的："听他言来自思忖，容貌不像受苦的人。两耳垂肩贵相品，他龙眉凤目帝王尊，夜梦红星事有准，莫非应在了此人的身，彩楼事儿对他论，又恐丫鬟在旁听。"之后，转身对薛平贵唱道："二月二事有准，且莫错过好光阴，倘若姻缘你有份，就是乘龙会上的人，你若不来失了信，就是忘恩负义的人。"这些都是王瑶卿先生的原词。

《大英节烈》，洪云艳饰陈秀英

另外，《三娘教子》中的[二黄慢板]唱腔："王春娥下机房自思自叹，想起了亡故夫好不惨然。春娥女好一比失群孤雁，老薛保他好比那浪里舟船，薛倚儿他好比那无弓之箭，每日里在书房苦读圣贤，将身儿来至在机房织绢，等候了我的儿转回家园。"也与现在舞台上唱的有所不同，王瑶卿先生的唱词在韵律、文学性方面更讲究。

封杰：您身边有位绿叶始终在伴随着您，几十年如一日。

洪云艳：你说的是我的爱人叶鸣兰，他是唱小生的，可以说，他傍了我一辈子。他自小生活在南京。1937年，日军制造了丧尽天良的"南京大屠杀"，他是幸存者。他奶奶把他带到天津投靠他的姑妈，不久又到了北京。他奶奶是个戏迷，常常领着他到戏园子看戏，这也将他熏陶成了小戏迷。后来，由赵砚奎先生保荐他进了尚小云先生创办的荣春社科班。首先确定他为一科学艺，主攻青衣，并且将他原来的名字叶家香改为叶荣香。不久划归到二科，艺名改成叶喜琴。

在荣春社的几年里，他主要跟随孙怡云、李凌枫等先生学戏。他十一岁初次演出是在春节期间，登上中和戏院的舞台，饰演一个扫台童。不想，他刚下台就被耿明义先生扇了一个嘴巴，一脚就踹倒在一旁，说："谁教你往外扫了，把元宝都扫走了！"还有一次，他急着大便，拿起一张报纸就走，被耿先生喊住："你干什么去？"

他说："先生，我急着上大号。"

耿先生说："上面有字，你这不是有辱圣人嘛！"

他们那时在科班里，无论今后从事什么行当必须先学会《天官赐福》（五段）、《富贵长春》（五段）、《财源福辏》（五段）和《雨顺风调》的群曲。尚小云先生对龙套要求非常严格，对群曲非常重视。

封杰：那么，叶老师出科后搭入了哪些班社？

洪云艳：抗战刚刚结束，生活还比较艰苦。正巧国民党九十二军京剧

《玉堂春》，洪云艳饰苏三，叶鸣兰饰王金龙

团中的吴彦衡、谭世英、魏效荀到三庆戏院找他们商量加盟演出，说："我们那里有大米饭吃！"他们几个师兄弟一听，当晚就决定跟着九十二军走了。一年后，有位管事的人对他说："你条件不错，干什么在这里呀？"他就"开小差"回到了南京。

他回到南京，他父亲说："你既然唱了戏，就进鸣声社吧！"而此时的鸣声社正缺小生，老板刘凤霞让他改攻小生陪着他的女儿刘鸣秋演出，并改名为叶鸣兰。

新中国成立后，他又傍着玉芙蓉（罗蕙兰）。但是老板只给他每天四毛钱的饭钱。十几天后，有位唱小花脸的贺小祥实在看不过去了，就对他说："我给你找个每天给你八毛钱的地方，你去不去？"他转入别的班社后的十几天里，是小生和武生的活全来，人缘很好。此刻又有位好心人对他说："你挣八毛少了。"当他找到老板时，老板没有反驳马上同意从他来时算起每天按一块钱结账。

他十九岁演到无锡，参加了金星京剧团，团长是武生出身的荆瑞堂先生。后来因故，荆先生要离开，大家就推举他担任团长职务。第一次邀来的名角是王玉蓉、李鸣盛、王泉奎、赵桐珊、贯盛吉、韩云峰、李松鹤等人。之后，他又陆续将赵麟童、小王桂卿等人邀到无锡演出。他把我邀来演出，我不但没有留下，反而将他给“拐”走了。

他“挂印封金”之后，跟我到全国各地进行巡演。1958年，他作为“散仙”当时正准备支援青海京剧团。可巧，杭州京剧团邀他加盟，约定每月开薪一百八十元。而此时的我也加盟了江西庐山京剧团。为了解决我们夫妇的两地生活问题，周恩来总理曾过问过三次，直到1964年底才使我们团圆。

封杰：您对现今的京剧舞台上演出的一些剧目，持什么看法?

洪云艳：现在有很多的老戏在逐渐消失，如果不抓紧挖掘、抢救的话，很快就会完全失传。目前即使有些老戏得到了整理、复排，可演出来的内容和效果也很不尽如人意。就是我们这些老演员在看了他们的演出之后，也没有明白什么意思，而他们有的人还美其名曰“遵循老师的艺术”，可演出来的戏已经跟原来的演法和风格大相径庭了。

封杰：这就需要我们当今的青年演员要真正搞明白继承的艺术是什么？而作为老师既要对得起前辈留下来的艺术，更要对后辈人负责。好，谢谢您!

少迷荀艺 华彩纯正

——京剧名宿黄少华访谈录

2011年10月5日，北京长安大戏院举办了第五次霜叶红于二月花——京剧老寿星演唱会。黄少华演唱的《勘玉钏》令观众欣喜地听到荀派原有的韵味。演出后，我采访了黄少华先生。

封杰：黄老师，您好！您的家从前是唱京剧的吗？

黄少华：不是。但我母亲穆桂芬唱河北梆子，非常火；我父亲专门司鼓。可我不喜欢唱河北梆子，正巧，有位艺名"白牡丹"艺宗小杨月楼的马宗慧先生到石家庄演出。我姐姐跟他学二本《虹霓关》中的丫鬟，我就站在旁边看，马先生教完后，我姐姐没有学会，我这个"旁听生"却先学会了。

马先生非常高兴，说："小华，学会了，来唱唱！"可我太小了，很腼腆。我奶奶就逗着我说："你唱好了，窗台上有烤好的薯片，可以蘸糖吃！"我一听有好吃的，就唱出了［二六］唱腔。马先生立刻给我说了身段，并安排演出。他在前面演头本《虹霓关》中的东方夫人后，坐到场面处又亲自为我操琴，由我演二本《虹霓关》。这是我第一次登台，在升平戏院，年龄只有九岁。

封杰：您简单地说说这家著名的戏院。

黄少华：升平戏院是石家庄最早建设的演出场所，只接梅兰芳、马连良、李少春这样的名角。最初叫升平茶园，由董姓商人于1916年投资修建在升平街路西，以卖茶为主，兼卖花生、瓜子、糖果。园内有前半圆伸出的三面看戏台，正对舞台中间是池座，两侧是廊座，台前和左右各有方桌条凳。观众可以一面喝茶聊天，一面看戏。由于茶园地处最繁华的大桥街和南大街附近，又是独家经营，所以生意特别兴隆。但是在1931年，蒋介石讨伐军阀石友三，升平茶园遭到飞机轰炸被毁。之后，又由大兴纱厂出资在升平街路东重新兴建，为坐东朝西的砖木结构。同时，更名为升平戏院。日军侵占石家庄后，升平街被强更名为共荣街，戏院也强迫易名“新民戏院”。1945年，日本投降后，戏院才恢复原名。

封杰：这么说，您是手把徒弟了。

黄少华：由于马宗慧先生见我有潜质，是个唱戏的材料，就对我父母提出将我带走，好好培养的要求。我父母经过考虑后，也是为了解决家中的生活，给我谋求一条生路，便同意了马先生的请求，写给四年，做了手把徒弟。马师父为了打造我的表演又请他的舅舅金碧艳老先生给我开蒙，我称呼金老先生为“舅爷”。由于金舅爷是王瑶卿先生的早期弟子，所以，教授了我许多王派戏《鸿鸾喜》、《铁弓缘》、《花田错》、《十三妹》等。

学艺的两年中，我跟马师父到上海、南京、济南、青岛演出，是边学戏边演出。这期间，雷喜福先生正好搭我师父的“白牡丹班社”，他见我的大嗓条件比较好，非常喜欢我，也是有意培养我。这样，我又跟雷喜福先生学起了《二进宫》、《白

《红娘》，黄少华饰红娘

蟒台》等老生戏。起先，我在他演出的《三娘教子》中饰演薛倚哥，《清风亭》中饰演张继保，《汾河湾》中饰演薛丁山等娃娃生。观众见是小孩演小孩，听我又有嗓子就很捧我，好声不断。可我不喜欢唱老生，就喜欢演花旦戏。但是，我的小嗓又不是很好。为了练出小嗓，我就天天清晨到大开洼去喊嗓子。

封杰：您写字是四年，可在谈话中您只提到学艺两年，为什么？

黄少华：我刚到马师父家的时候，生活习惯很不适应。由于他们家是旗人出身，规矩非常大。每天晚上大人说："睡觉去吧！"我若转身就走，是拉回来就是两个嘴巴。这时，我要站在门口对着屋里每个人说："奶奶我睡了，舅爷我睡了，师父我睡了，妈妈我睡了。"才可以回屋睡觉。第二天清早，我又要对着他们说："奶奶好，舅爷好，师父好，妈妈好。"每日的请安实实不习惯，而且还要打扫卫生，做些倒痰桶等事。后来，还是雷喜福先生到石家庄演出，见到了我母亲说："你快把孩子接回来吧，别在那受苦了！"这样，我母亲才知道我的情况，把我接回了家。

我虽然长到十一岁了，可每天忙于练功、学戏、演出、做家务等事情，又加上每日担惊受怕，所以我个子长得不是太高。离开了马师父，我还得接着学戏。这时，魏莲芳先生到石家庄演出，看见我演出后比较喜欢。当向我母亲提出"写给我"的条件时，我母亲说："我是贵贱不能写给别人了！"

封杰：您简单地说说马宗慧先生，好吗？

黄少华：从前京剧按地域跟演出风格分为京朝派和海派，我两者都学过。后来偏重了京朝派。

我最早学习海派戏跟马师父有关，他在上海时，先拜孙庆芬先生学艺，后跟舅父金碧艳先生学习王派剧目。二十三岁时又拜小杨月楼先生为师，学得《观音得道》、《忠烈鸳鸯》、《八宝公主》、《石头人招亲》等独门剧目，成为其主要传人。所以，他演出的戏即有京剧传统程式的京朝派特点，又有勇于革新，敢于吸取新鲜事物的海派的优长。像他演出的《赵五娘》中“逃荒要饭”一场的吃糠表演的确精彩。只这小小的“吃糠”就能奔下好了！他还有出全部《乌龙院》是从“借茶”演起。演张文远喝醉酒，醉醺醺走到乌龙院时正看见阎惜姣站在大门口，便佯装口渴上前借杯茶水喝，从而两个人相好。马师父饰演的阎惜姣踩着跷，背朝观众，只见腰里、肩膀全是戏。

封杰：您还跟哪些老师学过戏？

黄少华：之后，我跟白玉依和郎富润先生学过戏。白先生原先是演员，后来嗓子塌中就改为教戏为主。他教了我《审头刺汤》、《三娘教子》、《双官诰》、《凤还巢》、《四郎探母》、《贵妃醉酒》等戏。另外，白先生的荀派也相当好，他给我说了《霍小玉》、《香罗带》、《勘玉钏》等，奠定了我学习荀派的基础。后来，白先生傍上了许翰英先生。在完全宗法荀慧生表演风范方面，许翰英都得益于白先生。许先生对于我的表演也给予了传授，如《丹青引》、《绣襦记》等戏。

朗富润先生傍荀慧生先生一生，二人共同创立了荀派艺术。郎先生对我说：“当年创演《勘玉钏》，我跟荀先生是在公园遛弯时编出来的腔。”他教授的荀派戏绝对正宗。我跟郎先生结识是在烟台演出时期。当时，吴绛秋先生约请郎先生在大众剧场演出，我跟梁一鸣、李松年正在群众剧场，这下我们打起了对台。第一天，我前面演《盘丝洞》，后面是梁一鸣演《失・空・斩》。我演完后，赶快奔赴大众剧场看吴绛秋先生演出。可巧，我的琴师张文斌跟郎先生很熟，他转告我：“郎先生跟咱们住一个宾馆，他提出，你演戏很好，有意教你几出戏！”随我一起来的母亲连忙回答：“这敢情好呀，快快去拜会郎先生！”走进郎先生的房间，先生很热情。他先教了我一出《钗头凤》，再学《勘玉钏》。另外，我还跟郎先生学会了一出

《柳毅传书》，黄少华饰龙女

程派的《锁麟囊》。

几天的接触学戏使我们之间的关系越来越亲近，这时郎先生对我母亲提出："我收她做个干女儿吧！"从此，只要我跟郎先生遇到就是学戏。所以，我会的《辛安驿》、《花田错》等戏都是郎先生教会我的。郎先生教戏非常细致，而且非常地道、正宗。

封杰：您挑班唱戏是在什么时候？

黄少华：我十六岁成立了黄少华京剧团，是不停地唱戏，全由从事经励科的关树兴先生负责接洽商谈到各地演出事宜。我们每期演出，关键是第一天打炮戏非常重要。它关系着今后几天的上座情况，和随我演出的琴师、鼓师和二旦等人的收入，以及剧场做底包演员的生活收入。

我到大连演出，第一天的打炮戏《盘丝洞》我唱[二黄导板]准备出场，一位老座钟对我说："姑娘，煽着点！"因为这里的观众喜欢演员在演出时能够放得开、火爆一些。这时的大连京剧团看完我演出的程派戏《锁麟囊》之后，有意将我留下加入他们剧团，作为重点培养。可是，我母亲没有同意，我们只好离开。我到了山东演完全部《玉堂春》后，文化局的领导找我谈话，他认为我演出有些过火，应该注意影响。当时，我有些不知所措。大家就劝解我道："你别理他们，每回你演《玉堂春》时，前五排坐的人都是他们文化局的人！"

如果演出上座不佳，掉了几张票。剧场老板就会找到我说："这次少卖了几张票，你看怎么办？"我为了有所缓解，保障大家的利益不受损失，就演双出，前面是《红娘》，后面是"三打"的戏，上座才会有些改善。

封杰：戏迷称您是"荀门正宗"，那您是怎样拜的荀先生为师？

黄少华：荀慧生剧团在没有并入国营剧团之前，荀先生时而演出，时而休息。剧团的人为了生活就向荀先生提出是否找个人接替演出，后来是朗富润先生提议将我引进荀剧团。

当时我与兰州京剧团已签订好合同后，服装已经托运走了。郎先生打来长途电话，说："少华，现在荀先生正招人，你来吧！"

当我来到北京，走进荀先生家后，荀先生先安排我在演乐胡同的俱乐部演出了全部《玉堂春》，算是对我的考试。荀先生从始至终看完了我的表演，来到后台说："唱得很好，明天让你义父带你到家里来！"第二天，我跟朗富润先生一起来到陕西巷荀先生的家里。谈话中，荀先生表示收我为徒的意思。可我说："我合同已签了，我先去，回头再来！"直到两年后的1960年，我从东北演出回来在长安大戏院看荀先生演出《杜十娘》，我始终在后台伺候着荀先生。之后，在全聚德烤鸭店办了三桌饭，我向荀先生行了拜师大礼。不过，三桌饭钱是由荀先生付的账。

封杰：您有许多非常珍贵的荀派老本子，是吗？

黄少华："文化大革命"中，我所有的服装、道具被抄，足足用七辆三轮车拉走。使我奔波多年积攒下来的全部家当荡然无存，我最最心痛的是全部剧本不知去向。一至八本的《十三妹》都是准纲准谱，是排戏的总讲。还有就是荀先生年轻时期演出的戏，到了晚年有些已经进行了删减或变化。如《勘玉钏》中韩玉姐在公堂上唱的[西皮二六]："劝相公不可太执性，世事从来有变更。我兄长生来他行不正，可怜令正丧残生。是我感念贞节女，情愿替她侍郎君。这是他贪淫伤性命，管叫他赔了夫人又折兵。"唱段是郎先生传授与我，荀先生后来就不唱了。至于韩玉姐的第一次出场，荀慧生先生是大步量，斜身，摸头，形象很美。

我们那时演《荀灌娘》是老的剧本，演法也与现在的不同。第一场荀灌娘见到荀常的比古论今的念白，风趣幽默，好声不断。荀灌娘说道："大贤人。"

荀常答："那要搁在咸菜缸里腌腌。"

荀灌娘说："我说是大贤之贤。"

荀常又问："什么是大贤之贤？"

而现在演出只上荀常了。过去还有位丑行饰演的柳巫木，他是山寨的一个小头目。当荀灌娘与荀常前来借兵时，荀常与柳巫木开打过程中，荀常见对方有些女气便调侃道"行了吧，你就归了我吧！"而荀灌娘在打斗中败阵而逃往庙中暂避。此时的荀灌娘开始女扮男装，下场后再上来开打，唱[导板]马童翻上，再接唱[娃娃调]。"说服"一场，荀灌娘见周舫叔侄，通过一番力争终于获得支持。这里为荀灌娘与周舫侄子结亲埋下伏笔。所以，《荀灌娘》是出允文允武的大戏。后来，在"戏改"运动中经过荀慧生先生删改后，许多很精彩的戏核没有了，结果成了一出小戏。

《纺棉花》，黄少华饰村姑

封杰：您如何看待"名"师与"明"师之分？

黄少华：过去讲"只有状元徒弟，没有状元师父"，这告诫青年演员不要一味地追求名师，而要明确真真具有才学的老师。正像厉慧良先生经常讲的："我没有名老师，但他们都有真功。”而像我演出的《大英杰烈》、《荀灌娘》就是跟一位唱武花脸的王春山先生学会的。

青年演员的嗓音条件都很好，但要学会唱，以唱出韵味来征服观众。而不是喊，用高调门赢得观众的掌声。这种喝彩声是廉价的、暂时的，不是一名真正艺术家所追求的艺术方向。戏曲是在不断地发展和变化之中，对于荀派唱腔我觉得可以变化，但要遵循着本流派的风格来发展，而不是掺入其他流派的东西，变成了“杂拌”。

封杰：非常感谢您将更多的荀派真功传授给下一代演员，使他们了解更多的正本清源。谢谢您！

大家一句评

俞　鉴：你写得很精彩，很真实，费心了！

刘元鹏：有水平，文字精练，说明问题，关键是能听懂。

高韵笙：我把我仅知的情况都告诉了你，这是咱们的缘分。

陈云超：你很辛苦，到各地采访我们这些老人，谢谢你！

周正雯：非常感谢你，为我们这代人留下了资料。

庆元祥：很好，很好。写得很翔实，感谢你！

李芸秋：写得非常真实，记录下了我一生的从艺经历。

王富岩：看来你对京剧很熟悉，这么年轻就做了这么大的事情，实实不易！

韩素秋：我今年已经九十九岁，看到你这么年轻在为宣传京剧奔波感到高兴，同时也觉得你很辛苦！

梁庆云：写得很好，京剧的东西很难写明白，不错，不错，我给你作个揖。

曲咏春：我承认封杰是我徒弟，他为了京剧曾跪拜我为师，他对京剧有感悟。

王金璐：你经过多年努力，已经是内行了，你有责任做好京剧的文字编辑工作。

徐东来：写得很好，谢谢你！把我一生的从艺经历作了很翔实的记录。

李长春：封杰做的这件事很有意义，我听刘曾复先生说过，封杰做出今天的成绩确实不易，我会支持他。

刘秀荣：你的两本书我都看了，尤其是你将我的轶事也收入其中，我感谢你的同时，觉得你看懂了我的艺术，懂得了京剧精华，看着你很年轻却做出如此之大的事业，祝贺你！

张占元：我没有什么可写的，但经你这么一描绘把我的经历记录了下来。

王肃华：你很不容易，一个人背着个包到全国各地去采访这些老艺人。

刘云兰：我无言以报，只能说声“谢谢你！”你利用自己的休息时间来为我们这些早已被世人遗忘的老人著书立传，你功德无量。

洪云艳：现在的舞台上动辄“流派”，要不“真传”，可其实早就离真经很远了，你却从老人身上探讨到了真谛，使其不致失传。

叶鸣兰：南方有许多科班、艺人没能得到很好的记载，通过你的笔让他们在京剧史上留下永久的光辉。

张庆良：真好！你真是对京剧有研究，希望你利用你的才华将京剧宝贵的财富保留下来。

张韵斌：非常精彩，这些事情你门清，真高，真高！

梁　斌：封杰做的这件事，及时可贵，它将前辈艺术家的宝贵经验抢救了下来，并整理出版，光照后人。

钮　骠：你做出今天这个成绩实属不容易，为你高兴。另外，你还应该做一件事情，就是“剧事辨讹”。

李幼斌：认识封杰许多年了，真没想到这个年轻人做了这一件很了不起的事情，取得了成绩，我真心地祝贺他！

叶金援：很佩服你，为京剧留下宝贵的文史记录，京剧中有许多记录下来的资料，希望你会继续做下来，我们都支持你！

宋玉珍：感谢你为老艺术家所做的一切。

王家熙：有许多事情还需要你来做，经过多年的努力，你已经能够独当一面了。

常立胜：挚爱、好学、尊师、重友，是封杰的内功，值得学习。

叶铁森：如蜂采蜜秋复春，耄耋名宿吐珍闻。淘尽沧桑梨园事，承前启后示伶人。

朱　强：非常高兴能有一位你这样热衷京剧的年轻人为京剧奔波着、奋斗着、努力着。同时，我也提出建议，就是在有些地方觉得有点不够“解渴”。

张艳玲：我很佩服我这位老弟，他以个人之力做了这么大的事，他不但是京剧知音，更是有贡献之人。

严　阵：只有能够静下来的人，对传统艺术具有敬畏之心的人，才能做出如此伟业。

康　静：作为京剧人读这本书，觉得它不完全是回忆录，其中有些人并不一定是大家熟识的，但通过封杰的深度访谈，使读者对他们的艺事增加了崇敬。

杨双赫：封老师很有文才，是我们青年京剧演员的朋友。他采访、撰写的文章很有价值，是我们学习的范本。

李宝石：《京剧名宿访谈续编》延续了第一本书的风格，短小精悍，使老艺术家的艺术人生得到了浓缩记录。

张景山：通过一些真正京剧人的朴素口述，尽可能使我们能够了解京剧艺术本真的舞台风貌。这在京剧艺术“为学日益，为道日损”的今天，显得尤为可贵！

裴　毅：封杰的这种自觉行为，已经在京剧界产生了影响，在我数次与他同行采访之中，已感到他的热心、爱心和专心！

孙觉非：真的非常为你高兴，你为京剧留下了一笔极其可贵的财富，它将随着时间的流逝而越发显得珍贵。祝贺你！

王雪清：看了你的书，我认为是可喜的，更是可贵的，真希望你继续写下去，为京剧留下一部真正的史记。

芮　翔：《京剧名宿访谈》系列涵括了几十位老艺术家的访谈实录，这是作者自觉的文化抢救工程，保存了大量弥足珍贵的历史资料。

南　昊：时间推移，许多老艺术家离我们而逝，由此，也更显出了这套系列书的价值所在。

李延臣：彼此虽未谋面，觉得你年轻有为，但做了件对京剧有意义的事情。

汪润生：你能把这些能演，却不能写的老艺术家的宝贵艺术财富记录下来，弥补了京剧界的不足。

邱剑颖：在今年中国戏剧评论“高研班”中结识封杰，再读这套系列书后，顿觉专业性极强，希望能在工作中有所借鉴。

喜读《京剧名宿访谈续编》

赵景勃

近日阅读了封杰新出版的《京剧名宿访谈续编》，不禁感叹："封杰真是个有心人。"

说他"有心"，是因为他身为《中国京剧》杂志编辑部主任，每月一刊，繁忙程度，可想而知。但他在完成第一本四十二位艺术家的采访之后，很快又采访到四十三位老艺术家，出版了《京剧名宿访谈续编》。因为他有志于此，他就可以见缝插针，忙里偷闲。借助组稿和戏曲活动，广泛接触老艺术家。这其中有闻名遐迩的大艺术家，也有鲜为人知，甚至是被遗忘的角落，他能发隐钩沉，补漏拾遗，把这些有意义的人和事，永久性记载入册。一些久远的历史遗迹，早远离四十五岁的封杰的阅历和视野，可他每到一地便会明察暗访，遍访前贤，其用心之良苦，甚为可嘉。

全书占篇幅最大的是京、津、沪的老演员、老鼓师、老琴师、老教师。如北京的杜近芳、赵燕侠、李世济、谭元寿、马长礼、张宝华、吴吟秋、茹绍荃、方荣慈、汪荣汉、钱荣顺、罗荣贵、赓金群、姜凤山、吴炳璋等，久占津门的董文华、徐鸣远、王世霞，名满上海的筱高雪樵、白玉艳、关松安、王玉璞、毕谷云，可以使我们了解到京剧在这些大都市中繁荣、活跃的生存状态。同时我们通过江浙的赵麟童、宋长荣，湖北的王婉华、武正豪，福建的李幼斌等人，感受京剧在长江以南的大码头中的演出风情。关外东三省的赵鸣华、马鸣喆，塞外西北的王玉田、钱鸣业、吴荣喜，通过他们的讲述，告诉我们京剧和偏远地区人民群众的相通相融。"延安李少春"王洪宝、"延安梅兰芳"任均，使我们了解在战争年代京剧发挥的宣传、鼓舞的作用。远在台湾的李桐春、张慧鸣、王永春的讲述，虽两岸隔绝，但隔不断的是京剧情怀。这些被采访的艺术家，都会亲切地谈到自己学艺经过，像山东的双翼翔，以他切身经历给我们描述出了为学戏而巧设“棋局”。他们会讲述富连成、荣春社、鸣春社、咏讽社、厉家班等科班的训育和历练。同时也有20世纪20年代出现的新型戏曲学校，如北京的中华戏曲专科学校，上海的上海戏曲学校、中华国剧学校等，使我们看到学校新的教育观念和新教育措施。

这是一部口述史，每个人有独特的经历，每个人有独特的见闻，都从个人角度，折射出一段历史的风貌，反映出一段历史的侧面。诸事面面观，使人多角度、多侧面的理解“过去时”的那些事。读起来短频快，信息密集，令人眼界层层拓展。

该书好像是京剧人的“励志篇”，每人的艺术生涯，都是一部苦斗史。他们一旦选择了戏曲，就爱戏如命，从一而终，自找苦吃，即使骨断筋残也不离不弃。前辈的爱业、敬业的精神，拼搏、奋斗的毅力，无疑对当代青年是一部形象化教科书。该书又好像是京剧人的“道德篇”，讲述的故事中充满艺术家道德情操。他们对国家讲忠，对师辈讲孝，对同行讲义，塑造京剧人良好的道德人格，这种人格中充满民族精神和传统精神。书中记载，被誉为“四大须生”的谭富英和杨宝森二大家，同演伍子胥故事，杨为《伍子胥》，谭为《鼎盛春秋》。杨先生以独创精神大大提升了该剧，谭先生便让杨先生的学生武正豪带话，说“我这出《鼎盛春秋》不唱了，他的《伍子胥》比我的好”。没想到一向温而尔雅的杨先生听到此话，却对武正豪大发脾气，“这样的话你也能带”，后来谭先生在电话中更加恳切地说：“不要责怪正豪……我这出‘伍子胥’不如你，今后我不贴了。”在“同行是冤家”的社会环境中，我们看到艺术家互敬互爱，英雄相惜。该书又像中国京剧史的辅助教材，以知名的人物，鲜活的事例，让我们感受历史的氛围和人际关系。

多年前，我曾质疑，像谭元寿、茹元俊二位先生，都是出身梨园名门，凭借家族的力量，完全可以“家学”成才，为什么还要送到“富连成”受科班之苦，他们和班主叶春善先生都是亲戚，是不是会有特殊照顾？但是在谭元寿先生的叙述中，可以看出在科班是一视同仁的严管、严教，一旦同学中犯了错误，要“打通堂”（如同“犯法连坐”），每人打五板子，谭元寿、茹元俊二位名门之后却要打十板子，梨园子弟唯一的特殊是更加严格。从而看出当时的教育观念，就是要后代吃得苦中苦，就是要严教出俊才，今天我们仰视谭富英、谭元寿的艺术高峰之际，更应该看到他们的根基是苦练、严训。

我注意到在《京剧名宿访谈》初编中的四十二名老艺术家，驾鹤西去的已然近半。书中也有十几位未见到该书出版，就撒手人寰。使我们更感到这种采访的紧迫感和使命感，更感到其意义深远，是对非物质文化遗产的抢救。在续编中采访的人员已开始出现新中国培养的一代，他们也都接近耄耋之年，如刘秀荣、朱秉谦、曲咏春、刘习中、郑岩等人。随着“天增岁月人增寿”，更感到此工作刻不容“停”。目前已走入不惑之年的封杰，正以个人之力把续编作为持续不断的工程——“续编”不止。今欣闻封杰的《京剧名宿访谈叁编》又经商务印书馆审定即将于2015年春天面世。为了京剧事业的发展，我相信封杰一定能够持之以恒做好这项具有历史意义的工程。